信息時代
教育理念和教學模式
創新與實踐

方明建 主編

前　言

中國高等學校在教育教學改革方面取得了令人矚目的成績，信息化時代的教育理念和教學模式創新日益引起人們的重視。

高水平的教學能夠使學生更有效地學到知識，高質量的教學能夠讓一所大學長久不衰。在教育教學改革過程中，如何提煉與分享教師在教學中的經驗十分重要。本書從教師信息化教學能力建設、專業與課程建設、信息化教學模式改革和實踐教學改革等多個視角，探討了信息化時代大學教育理念、教師發展、專業與課程建設、教學模式等創新性研究與應用實踐問題。全書共收錄文章３１篇，既有一線教師對教育教學的研究與改革，也有教師教學發展中心人員對教師教學發展工作的探索與實踐。

本書是我校近年來教育教學理論研究與改革實踐的總結歸納，凝聚了作者在教育教學實踐中的經驗、探索和創新，相信能為高等學校的教育教學改革和教師教學發展提供一些有益的借鑑。 本書的結集出版，旨在為高校教師和管理人員提供一個教育教學研究與改革經驗分享和交流的渠道，希望對廣大從事高等學校教育教學的教師和管理人員有所幫助。

作者在撰稿過程中，參閱了國內外有關書籍、文獻和網路信息，在此，

向這些相關研究人員深表謝意！

　　限於寫稿時間和我們的水平，書中定有諸多值得商榷之處，懇請同行專家和讀者不吝斧正。

編　者

目錄

◇ 第一篇　教師信息化教學能力建設

高校教師教學能力提升探索與創新應用
　　——以重慶工商大學為例 ……………………… 方明建　鄭旭煦　3
教學錄像分析與專家指導相結合促進教師教學發展的探索與實踐
　　——以重慶工商大學為例 ………………………… 沈　季　胡為芹　12
「互聯網+教育」背景下，高教教師教學能力發展研究 …………
　　………………………………………………………………… 曾　燕　18
基於微課的「高校教師信息化教學能力培訓」在線課程建設探索 …
　　……………………………… 陳乾國　沈　季　俎神聰　25
教師自主微課開發與設計研究 ……… 俎神聰　陳乾國　胡為芹　32

◇ 第二篇　專業與課程建設

信息化時代西方經濟學案例教學模式的創新 …………… 曾顯榮　39
信息網路時代國際貿易實務課程教學改革探析 ………… 胡偉輝　46

高等學校工商管理教育教學價值的研究
　　——基於利益相關者視角 ……… 王　溥　成　飛　岑玉倩　53
國際化視角下中國高校房地產估價教育的困境和出路 … 肖　豔　63
以市場需求為導向的汽車服務工程專業教學體系改革研究 ………
………………………………………………………… 王旭東　73
基於「獲得・參與・創造」的產品設計專業課程建設研究 …………
………………………………………………………… 皮永生　79
地方高校法語專業複合型應用型人才培養模式構建
　　——以重慶工商大學為例 ………………………… 胡新宇　85
「重技重能」時代高校人才培養芻議
　　——以西南高校傳媒人才培養為例 ……………… 趙娟娟　91

◇ 第三篇　信息化教學模式改革

論信息時代高等教育教學模式的變革 ……………… 劉加林　101
論「互聯網+傳統教學」模式在高校的應用 ………… 崔　颺　108
MOOC學習者個性化交互學習模型構建研究 ………… 趙　明　115
網路資源與教學過程整合的教學模式研究與實踐 ………………
………………………………………………… 楊　藝　劉　波　123
SPOC啟示下的混合式教學經驗總結
　　——基於本校在線學習平臺網路課程「新媒體導論」項目建設的
個人思考 ………………………………………… 張玉霞　130
基於SPOC的現代通信技術課程教學改革初探 ……… 晏　力　138
Seminar和翻轉課堂教學法相結合的教學模式在培養人力資源管理專業
學生中的運用探析 …………………………… 張明濤　143
基於微課的翻轉課堂教學探索
　　——以財務報表分析課程為例 ……………………… 張婉君　152

基於微課的翻轉課堂教學模式實踐⋯⋯⋯⋯⋯⋯⋯⋯⋯ 彭燕妮　158

討論式教學在世界貿易組織法雙語教學實踐中的運用⋯⋯⋯⋯⋯⋯

⋯⋯⋯⋯⋯⋯⋯⋯⋯⋯⋯⋯⋯⋯⋯⋯⋯⋯⋯⋯⋯⋯ 彭　霞　163

大學生占座調查數據系統分析⋯⋯⋯⋯⋯⋯⋯⋯⋯⋯⋯ 李紅霞　170

通識教育背景下學生教育管理模式的探索與實踐

　　——以重慶工商大學為例⋯⋯⋯⋯⋯⋯⋯⋯⋯⋯⋯ 謝瑞軍　180

◇ 第四篇　實踐教學改革

大學生「創新思維能力」培養與提升實驗教學改革及「1+N」應用模式創新構建與實踐研究⋯⋯⋯⋯⋯⋯⋯⋯⋯⋯⋯⋯ 李　虹　189

MOOC背景下對高校思想政治理論課實踐教學改革的思考⋯⋯⋯

⋯⋯⋯⋯⋯⋯⋯⋯⋯⋯⋯⋯⋯⋯⋯⋯⋯⋯⋯⋯⋯⋯ 鄔　勇　198

合作學習模式的探索與實踐——基於綜合實訓課程教學的實證研究⋯

⋯⋯⋯⋯⋯⋯⋯⋯⋯⋯⋯⋯⋯⋯⋯⋯⋯⋯⋯⋯⋯⋯ 張梁平　207

管理實驗教學與經管專業大學生的職業軟實力培養⋯⋯⋯⋯⋯⋯

⋯⋯⋯⋯⋯⋯⋯⋯⋯⋯⋯⋯⋯⋯⋯⋯⋯⋯ 陳麗新　崔子龍　214

關於「財務管理模擬」實驗項目的思考⋯⋯⋯⋯⋯⋯⋯ 裴宏波　223

人力資源管理專業實踐性教學問題與對策研究⋯⋯⋯⋯⋯ 陳　禹　229

【第一篇】教師信息化教學能力建設

高校教師教學能力提升探索與創新應用

——以重慶工商大學為例

方明建　鄭旭煦

【重慶工商大學教師教學發展中心】

[摘要] 重慶工商大學教師教學發展中心以教學學術共同體為理念，構建專業化、制度化、常態化的教師教學發展新體系，釋放教師潛能，追求教學卓越，創新教學文化。幫助教師提升個人教學能力，促進教師採用新的教學設計、教學方法和學習方法，創立和維護一種優秀的教學文化。自主開發教師在線培訓課程向全市高校開放，通過創新驅動、開放生態、連接一切、深度融合等，實現教師教學能力培訓資源的共享、共建、共擔。

[關鍵詞] 教師，教學發展，教學能力，教師培訓

近年來，高校教師發展在中國日益引起重視。2010 年頒布的《國家中長期教育改革和發展規劃綱要（2010—2020 年）》將「提高教育質量、建設高等教育強國」作為一個重要的戰略主題，對教師隊伍建設、教學質量提高等提出了更高的要求。2011 年教育部、財政部頒發的《關於「十二五」期間實施「高等學校本科教學質量與教學改革工程」的意見》（教高［2011］6 號）中，將加強高校教師教學能力提升作為提高人才培養質量的重要舉措，明確提出要「引導高等學校建立適合本校特色的教師教學發展中心，積極開展教師培訓、教學改革、研究交流、質量評估、諮詢服務等各項工作，提高本校中青年教師教學能力，滿足教師個性化專業化發展和人才培養特色的需要」。

為什麼要成立教師教學發展中心？怎樣健全中心管理體制機制？如何保障中心履職？如何建立專業化、制度化、常態化的教師教學發展體系？這是當前各高校教師發展普遍面臨的難題。

一、成立教師教學發展中心，明確中心定位和管理體制

成立專門的教師發展中心的意義有二：一是中國高等教育發展已經進入新的階段，以往分散的、非專業化的、有些流於形式的培訓機制已經很難適應教師職業發展的要求，難以滿足全面提高人才培養質量的要求。因此，建立一個專業化的專門機構，其意義在於通過有組織、有針對性、專業化、系統化的培訓和激勵幫助大學教師更快更好地勝任角色，全面引領與服務教師發展。二是中國大學的管理部門往往既負責管理也承擔服務職能，而管理與服務放在一起，服務職能往往會被弱化。而國外高校類似的服務支撐單位卻很多，中國高校也應該建立諸如教師發展中心之類機構，承擔起服務廣大教師和學生的職責。

（一）定位與宗旨、使命和職能

在服務對象上，面向全體教師、突出青年教師；在服務內容上，以提升教師教學學術能力和整體教學水平為目標，以促進人才培養質量提高為目的，兼顧教師的職業生涯全面發展。

教師教學發展是教師發展的核心，外部牽引可以促進教師的教學發展。我校教師教學發展中心的宗旨是：釋放教師潛能，追求教學卓越，創新教學文化。

幫助每一個教師提升個人教學能力，促進全體教師採用新的教學設計、教學方法和學習方法，創立和維護一種優秀的教學文化。

創新中青年教師培訓培養模式，形成促進中青年教師教學能力提升的新機制，實現中青年教師培訓培養常態化、制度化；提升全體教師尤其是中青年教師的教學能力與水平；促進全體教師採用新的教學設計、教學方法和學習方法，構建「以學習者為中心」的制度和機制，深化與拓展課堂教學；促進學校制定和實施優質教學策略，創立重視和獎勵教學的校園文化。

主要承擔「培訓、研討、服務、建設」等四大職能。教師培訓——為教師提供教學理念和技能、信息化教學研究能力和方法等方面的專業化培訓；搭建溫馨的學習平臺，促進教師卓越發展。教學研討——開展教育教學專題或主題研討會，推動教育理念更新、教學方法改革、培養模式創新；開展教師發展研究，為教學工作提供學術和專業化支撐，發揮引領示

範作用。諮詢服務——提供教學促進、教師發展、有效學習等指導與服務，滿足教師的個性化需要；為專業學院的教育教學改革提供幫助和諮詢服務。資源建設——國家、市、校級精品視頻公開課、精品資源共享課程、在線課程等教學視頻的錄製與發布；網路在線學習平臺建設、國際國內優質教學資源共享等。

（二）建立統籌協調的管理體制和運行機制

學校成立教師教學發展管理委員會，由校長兼任管理委員會主任。下設教師教學發展中心，代表學校自主開展工作，幫助教師提高教學能力和水平，促進教師採用新的教學設計、方法和手段，為學校人才培養質量提供保障。教師教學發展中心聘請校內 40 名專家組成「重慶工商大學教師教學發展促進委員會」，在中心組織下開展相關工作，主要負責指導青年教師教學能力提升、討論制定中心每學期的工作任務、參與教師主題或專題研討會等，為學校教師教學發展各項工作建言獻策。

二、構建專業化、制度化、常態化的教師教學發展新體系

近年來，隨著中國高等教育迅速走向大眾化，青年教師數量激增，教師發展成為一個薄弱環節，亟待加強。主要問題有三：一是由於教學科研任務日益繁重，一些傳統的教師發展方式如「傳幫帶」、助教制度（工作後先做助教鍛煉 1~2 年才能講課）、基層教研活動等逐漸弱化甚至消失；二是教師發展的理念落後，服務對象、服務內容、服務形式相對單一，將教師發展簡單等同於崗前培訓，對教師在各個職業生涯階段遇到的問題關注不夠，專業性和針對性不夠；三是教師教學發展工作常常被分散在不同管理部門，服務缺乏整體協調性，這種離散的、單一的、有限的傳統教師發展培訓已經遠遠不能滿足高等教育發展的需要。成立教師發展中心專門機構的意義就在於可以將以往的教師培訓發展創新為專業化、制度化、常態化的教師發展體系，為教師發展提供多樣性、個性化、持續性的服務，不斷提升教師的教學能力和學術能力，最終提高教育教學質量。

專業化，就是建立教學教師發展中心專業機構，在開展教師發展研究、教學研究的基礎上，形成專業化的服務能力；同時依託教學名師、專家學者等多學科專兼職結合的專家隊伍，為教師發展提供專業化、多樣化、個性化的服務。

制度化，將教師發展納入學校教師隊伍管理整體規劃中，有相應的政策支持和制度保障。同時，將教師專業發展與學校學院的教學工作有機結合，更有針對性地開展工作。針對不同教師群體、不同職業發展階段、不

同方面的需要設計一系列的教師發展項目，使培訓對象、培訓內容、培訓方式方法、培訓要求等形成制度。

常態化，就是使教師發展成為一項常態工作，制訂好年度、學期、每月、每週的工作計劃，在相對固定的時間形成相對穩定的教師發展項目，使教師發展具有穩定性和持續性。

（一）以教師為本，從需求出發設計教學培訓活動

為充分瞭解我校教師的教學能力和職業發展情況及願望，促進專任教師教學發展，通過問卷等多種方式徵求教師的培訓需求，在培訓內容設計上力求針對性強，貼近教師教學實際需求；在活動方式、方法上，力求多樣生動，富有吸引力，注重互動、參與和討論。根據成人學習理論，開展培訓活動時遵循：創造相互尊重的學習環境，倡導以經驗為基礎的學習，提供多元化選擇的機會，開展面向問題的學習，以行動為本位，合作探索，鼓勵積極參與。教師教學發展中心希望成為廣大教師「交流思想的港灣，職業發展的驛站，暢談感悟的家園」。

（二）依託教學研究，提供專業化的學術支撐與服務

中心把教師發展作為一個重要的研究領域，中心成員承擔的教師教學發展類研究課題達 10 余項，如高校教師教學能力培養模式與評價機制研究，教師教學發展策略與實踐研究，重慶市高校教師教育技術能力研究與實踐，大眾化教育下的課堂教學方法、質量標準和評價體系改革研究，多媒體教學質量保障體系優化研究。此外，還承擔市內外繼續教育研究課題，如適應城鄉統籌發展的幹部在線學習平臺體系研究、重慶市幹部在線學習平臺開發與建設等研究項目。通過專項課題和經費資助等鼓勵教師開展教學研究、學習研究、教師發展研究等活動，為教師教學發展提供了專業化水準的學術支撐與服務。已開展每年立項資助 50 門課程開展在線平臺課程資源建設，組織一線教師參加全國教學改革會議等。

一批富有經驗、來自不同學科背景的專家委員會隊伍更是為教師發展提供了強有力的專業化支撐。

（三）應用研究成果，構建常態化的教師教學發展新體系

教師教學發展中心構建了信息化教學能力培訓、卓越教學能力提升、教學諮詢與服務、教學資源建設四大模塊的教師發展新體系。

從表 1 中可以看出，教師教學發展新體系中既有新進教師基本教學技能培養和全體教師信息化教學能力培訓，也有全體教師的卓越教學能力提升；既有全體教師網路在線學習、專家報告會和教學觀摩，又有教學專題研討會和教學主題午餐會；既有對新進教師提供個人課堂錄像分析與指導

以及私密性教學諮詢，也有為院系提供幫助與諮詢服務以及為教師個人提供教育技術支持；既有對校內優秀課程教學資源的建設與發布，也有對國際國內優質課程教學資源的本地化和共享服務。

表1　重慶工商大學教師教學發展體系

模塊	培養或服務對象	主要內容
信息化教學能力培訓	新入職青年教師 全體教師	多媒體課件設計與製作 網路教學平臺應用 多媒體教學設計與方法 音視頻資源管理 微課設計與製作
卓越教學能力提升	具有一定教學科研經驗的中青年教師和自願報名參加的教師	課程教學技巧與藝術 優秀教師課堂教學觀摩 專題報告 課堂教學主題研究 教育教學改革專題研究
教學諮詢與服務	近3年新進教師 院系教師 全體教師	個人課堂教學錄像 私密性教學諮詢 院系專題幫助與服務 教師個人教育技術支持
教學資源建設	全體教師和學生	教學視頻錄制與發布 國際國內優質資源本地化整理與共享服務

三、認真探索實踐，在理念更新、能力提升、文化建設等方面取得實效

我校教師教學發展中心自成立以來，堅持積極開展教師教學能力提升方面的各項實踐活動，包括信息化教學能力培訓、教學錄像分析與指導、教學專題研討會、教學主題午餐會、在線課程學習、專家報告會、為院系開展針對性服務等，截至2016年5月底，共有5,763人次的教師參加了相關活動。

（一）教師信息化教學能力培訓

1. 新進教師校內崗前教育技術培訓

我校每年新進教師都要參加學校舉辦的崗前培訓，包括多媒體教學方法、在線學習平臺應用、多媒體教學環境等方面。

2. 全校教師信息化教學能力培訓

中心一直持續有效地開展了教師教育技術培訓，每學期都在中心網站

(jxw.ctbu.edu.cn)上公布培訓計劃，讓教師自主選擇培訓時間；培訓內容包括PPT課件製作、網路教學應用、知識管理、多媒體教學方法、攝影基礎、圖像處理基礎、數字音頻處理基礎、微課設計與製作等18個主題，共計132個知識點的培訓內容，已舉辦了48期培訓，共培訓1,430人次。

通過多年努力，全校教師信息化教學能力大幅提升。自2012年以來，獲重慶市優秀教育技術科研成果10餘項，校級優秀教學課件51項，網路綜合教學平臺應用先進60人次。

（二）教師卓越教學能力提升

1. 專家報告會與教學觀摩

中心堅持定期邀請國內專家學者舉辦專家報告會，先後邀請重慶師範大學杜萍教授作「大學課堂師生互動」學術報告、西北師範大學楊改學教授作「教育信息化對教育發展產生的革命性影響」學術報告、四川大學優秀教師袁正博士作「如何成為優秀的大學教師」專題報告、重慶市演講愛好者協會趙言秘書長作「課堂教學發聲技巧和方法」專題報告、我校鄭旭煦教授作「教育教學改革研究項目申請策略與技巧」專題報告。廣大教師普遍反應這些報告針對性強、時效性好，能夠啓迪他們的思維，對於幫助他們解決教學中遇到的難題、促進他們的提高課堂教學技能有重要的作用。

2. 教學專題研討會

已舉辦教學專題研討會33期，內容包括大學計算機課程教學研討、通識教育研討、雙語教學研討、課程考試專題研究、如何在網路教學平臺上開展實驗教學、通識核心課程建設情況總結、學生心理健康研討、學分制背景下的學生管理、經管類實驗教學與實驗案例建設研討和MOOCs來了我們該怎麼辦等。

每次教學專題研討會均在學校網站上報導，重要的觀點和形成的成果均被學校相關部門借鑑和應用。

3. 教學主題午餐會

已舉辦教學主題午餐會57期，參加人數1,782人。包括課堂教學該怎麼辦、教學名師面對面、「案例教學」的組織與設計、哈佛課堂實例解剖、教學錄像分析與指導活動大家談、說說我喜歡的大學老師、如何解決課程教學中內容多學時少的矛盾、網路在線課程學習經驗交流會、優秀教學課件製作及應用經驗、怎樣上好緒論課、中外學生面對面、團隊教學的組織和實施主題研討會、大學生心理危機的識別與干預、由翻轉課堂看課程教學改革、翻轉課堂您怎麼看等。

每次教學主題午餐會均在學校網站上報導，讓全校教師共享參會教師的思想、觀點和經驗，一些建設性意見和建議已被學校相關部門採納。

4. 資助教師外出學術交流

中心積極組織教師外出參加高水平學術研討會，增進兄弟院校交流，拓展視野，目前共選送 22 人次參加全國性教育教學學術會議。

5. 資助教師開展在線學習平臺課程資源建設

為適應在線課程建設的發展，中心從 2015 年起，立項資助教師開展在線課程建設，共資助教師建設在線課程 63 門。

(三) 教學諮詢與服務

我校教師教學發展中心已組織開展 7 期青年教師教學錄像分析與指導項目，153 名 2009 年以後進校的青年教師參加了該活動，全體教師教學發展促進委員會委員和部分課堂教學優秀獎獲得者參加了指導。這對於青年教師站好講臺、教好書以及他們的個人教學發展起到了重要作用，深受青年教師歡迎。

活動實施前，召開教學錄像分析與指導活動啟動會，與教師充分交流活動的意義和目的，鼓勵教師自願參與，尊重教師意願，自主選擇錄課時間，自主選擇一對一指導老師。活動的開展包括一前一後兩次錄像、兩次相互聽課、兩次交流、一次回訪，每學期活動結束時，學校還會召開教學錄像分析與指導活動總結會，指導老師和青年老師們共聚一堂，交流活動的經驗和體會。

參加該項活動的青年教師普遍反應，通過觀看自己的課堂教學錄像，可以發現自己在儀態儀表、發音、小動作等各方面存在的問題；通過與指導老師的交流，對自己在教學內容、教學重點和難點的把握，課堂上教學節奏的掌握，與學生的交流和互動等方面都有很大的幫助。這些活動對於幫助青年教師快速提升教學能力具有明顯的效果。

(四) 教師在線培訓

通過精心準備，2016 年 5 月中心正式將自主開發的《高校教師信息化教學能力提升培訓》在線課程向全市 60 多所高校開放。目前，已有專題培訓微課 40 多個，培訓教材一本，參加在線培訓教師 1,101 多人。

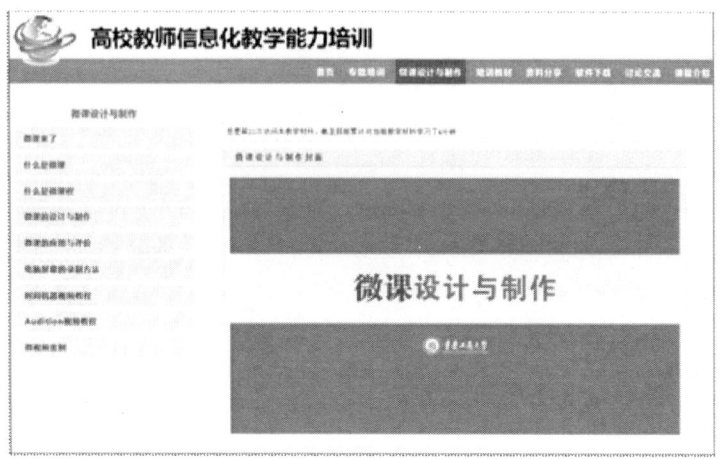

圖 1　教師在線培訓課程界面

四、總結推廣經驗，發揮示範輻射作用

中心充分利用到市內外高校參加教學研討會和開展教師培訓等途徑，總結推廣我校教師教學發展中心的經驗，起到了一定的示範輻射作用。

（一）積極參加學術研討會並做主題發言

先後 6 次參加市內外學術研討會，並在會上做主題發言（表2），向與會人員介紹了我校教師教學能力提升的做法和經驗。

表 2　在國內學術研討會上的主題發言

參會日期	會議名稱	主題發言題目	主辦單位
2012 年 5 月 18~19 日	重慶市高校雲計算與信息化教學研討會	多媒體教學方法探討	重慶市高教學會教育技術專委會
2013 年 4 月 13~14 日	第 22 屆清華教育信息化論壇	提升地方高校教師信息化教學能力的探索與實踐	清華大學教育研究院
2013 年 11 月 21~22 日	2013 重慶市教育技術專業委員會學術年會	我校教師教學能力發展探索與實踐	重慶市高教學會教育技術專委會
2013 年 11 月 23~24 日	山東省 2013 高校信息發展論壇	高校教師教學能力發展探索與實踐	山東省教育技術與裝備協會

表2(續)

參會日期	會議名稱	主題發言題目	主辦單位
2014年10月20~21日	第26屆清華教育信息論壇	網路環境下提升高校教師教學能力	清華大學教育研究院
2015年9月19~20日	29屆清華教育信息論壇	地方高校教師教學發展模式探索	清華大學教育研究院

(二) 受邀為重慶部分高校開展教師培訓

先後受邀到重慶醫科大學、四川外國語大學、重慶電視大學培訓教師,提升外校教師的信息化教學能力,已培訓教師600多人次。

五、結語

教師教學發展中心在明確了中心的定位、宗旨、使命、職能和體制機制基礎上,構建了專業化、制度化、常態化的教師發展新體系,包括教師信息化教學能力培養、卓越教學能力提升、教學諮詢與服務、教學資源建設等四個模塊;主要開展了新進教師校內崗前教育技術培訓和全體教師信息化教學能力培訓、全體教師在線課程培訓、專家報告會、教學觀摩、教學專題研討會、教學主題午餐會、學術交流和教改課題研究,對新進教師提供課堂教學錄像分析與指導、教學諮詢預約服務等活動。有效地促進教師教學理念更新和教學能力提升,達到了幫助青年教師提升個人教學能力,促進教師採用新的教學設計、教學方法和學習方法,創立和維護「關注教學」的教學文化的目標。自主開發《高校教師信息化教學能力提升培訓》教師在線培訓課程並向全市60多所高校開放,實現創新驅動、開放生態、連接一切、深度融合等目的,通過全國性教學研討會和赴外校開展教師培訓等途徑,總結推廣相關經驗,起到了一定的示範輻射作用。

教學錄像分析與專家指導相結合 促進教師教學發展的探索與實踐

——以重慶工商大學為例

沈 季　胡為芹

【重慶工商大學教師教學發展中心】

[摘要] 為了促進高校青年教師教學能力提升，文章在總結重慶工商大學「課堂教學錄像分析與指導活動」的基礎上，提出將課堂教學錄像反思、專家分析和指導、青年教師和專家相互深入課堂多種模式有機結合的青年教師教學能力發展模式。

[關鍵詞] 錄像分析；專家指導；青年教師；教學發展；實踐

　　高等學校青年教師是高校教師隊伍的重要力量，關係著高校發展的未來，關係著人才培養的未來，關係著教育事業的未來。早在1997年，原國家教委就頒布實施了《高等學校教師崗前培訓暫行細則》，並且要求培訓要以《高等學校教師崗前培訓教學指導綱要》為依據。高校教師崗前培訓到現在已實行近20年了，培訓時間由最初的一個月調整為現行的半個月，培訓內容在高等教育學、高等教育心理學、高等教育法概論、高等學校教師職業道德修養四門規定課程外，增加了教學能力、教學方法、科研方法、教師禮儀等專題講座以及觀摩教學、課堂教學實踐等內容。但是由於參加培訓的教師對崗前培訓的認識存在偏差、培訓內容與培訓方式的單一以及培訓考核重理論輕實踐等原因，培訓效果不夠理想，教師的教學能力，教師與學生溝通的交流等基本教學技能尚有待提高。而社會對高校教學質量下滑的關注，對高校提高教師素質的呼聲也越來越高。教育部、財政部於2011年7月出抬的《關於「十二五」期間實施「高等學校本科教

學質量與教學改革工程」的意見》，教育部於 2012 年 3 月出抬的《關於全面提高高等教育質量的若干意見》，教育部、中央組織部、中央宣傳部、國家發展改革委、財政部和人力資源社會保障部各部委聯合於 2012 年發布《關於加強高等學校青年教師隊伍建設的意見》等一系列文件中，都明確提出各地高校要加強青年教師的教育教學能力培訓，幫助青年教師專業成長。

2011 年的調查數據顯示，全國普通高校教師有 134.21 萬人，其中 35 歲以下教師占 47%，40 歲以下教師占 63.48%，說明中青年教師已成高校的生力軍和主力軍。這部分教師普遍具有博士學位，具備精深的專業知識，很強的學習能力，但絕大多數都沒有師範教育背景，缺乏教學經驗。但現實的狀況卻不容他們有喘息的時間，特別是地方高校普遍存在師資緊缺的問題，不少新進博士一踏上工作崗位便會站上講臺，甚至面臨繁重的教學任務。如何使青年教師特別是新進校青年教師能快速適應教師角色，練好教學基本功，提升教學能力，贏得廣大同學的認可，是各高校都面臨的嚴峻問題。

重慶工商大學自 2012 年以來，積極開展青年教師教學發展的研究、探索和實踐，特別針對新進校教師，設計了一套專家參與的課堂教學錄像分析與指導的培訓活動和操作程序，對快速提升新進教師教學能力，成效顯著。作者通過本文進行總結和梳理，以期為地方高校青年教師教學能力提升提供一種新的、更加有效的方法和途徑。

一、課堂教學錄像研究現狀

課堂是教師傳道、授業、解惑的主戰場，要想改進教師的教學行為，就需要對具體的課堂教學情境進行細緻地觀察和合理地分析，從而發現不足，尋找切實可行的實踐改進策略。「基於課堂教學錄像的教學反思」在國內外各類教師培訓項目中正獲得日益廣泛的應用，相關的研究也在積極開展。

課堂教學錄像研究，是指研究者對課堂教學錄像進行系統的觀察、分析和研究，以尋求改善教學的有效策略，在此基礎上，培養和提高教師課堂觀察的能力，促進教師業發展。它是一種研究課堂教學的專業活動，是促進教師專業發展的一種有效途徑，具有反覆呈現、信息完整，科學分析、客觀診斷，可個案研究、亦可群體分析的基本特徵。

1994 年，由國際教育成就評價協會主辦的「第三次國際數學和科學研究」（TIMSS）較大規模和系統地使用課堂教學錄像分析，分析學生學業成

就與教師課堂教學之間的關係[1]；瑞士蘇黎世大學的學者曾嘗試以課堂錄像為素材，組織教師對他人的教學行為進行案例分析[2]；2013年，西北師範大學教育技術學院的郭紹青等人提出了適合「有效教學」課堂錄像分析的混合式評價方法，即量化評價與質性評價相結合、課堂教學全貌評價與局部評價相結合的評價方法。近年來國內外關於教師專業發展的研究成果表明：教師學習更應該立足於教師個人的實踐，從自己的實踐中通過反思進行學習[3]。

傳統的現場聽課評課，是專家們憑藉自己的感官直接從課堂情境中收集信息，並根據自身經驗對獲取的信息做出判斷，由於人的感官局限，專家們不可能把課堂上所有有價值的信息都記錄下來，並保證信息的客觀性，因此不可避免地會出現遺漏某些重要信息和依賴主觀判斷的現象。課堂教學錄像研究具有獨特的優勢，它使得一次性的、單向度的課堂教學過程真實重現，這不僅有助於授課教師真實地瞭解自己的課堂行為，從而有利於教師自覺地進行教學反思，使其問題的解決更具針對性和有效性，而且突破了時間和空間的限制，為不在場的專家、不同學校不同地區不同學科之間的教師進行異時、異地的交流與借鑑提供可能。觀察和反思教學錄像能有效地加深教師對教學過程的認識，提高運用某種教學方法的意識，修正或避免不正確的教學行為。

二、我校課堂教學錄像分析與指導的探索與實踐

我校從2012年開始啟動「課堂教學錄像分析與指導活動」這個項目，項目流程和內容不斷豐富和發展，探索出將課堂教學錄像反思、專家分析和指導、青年教師和專家相互深入課堂多種模式有機結合的青年教師教學能力發展模式。

（一）項目實施目標

與國內其他高校一樣，重慶工商大學面臨新教師學歷高、年齡小、教學工作量飽和、培訓缺乏等現狀，在學校進行的教師對自身教學滿意度調查的數據顯示，具有博士學位的教師和部分青年教師對自身教學效果的滿意度評價較低，均值3.22，遠低於全校3.96的平均水平。在培訓需求選擇中，最需要提高「教學技巧」的比例較高，表明我校青年教師具有提升教學能力的主觀願望。因此，我校實施課堂教學錄像分析與指導的目的很明確，旨在快速提升青年教師教學能力，利用課堂教學錄像，對青年教師的教學語言、儀態儀表、教學內容組織、教學方法的選擇、課堂教學管理、課堂互動組織等進行全方位的分析。從做中學，從實踐中進行反思，通過

反思再來指導自己的教學實踐，如此往復，幫助青年教師特別是初任課教師快速掌握教學基本技能，促進教師教學能力的快速發展。

（二）活動流程

活動實施前，我校會召開教學錄像分析與指導活動啓動會，與教師充分交流活動的意義和目的，鼓勵教師自願參與，尊重教師意願，自主選擇錄課時間，自主選擇一對一的指導老師。指導老師可以從學校教師教學促進委員會的專家庫裡推薦，也可以由青年教師自主選擇課程相近且符合要求的教師擔任。活動的開展包括一前一後兩次錄像、兩次相互聽課、兩次交流、一次回訪，每學期活動結束時，學校還會召開教學錄像分析與指導活動總結會，指導老師和青年老師們共聚一堂，交流活動的經驗和體會。

青年教師通過錄課、反思、實踐、再錄課、再反思、再實踐，對自己的教學實踐不斷總結和提高；請指導老師觀看課堂教學錄像，傾聽專家的不同視角的建議和意見；深入指導老師課堂，學習和借鑑前輩的優秀經驗。

（三）課程教學錄像的拍攝

課堂教學錄像的拍攝服務於錄像研究的目的。為了實現前述目標，課堂教學錄像務求真實還原課堂教學現場，盡可能提供關於教師和學生的全面信息。為此，每次錄課都派出專業的攝像人員前往教室，並設計兩個機位音頻視頻全程同期錄製，一個機位負責錄製教師授課實況，一個機位負責錄製學生聽課實況。拍攝人員根據教學實際開展情況對兩個機位的視頻進行編輯，最終形成一個完整呈現課堂實況的視頻。負責教師機位的畫面要求提供教室全景、教師的近景和特寫不同類型的畫面，為教師後期分析提供盡可能多的細節。

（四）課堂教學錄像分析方法

教師應盡快觀看課堂教學錄像，進行教學反思。青年教師可以獨自觀看課堂教學錄像進行教學反思，也可以和指導老師一起觀看錄像，共同分析。

1. 定量和定性分析相結合

課堂教學錄像分析方法分兩個階段：第一階段是課堂教學環節信息的處理，呈現方式是課堂記錄表，這部分要求做定量的分析。課堂記錄表應詳細記錄教學實施過程中各環節的時間分配的起止時間，比如課程導入、新內容講解、課堂討論等，這樣會有助於后面分析時的快速定位，並且能方便教師對每個環節的活動作時間上的分析。第二階段是教師教學行為分析，這部分可以利用專業的分析軟件進行定量分析，但是鑒於高校課堂的特殊性和教師們的實際情況，我們建議教師對課堂教學錄像進行定性的分析，分析指標包括教學語言、儀態儀表、教學內容組織、教學方法的選

擇、課堂教學管理、課堂互動組織等方面，呈現方式是書面的文字總結。

2. 課堂教學錄像研究的分析維度

課堂教學錄像分析的維度包括教師教學行為、學生學習行為和師生互動行為三個維度。教師的教學行為包括教師在課堂上的教學用語、教學禮儀、教學環節和教學內容的設計，課堂教學管理等多個這方面；學生學習行為包括學生的學習態度、情緒等方面；師生互動行為包括師生問答行為和討論行為等。

教師應反復觀看教學錄像，每次觀看都有不同的維度和側重點，這樣才能挖掘出更多的細節；基於分析形成具體的改進建議，以便更好地修正自己的教學實踐。

（五）專家分析與指導

研究表明，教學是一門實踐性很強的科學，學習教學必須從三種經驗中學習，即從教師自己的經驗中學習，從同伴的教學經驗中學習，從專家的教學經驗中學習[4]。其中，專家的指導和幫助對青年教師的成長尤有裨益。

在「課堂教學錄像分析與指導」這個項目中，從啟動會開始，指導老師和青年老師就「一對一」結對子，開始密切合作，指導教師的參與對項目的實施效果起著非常大的作用。

1. 青年教師課堂教學錄像分析

指導老師要認真觀看青年教師的課堂教學錄像，分析指標側重於教學內容組織、教學方法的選擇、課堂教學管理、課堂互動組織等方面，對青年教師前後兩次錄課還要進行對比分析，形成書面的分析記錄。因為個人經驗的差異，指導教師的分析往往會更客觀、更全面、更深入、更細緻，給青年教師以更深的啟發。

2. 現場聽課

現場聽課指的是指導教師和青年教師互進課堂，指導教師進青年教師課堂，現場聽課評課，並就現場聽課感受與青年老師交流；青年老師也要進指導老師課堂聽課，學習前輩的豐富經驗和課堂掌握能力，充分的發揮老教師對青年教師的「傳幫帶」作用。

3. 面對面交流

課堂教學錄像分析與指導活動會持續一學期，指導教師和青年教師「一對一」結對子，讓他們一學期有很多機會在一起，因為學科一致，課程相近，指導老師往往會超越教學範疇，在科研、教學管理等很多方面給予青年教師以幫助和扶持，促進青年教師的全面發展。

三、總結

2012 年以來，我校已開展 6 期教學錄像分析與指導活動，153 名 2009 年以後進校的青年教師參與該項目。全體教師教學發展促進委員會委員和部分課堂教學優秀獎獲得者參加了指導。這對於青年教師站好講臺、教好書以及促進個人教學發展起到了重要作用，深受青年教師歡迎。

表 1　參加教學錄像分析與指導活動情況

學期	參與人數
2011—2012 學年第二學期	32
2012—2013 學年第一學期	34
2012—2013 學年第二學期	16
2013—2014 學年第一學期	7
2013—2014 學年第二學期	10
2014—2015 學年第二學期	19
2015—2016 學年第二學期	35

參加該項活動的青年教師普遍反應，通過觀看自己的課堂教學錄像，不僅可以發現自己在儀態儀表、口頭禪、小動作等方面存在的問題，而且對自己在教學節奏把握、教學方法選擇、課堂管理細節等方面也很有啓發；通過與指導老師的交流，對自己在教學內容、教學重點和難點的把握，課堂上教學節奏的掌握，與學生的交流和互動等方面都有很大的幫助。

課堂教學錄像研究作為一種新的研究方法正在不斷地發展，一個具有重要意義的發展方向是從比較研究學差異擴展至構建教師專業發展的新模式。課堂教學錄像研究逐漸從國際大型的研究日漸普及到各級各類學校的校本教學研究，成為教師的日常教學研究方法和教師專業發展的有效途徑。

參考文獻

[1] 蔡靜，李晉榮.基於課堂錄像的教學反思——透視教學錄像在教師培訓中的應用 [J].廣東外語外貿大學學報，2006（4）：106-109.

[2] 張俐蓉.技術與教育整合的案例研究：課堂教學錄像 [J].電化教育研究，2004（5）：66-69.

[3] 郭紹青，張絨，馬彥龍.「有效教學」課堂錄像分析方法與工具研究 [J].電化教育研究，2013（1）：68-72.

[4] 楊曉，衛建國.課堂教學錄像分析與教師專業成長 [J].山西師大學報（社會科學版），2016（1）：97-102.

「互聯網+教育」背景下，高教教師教學能力發展研究

曾 燕

【重慶工商大學教務處】

[摘要]「互聯網+教育」，是互聯網在教育領域的教育新生態，它給傳統教育帶來了許多新變化，高校教師必須接受挑戰，面向未來。高校教育是優秀人才培養的關鍵環節，高校教師綜合能力對培養合格人才有著巨大的影響。高校教師要從認識上轉變觀念，在教學能力上不斷提高。

[關鍵詞] 互聯網+教育；高校教師；教學能力；發展

「互聯網+」理念最早可以追溯到 2012 年 11 月 14 日，中國易觀國際集團的創始人、董事長兼首席執行官於揚在第五屆移動互聯網博覽會上，提出移動互聯網的本質離不開「互聯網+」。「互聯網+」理念的全面普及得益於國務院總理李克強在 2015 年 3 月 5 日十二屆全國人大三次會議《政府工作報告》中首次提出的「『互聯網+』行動計劃」。自此，「互聯網+」成為新興熱詞。2015 年 4 月 23 日，李克強在福建考察時指出，「互聯網+」未知遠大於已知，未來空間無限；每一點探索積水成淵，勢必深刻影響並重塑傳統產業行業格局。

一、「互聯網+教育」的特點

「互聯網+教育」，就是互聯網在教育領域的教育新生態，《人民日報》將「互聯網+」時代的教育總結為四個方面——促進教育公平、便利學生自助學習、用大數據服務教育、學習不再有時空限制。它給傳統教育帶來許多新變化、新特點。

（一）課堂突破時間空間

互聯網為高校學生提供了更為廣闊的學習空間。互聯網是一個沒有圍

牆的大學，教育無處不在，無時不在，學生可以選擇任何時間段和方式，接受自己喜歡或者需要的教育產品。「互聯網+教育」為高校學生提供了網路教學平臺、網路教學系統、網路教學資源，在互聯網環境中，大量的學習資源如教學課件、教學視頻、教學 app、教學程序、數據庫等匯集成一個高度集成的資源庫，無論何時何地，只要有互聯網，學生就可以在這個資源庫中任意暢遊，可以根據自己的興趣愛好、自己的特點在網上尋找他們所需要的東西，還可以利用網上的資源自主地進行探索，增長見識，拓寬知識領域。他們可以和同學合作學習，同時接受老師的指導與幫助。互聯網能夠讓一個有豐富經驗和實用知識的老師的教學範圍擴大很多倍。

（二）教學環境現實虛擬交叉

「互聯網+ 教育」時代，高校教師的教學已經發生了根本性的變化，教學活動從以前純粹的現實世界，變成了現實與虛擬世界同步進行，教學活動中出現了許多利用多媒體和仿真技術模擬出和現實相近的網上校園、圖書館、教室、實驗室、實習實訓基地等虛擬現實。高校教師與學生的溝通交流也從以前的課堂交流變成了線上與線下，即課堂與課外交流同時進行。虛擬現實具有的智能化、形象化、方便快捷化、多媒體化等特徵，使高校教師的各種教學活動能夠更加直觀、形象和自如地進行，能夠使學生感同身受客觀真實世界存在的或不存在的各種現象，觀察現實中無法觀察的自然現象與事物變化過程，這是傳統教育無法實現的。

（三）教育全民化、終身化、個性化

「互聯網+ 教育」時代要求人們從精英教育走向全民化教育，從有限的學校教育走向終身化教育。高校的每個學生都來自不同的家庭，有著不同的文化背景，有著不同的興趣、愛好和個性心理特徵，因此教育不能無視學生的這些差異性。隨著互聯網技術的進一步發展，大量的圖書館、數據庫以及各種個性化的教育資源，如教育網站、學術網站、專家網站等公共信息資源都進入或即將進入網路，只要接入互聯網，海量知識就會撲面而來，學生有了前所未有的選擇餘地。「互聯網+ 教育」時代，學習由「套餐」變成了「自助餐」，個性化教育成為一種可能。

（四）教育生態變革多樣化

「互聯網+教育」促使教育生態更豐富。由於教育不再囿於時空和經濟的極大限制，人們只要有一部價格並不昂貴的智能手機或一臺電腦（包括臺式電腦、筆記本電腦、平板電腦等），並有移動通信網路或有限互聯網路服務，就可以在學校裡更為自由地接受教育，也可以在地鐵、汽車、輪船、火車、飛機等交通工具上進行泛在學習。同時，無論是在偏遠村寨和

牧民點，還是在大城市，好學的人都能隨時隨地享受「互聯網+」給教育帶來的種種福利。於是，傳統實體學校、虛擬學校、在校教育、移動教育、在家上學等構成了更為多樣的新教育生態系統。

二、高校教師教學能力的現狀與問題

自 20 世紀末中國高校擴大招生以來，中國高等教育快速發展，高校教師學歷層次有所提高。但 35 歲以下青年教師幾乎佔據半壁江山，這樣就造成了不少教師雖然有較高的學歷和高深的專業知識，但缺乏教學經驗的局面。他們很難適應中國高校的快速發展對理論教學和實驗教學等多樣化的要求。如何提高高校教師的教學能力已經成為全國高校亟須解決的一項刻不容緩的任務。

（一）青年教師比例加大，教學經驗相對不足

自從高校擴招以來，中國高等教育得到突飛猛進的發展，教師隊伍數量在不斷地壯大。近年來，全國各高校引進的青年教師直接走上大學講臺，但教師職業技能培訓過程和教學實踐經驗的缺乏，使廣大高校青年教師很難適應高校對教學管理和教學內容等方面的要求，嚴重影響高校的教育質量。可見，全面提高高校青年教師教學水平是提高高校廣大教師教學能力的重中之重。

（二）在加強高校教師隊伍建設過程中，對高校教師教學水平的提高有所忽視

近年來，大多數高校在教師隊伍的建設和管理中，多注重廣大教師科學研究水平的培養和提高，而忽視了對高校教師教學能力的投入和管理。雖然得到部分機構和少數研究人員的關注，但尚未得到全社會，特別是尚未得到與高等教育相關的部門的重視，這成為制約中國高校培養高素質人才的負能量。

（三）高校本身對高校教師教學能力不強具有不可推卸的責任

高校有關部門在提高教學質量和壯大教師隊伍等方面做了大量工作，但仍有不完善的地方。大多數高校逐漸加大對教師科研方面的支持和科研能力的考核力度，而不重視對教師教學能力方面的培養和教學水平的考核；有些高校只對從外面引進人才十分重視，抱著「外來的和尚會念經」的觀點，往往減少對內部人才的培養力度和投入；對教師教學能力的培訓多流於形式，忽視了教師間的個體差異性，且培訓內容也是千篇一律；對教師教學質量的測評更是流於形式，測完了事，評而不說，對教師教學能力的提高沒有任何作用。

三、「互聯網+教育」背景下高校教師教學能力的培養

（一）認識的四個轉變

1. 高校教師教學觀念之變

「互聯網+教育」時代，知識更新日新月異，很好地適應了現代社會求新、求變、多樣化和快節奏的特徵，社會發展進入了空前的加速期，它要求高校教師的思想更開闊、思維更敏捷、視野更廣闊。高等教育面臨的最大挑戰既不是資源，也不是技術，而是教師的教育觀念，因為教師觀念會直接影響教師行為。因此高校教師應該為自己的為師之道確立全新的、正確的教育觀念，那就是現代化教育觀念。現代化教育是一種面向未來的教育，高校教師必須用現代化的教育觀念替代傳統的教育觀念，以超前的目光，從教育哲學的高度來全面認識「互聯網+教育」時代高等教育發展新趨勢，清醒地意識到「互聯網+教育」時代高校將成為一個創意工廠，一個交流場所，而不僅僅是傳統的教室中的老師講學生聽，教師應該把培養社會未來所需人才作為重要的教育目標，瞭解社會對人才素質結構和規格標準的要求，以及新形勢下自己和學生的心理特點、心理需求，這是高校教師的首要之變。

2. 高校教師角色之變

在互聯網教育時代，首先，高校學生的主體地位得到增強，學生更多的是自主性的學習，他們可以通過互聯網直接體驗探索獲得知識。教師知識傳授者的角色已經不能完全適應這種變化，教師角色必然發生轉變。其次，高校除了要培養社會所需的專業人才外，同時要注重學生的素質教育，而素質教育的本質，就是個性化的教育。教師要為學生的個性發展提供廣闊的空間，就要轉變傳統的教師角色。隨著互聯網教育的高度發展，教育的功能已由傳承、教授轉向滿足學習者需求的服務。因此，高校教師的主要作用將不是灌輸知識，而是引導學生進行更加積極、主動的學習。高校教師需要從教的負擔中解脫出來，放棄主體地位，由師生關係向朋友關係轉變，由評審者向評價者轉變，由單師型向雙師型轉變，由管理者向設計者轉變，由教師向導師轉變。高校教師是學生學習過程中的組織者，組織網路信息、開發網路課件；是信息的導航員，通過對浩如烟海的網上信息的導航，避免學生走彎路，使之能正確地定位自己的發展方向；是學生的引導者，引導學生構建自己的知識框架，制訂切實可行的學習計劃；是學生的鼓勵者，鼓勵學生開展網路學習研究工作。學生是學習活動的參與者，是學習活動的自我管理者。

3. 高校教師教學方法之變

「互聯網+教育」時代，傳統的講授法越來越難以控制課堂的節奏，這就要求教師採用靈活多樣的教學方法，將傳統的講授法與體驗式教學方法相結合，而不是單一的傳統的教師講學生聽的教學方法。所謂體驗式教學方法，是在教學過程中引入或創設與教學內容相適應的具體場景或氛圍，讓學生體驗到親切、溫暖的情感，讓學生在體驗學習中學習有關的知識內容，促進他們的心理機能全面和諧發展，達到既定的教學目標。體驗式教學方法強調重視師生的雙邊情感體驗，是一種互動的師生信息和情感的交流過程，是教師尊重每個學生的人格，關愛學生，傾聽學生的意見，培養學生獨立、自主的主體精神，領悟做人道理，選擇行為方式，實現自我教育。體驗式教學方法不僅可以激發學生的興趣，而且有利於培養他們的創造性思維，在積極向上的精神狀態下愉快地學習，並能主動克服困難，奮發進取。

4. 高校教師教學模式之變

「互聯網+教育」時代，教學是以計算機、多媒體、現代通信技術和網路為工具所進行的互動及共享信息的開放式學習模式，是以「發展學生個體為本」作為教學理念的教學組織形式。高校教師應該擺脫傳統教育模式的心態和思想，轉變教學形式，改變以往教師在固定的場所，利用簡單的教學工具對學生進行單向灌輸式的教學，高校教師應該努力探索實現互聯網教育與傳統教育優勢互補，教學模式保留一定的「傳遞—接受」教學活動，從知識的傳授者轉變為學生人生的引路人，發揮教師的主導作用，以服務者的姿態進行教學，打造一個靈活的、互動的、有個性的課堂教學氛圍。要從傳統的單項教學模式，向具有現代教育特色的教學模式轉變，發揮互聯網的優勢，高校教師應該利用信息技術，利用大數據統計和挖掘，關注每一個學生的宏微觀表現，對課堂難點和學生特點進行精確分析，及時地給予學生點撥指導，提供學習資源的連結，實現現代教育技術與學科的整合，對學生進行思維的引領，引導學生沿著正確的人生道路前進，提高學生的學習能力，培養學生的主體意識和創新精神。

（二）能力的四個提升

1. 教師紮實的知識儲備及知識更新能力

牢固掌握本學科專業領域知識是成為優秀教師搞好教學工作的重要前提和基礎。優秀的學者未必是良師，教師淵博的專業知識，並不意味著學生能從他那裡學到廣博而深入的知識。教師不尊重、關心學生學習和生活，缺乏對教育教學的理解與實踐，沒有對教學教法的研究與創新，高校

教學就難以促進學生的全面發展。教師必須主動地以開放心態學習先進的教育教學理論、教學技能，培養良好的工作方式，並針對自身存在的缺陷，對學習內容進行相應的調整，不斷地發展和完善自己，並持之以恆。只有這樣，教師才能知識儲備越來越豐富，知識底蘊越來越深厚，教學技能越來越嫻熟，不斷提高自己的教學能力。

2. 教師的教學技能

從宏觀性和整體性的角度看，教學能力具體體現在教學技能、教學研究能力和人際交往能力等三個方面。教學技能是教師順利達成教學目標的行為發揮功能，具體表現在以下幾個方面：①教學設計；②教學方法；③教學實施；④教學媒體選用；⑤教學反思；⑥教學考核與評價；⑦學法指導與輔導；⑧實驗教學與實習指導；⑨課外互動組織；⑩語言表達能力。以現代教育理念為指導，用具有教師的個人教學風格的教學設計，有機結合現代教育技術與學科教學，以自然流暢的教學語言實現教學內容的多媒體化、教學組織的多樣化、教學過程的師生互動化，把以學生為中心的教學理念深入到教學活動中，為學生的主動學習提供良好的氛圍。

3. 教師與人交往的能力

高校教育是學校、教師、學生、家庭與社會等多種因素構成的綜合人際關係網。教育的本質是通過人與人之間的合作關係，實現教師對學生的成長與發展產生積極影響。因此，首先，教師在教學過程中要能恰當地處理教師與學生之間、教師與教師之間，以及教師與領導之間的關係，即要求教師有良好的人際交往能力。其次，教師要有良好的溝通能力，實現課堂信息的師生互動。教師要通過多種形式與學生交流、互動，從而走入學生的生活，瞭解他們的所思所想，讓學生知道老師時刻關心他們的生活和學習，關注並幫助他們解決所遇到的困難。學校教育還是教師群體相互協作的結果，需要教師群體之間的相互協調、密切合作與積極配合。

4. 教師的教學研究能力

教育教學研究是指教師運用先進的教育理論和科學的研究方法，有目的、有計劃地進行教學研究活動，不斷提高教學理論水平、教學技能等專業素質的系列活動方式。在高等教育中，不同學科的教學情況差別很大，需要高校教師認真研究教學對象、教法學法、學習重點和難點，以提高學生的學校效率為教學目標，通過教學研究和教學反思對自身的教學能力進行探究和思考，以發現和解決教學實踐中存在的各種問題，提高教學能力，從而促進教師和學生在教學實踐中共同發展。

互聯網的到來改變著高等教育的方方面面，互聯網使教育的形態發生

了極大的變化，無論是教學資源、教學環境、教學對象還是教學形式。面對大趨勢，高校教師必須去適應這種變化，因此，在高速發展的互聯網教育時代，高校教師必須接受挑戰，面向未來，實現教育觀念、教育角色、教學方法、教學模式的轉變，樹立現代化教育觀念，認識到創新是一種常態，才能真正推動「互聯網+教育」的發展和運用，為社會培養現代化人才，實現教育教學目標。

參考文獻

[1] 王懷順. 淺析高校青年教師教學能力提升之途徑 [J]. 淮南師範學院學報, 2008 (5): 94-96.

[2] 申繼亮, 王凱榮. 論教師的教學能力 [J]. 北京師範大學學報, 2000 (1): 64-70.

[3] 王少良. 高校教師教學能力的多維結構 [J]. 沈陽師範大學學報, 2010 (1): 110-113.

[4] 朱龍豔. 21世紀大學教師的角色定位 [J]. 煤炭高等教育, 2003 (2): 53-55.

[5] 席龍勝. 高校教師教學能力提升的策略探討 [J]. 經濟研究導刊, 2012 (27): 305-307.

[6] 中國互聯網路信息中心. 第34次中國互聯網路發展統計報告 [R]. 北京, 2014.

[7] 王偉. 淺談互聯網對教育的影響 [J]. 河北青年管理幹部學院學報, 2014 (1): 54-56.

[8] 劉偉剛. 互聯網發展對高校教師教學的影響 [J]. 現代商貿工業, 2015 (3下): 129-130.

[9] 王其冰. 網路環境下的教師信息行為分析模型研究 [J]. 中國教育信息化, 2013 (8): 3-6.

[10] 賈丹丹. 互聯網時代教師職業發展的思考 [J]. 西部素質教育, 2015 (9).

[11] 劉磊. 互聯網「微時代」，教育者準備好了嗎 [J]. 基礎教育論壇: 文摘版, 2014 (10).

[12] 線教平. 教師面臨的真正挑戰不是「互聯網+」，而是自己 [J]. 當代教育家, 2015 (7).

基於微課的「高校教師信息化教學能力培訓」在線課程建設探索

陳乾國　沈　季　俎神聰

【重慶工商大學教師教學發展中心】

[摘要] 為緩解高校教師的工學矛盾，提升高校教師的信息化教學能力，中心利用微課理念及清華教育在線（THEOL）平臺，開展針對教師的大規模在線開放課程建設探索，通過模塊化與專題學習的組織結構進行建設，在課程建設中體現了視頻與非視頻資源並重，課堂設置虛擬化、師生互動交流多樣化等多種方式結合的教學方法，在線上線下協作的基礎上達到提高教師信息化教學能力的目的。

[關鍵詞] 微課；信息化教學能力；在線學習平臺；在線課程建設

近年來，隨著互聯網與移動互聯網的迅速發展，信息化技術在教育領域已得到深入發展，教師的信息化教學能力建設已成為教師教育改革的系統工程，已成為影響教學質量的重要因素，已引起普遍的重視。教育部於2014年4月頒布了《教師信息化十年發展規劃（2011—2020年）》，提出「推動信息技術與高等教育深度融合，創新人才培養模式。提升高校教師教育技術應用能力，推進信息技術在教學中的普遍應用」[1]。開展教師信息化教學能力培訓就是要提高教師的信息化教學水平，滿足信息化發展對人才培養的需要，促進教師個人與專業全面發展。雖然中國高校教師的信息化教學能力已經得到提升與發展，但是，教師的信息化教學能力並非一成不變的，總是隨著信息技術的發展而呈現出動態的變化，教師必須適應這種變化，不斷學習新技術、新方法，更新自己的信息化教學能力。因此，必須對高校教師的信息化教學能力進行培訓，才能適應信息化發展對教師教學能力提升的需要。

然而，由於高校教師教學與科研任務繁重，受到時間、空間、學習方式的限制，教師不可能長期有空閒時間參與集中的課堂培訓，僅靠傳統的課堂內集中授課方式無法滿足信息化快速發展對教師信息化教學能力提升的需求。因此，為了緩解高校教師的工學矛盾，努力提升高校教師信息化教學能力，本文將微課理念應用於「高校教師信息化教學能力培訓」課程中，以微課形式建設開放性強、功能全面、交互靈活，具有針對性的在線課程，以便高校教師利用零散的時間隨時隨地開展學習，在課堂之外的課餘時間能夠學習課堂教學內容或繼續進行復習鞏固，這對於高校教師信息化教學能力的長遠發展具有重要價值與深遠意義。

一、微課與在線學習平臺在高校教師信息化教學能力培訓中的優勢

（一）微課在高校教師信息化教學能力培訓中的優勢

微課思想最早見於1993年，美國北愛荷華大學的勒羅伊·A. 麥格魯（LeRoy A. McGrew）[2]教授在化學教育中提出了60秒課程的設計思想，主要用於普及有機化學知識。1995年，英國納皮爾大學的T. P. 基（T. P. Kee）[3]在化學教育中提出一分鐘演講。2008年，美國墨西哥州聖胡安學院的大衛·彭羅斯（David Penrose）[4]正式提出了微課理念，認為微課是運用建構主義方法生成、以在線學習或移動學習為目的的實際教學內容。國內微課最早由廣東佛山教育局胡鐵生[5]提出，他認為微課是以微視頻為主要載體的針對某學科知識點或教學環節而設計開發的新型網路課程。黎加厚[6]認為微課應有明確的教學目標，內容短小，視頻在10分鐘以內，能夠集中說明一個小問題的小課程。

微課是現代教育信息化背景下的一種新型教學模式，其主要載體主要通過微型視頻，並輔以微型課件、課程資源等支持材料，通過各種流媒體展示某學科的某個知識點或教學環節的教學活動，並借助網路在線學習平臺實施教學活動與教學服務。微課在高校教師信息化教學能力培訓中的優勢主要表現在以下幾個方面：

1. 教學針對性強，內容短小精準

相較於傳統課堂，微課以問題為導向，以實用性學習目標為主，主題突出，短小精準，強調解決現實問題。微課程視頻大多在5~10分鐘，僅呈現系統課程中的某個小知識點或問題，方便以學習單元的形式進行組織，以有效的形式和較短的時間達到教學目的。

2. 學習時間靈活，有效緩解工學矛盾

微課通過網路學習平臺24小時全天候開放，師生可以隨時隨地進行在

線教學與在線學習，有效緩解高校教師的工學矛盾。學生還可以隨時反復學習某個遺忘的知識點，進行有選擇性的學習，從而滿足學生的個性化學習需求。

3. 內容開放共享，趣味性強

微課程為每位學習者提供評論與分享的權限，學生能夠進行互動交流與分享，教師通過其交流與分享的情況，可以及時調整與優化教學內容，使課程更符合學生的學習需求。微視頻大都是授課教師自己錄製開發的視頻，具有趣味性和親近感，能夠吸引學生的學習熱情，促使學生主動學習。

(二) 在線學習平臺在高校教師信息化教學能力培訓中的優勢

重慶工商大學自 2005 年開始引入清華教育在線（THEOL）平臺對教師的網路教學進行支持，清華在線是在線學習的基礎性技術平臺，支持在線學習和教學的全過程，能夠承載在線課程。該平臺全面支持網路課程教學、研究型教學、專業建設與展示以及精品課程建設與評審的管理與應用，資源中心管理系統，課程資源共享聯盟支持平臺等[7]。隨著 MOOC 的興起，為適應 MOOC 的理念及發展需要，清華教育在線於 2015 年升級了傳統的網路教學綜合平臺，更改為新一代的多模式教學平臺——在線學習平臺（U-MOOCS），以支持建設開放課程的需求，同時實現混合式教學模式。其主要特點及對高校教師信息化教學能力培訓中的優勢有以下幾個方面：

1. 基於小知識單元的學習序列

支持教師按知識點或課程單元來建設在線課程，可以自定義添加多級教學欄目，教學欄目類型多樣，包括單篇文章型、目錄型、列表型、教學活動型等欄目類型。小知識單元的學習序列方便教師利用零散時間學習某個尚未掌握的知識點，能夠突破傳統課堂教學形式。

2. 教學內容與教學活動深度整合

支持按章節、課次、專題、案例等學習單元來組織課程的教學資源與教學活動，同一學習單元的課程通知、答疑討論、課程資源等都可以展現在課程網站的同一欄目下。此特點方便學生根據自身的興趣與特點，系統學習某一章節、某一課次內容，利用各種教學資源，開展自主學習。

3. 平臺開放性

支持課內開放、校內開放、校外開放等多種開放方式，支持創建圈子、加入圈子、發表話題等，能在互聯網上穩定運行，不僅方便教師管理課程，同時也方便學生學習。

4. 學習分析

支持跨模塊對學生的在線學習進行綜合分析與評價，並以圖表形式呈

現。其內容包括課程資源訪問次數、課程學習時間、進入課程次數、討論區發文次數等。

5. MOOC 微視頻組織功能

支持微視頻教學、多種視頻播放模式、支持在微視頻學習過程中插入具有即時反饋功能的在線測試、在微視頻學習過程中開展針對當前學習單元的討論交流等與學習單元相關的輔助性教學資源與教學活動。

二、高校教師信息化教學能力培訓在線課程建設

在線課程與線下課程一樣，都需要進行精心的課程設計，主要包括課程內容、教學活動、學習資源、交流互動和教學策略等方面。本文以重慶工商大學高校教師信息化教學能力培訓課程為基礎，採用專題組織形式，以知識點為基本教學單元，開展微視頻與圖文資料相結合的在線課程建設探索。

（一）在線課程架構設計

高校教師信息化教學能力培訓涉及的內容多、範圍廣、知識更新快，且有的內容實踐性強。因此，根據課程特點，將課程按模塊化的形式進行架構設計，形成按不同專題分類組織的模塊化結構。其課程架構如圖 1 所示：

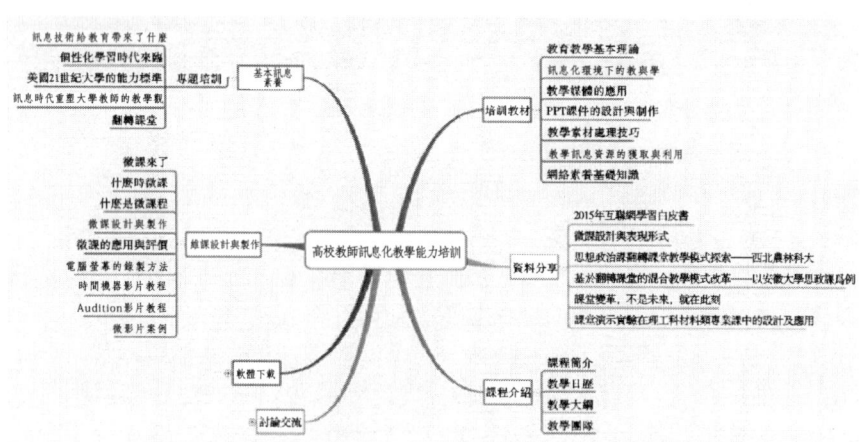

圖 1　高校教師訊息化教學能力培訓在線課程架構

（二）在線課程學內容建設

高校教師信息化教學能力培訓課時少內容多，主要包含在線課程建設指導、清華教育在線（THEOL）平臺使用培訓、微課製作培訓等一系列內容。其作為在線課程進行建設時應按照專題形式設計，每個專題按在線開

放課程「知識碎片化學習」的特點進行梳理，將課程內容打散，按知識點重新進行組織串聯，從而形成系統的學習內容。但由於信息技術發展迅速，因此在組織教學內容與知識點時，不能期望一次建設就能萬事大吉，應該按照螺旋模型來動態進化，不斷完善、不斷改進，以確保其始終保持鮮活的生命力。

（三）在線課程教學活動建設

本在線課程設計有豐富的教學活動，課程開始之前，參與學習的教師要先行註冊為學生身分，方可參與課程的學習。只有註冊為學生身分，教師才具有參與課程活動與查看課程資源等的權限。教師在參與課程學習活動中觀看學習視頻、查閱學習資源等行為都會被在線學習平臺系統所記錄，形成學習檔案方便成績評價，同時也為授課教師對課程內容及形式做調整提供依據。

在課程學習中，教師除了自主選擇知識點進行學習以外，授課教師還會結合教學視頻提供在線測試，測試一般都是通過簡單的單選、判斷、填空等客觀題與主觀題相結合的形式進行，此方法可以強化和促進知識的記憶，從而提高學習效果。對學習中遇到的困難及問題，在線課程提供了BBS論壇在線討論、課內郵箱等方式進行交流，教學團隊在課程開設期間會提供幫助與解答，同時學生之間亦可以相互交流、協作學習。

授課團隊會根據線上學習情況，定期開展線下教學活動，有針對性地對常見問題及疑難問題進行解答與交流，通過面對面的學習活動彌補在線學習中存在的不足與問題，此種線上與線下相結合的混合式教學活動，確保了教學效果與學習質量。

（四）在線課程資源建設

在線課程除了提供學習視頻、教學課件等，還應該提供豐富的課程內容補充資源，課程資源分為視頻資源與非視頻資源。其中視頻資源大多是5~10分鐘的微課，其具有其他資源類型所不能比擬的特性與優勢，視頻資源具有多媒體傳播性很好的特性，同時視頻資源還具有直觀易懂、教學效果良好的優勢。非視頻資源主要包括教學課件、URL、試題習題、參考文獻、輔助資源等，非視頻資源的建立能使在線課程更加完整，也能有效促進學習效果。

（五）在線課程互動交流建設

互動交流是教學活動中的重要環節，本門在線課程採取BBS主題討論、各知識點微課討論、在線學習平臺郵箱交流等即時與非即時交互形式結合的方法進行，實現師生與學生間的交流互動。

1. 即時互動交流

清華教育在線（THEOL）平臺的 BBS 交流論壇支持文本、圖形、視頻等多樣化的交互功能，方便師生展開即時互動交流。第一，在「討論交流」模塊組織 BBS 主題討論，教學團隊根據授課計劃，提前發表主題引導帖，參與培訓的教師以學生身分對主題帖發表自己的看法或回覆其他教師提出的問題，圍繞主題開展在線討論。第二，每個知識點所對應的微視頻課程下都建立了 BBS 形式的討論區，供師生與學生之間針對相應內容及時討論交流。第三，師生均可以將自己查找到的比較好的課程資料上傳至 BBS 論壇，形成共建共享機制，共同建設、共同學習。

2. 非即時互動交流

第一，BBS 交流論壇同樣也是非即時互動交流平臺，師生均不可能時時在線，因此發帖交流會存在異步。第二，針對有些不方便於 BBS 論壇公開交流的問題、篇幅比較長但需要交流的問題等，均可採取平臺提供的課程郵箱進行交流互動。非時實互動交流給予師生充分的時間進行思考和查閱文獻，更具針對性，能有效提高討論質量，提高認識。

（六）在線課程建設效果展示

按課程架構建設完成後，最終會以網頁的形式呈現給學生，其效果如圖 2 所示：

圖 2　高校教師信息化教學能力培訓在線課程效果圖

三、結語

為了適應信息化技術迅速發展下對高校教師信息化教學能力提升的要求，解脫高校教師在限定時間與空間學習的制衡，我中心充分利用在線學習平臺技術與微課程理念，探索性建設基於微課的《高校教師信息化教學能力培訓》在線課程。將線下培訓課程的內容加以整理，以專題化的形式設計製作成微課，依託清華教育在線（THEOL）平臺建設在線開放課程，為教師提供了交互性很強的在線課程，給教師信息化教學能力培訓的開展提供了新的啟示。目前，我中心雖然已經建設好了在線課程，也已取得不錯的反響，但如何使在線課程更加完善，更好地與線下培訓相結合，相信將來還會有更為深入的探索研究。

參考文獻

[1] 教育部關於印發《教育信息化十年發展規劃（2011—2020年）》的通知. 教育部. 政務 [EB/OL]. http://www.moe.edu.cn/publicfiles/business/htmlfiles/moe/s5892/201203/133322.html.

[2] McGrew L A. A 60-Second Course in Organic Chemistry [J]. Journal of Chemistry Education, 1993 (7): 543-544.

[3] T P Kee. The one minute lecture [J]. Education in Chemistry, 1995 (32): 100-101.

[4] Shieh D. These Lecture Are Gone in 60 Seconds [J]. Chronicle of Higher Education, 2009 (26): 1-13.

[5] 胡鐵生，黃明燕，李民. 中國微課發展的三個階段及其啟示 [J]. 遠程教育雜誌，2013（4）：36-42.

[6] 黎加厚. 微課的含義與發展 [J]. 中小學信息技術教育，2013（4）：12-14.

[7] 韓錫斌，葛文雙，周潛等. MOOC平臺與典型網路教學平臺的比較研究 [J]. 中國電化教育，2014（1）：61-6

教師自主微課開發與設計研究

俎神聰　陳乾國　胡為芹

【重慶工商大學教師教學發展中心】

[摘要] 伴隨信息技術和互聯網技術的迅速發展，微博、微信、微電影等新興事物不斷湧現，人們已經進入了一個快速、高效的微時代。微課作為碎片化的一種學習方式，其出現順應了時代潮流。由於其學習靈活、簡單易懂，越來越受到廣大學生的青睞，同時也被教育管理部門和學校教師所關注。怎麼運用微課改善教學、如何設計微課、如何製作微課也成了教師所關心的問題。不管是什麼類型的微課，其課程主體畢竟是教師，因此由教師自主設計製作微課，可以更好地把握教學內容和教學目標。筆者倡導教師利用日常生活中的工具和設備，自己獨立完成微課的設計與製作。

[關鍵詞] 微課設計；自主開發

微課是縮小版的課程教學，雖然時間簡短，但是包含了教學分析、課程設計、課件製作等傳統教學的準備過程。只有瞭解並掌握微課的特點、微課教學設計方法等知識，才能設計製作出一門出色的微課。

一、微課的特點

微課是指教師在課堂內外教育教學過程中圍繞某個知識點或技能等單一教學任務進行教學的一種教學方式[1]。

微課以課程標準為依據，以教學視頻為載體，不僅在教學過程中圍繞單一知識點進行教學，還結合了教學設計、教學課件、課程習題等教學資源。因此微課不同於傳統的課堂教學，而是在其基礎上延伸出來的一種新型教學方式。

微課的特點有：①教學時間較短。教學視頻是微課的重心，根據人們

記憶思維的規律和特點，最適宜的時長一般是 3~8 分鐘。②教學內容較少。突出某個知識點的教學，或是反應課堂中某個教學環節、教學主題的教與學活動。③成果簡化、傳播方便。主題突出、資源容量較小，支持網路在線播放、移動學習等多種途徑。④課程案例化。優秀的微課可以作為教學案例，供其他老師參考學習和討論交流。⑤主題突出、內容具體。一講課程圍繞一個主題，研究的都是源自教學實踐中的常見問題。⑥草根研究、趣味創作。每個人都可以設計自己的微課。⑦反饋及時、針對性強。可以很快收到學習者對課程的評價和建議，便於課程的改進和完善。⑧製作簡單、實用性強。有多種方式和工具來製作，以解決具體問題為目的。

二、微課的分類

（一）按課堂教學方法

根據教師在課堂教學時的不同教學方法的運用，一般可以將微課分為：講授類、問答類、討論類、啓發類、演示類、實驗類、表演類、練習類、自主學習類、合作學習類、探究學習類。當然我們在實際操作中，也不限於一節微課只對應一種課程類型，有時也可以使用兩種或兩種以上的課程類型，如實驗類結合啓發類。隨著教學方式和組織形式的不斷創新，將來也會有新的微課類型出現。

（二）按課堂教學進程

根據教師在課堂教學時進程的不同，一般可以將微課分為：新課導入類、知識理解類、課前復習類、練習鞏固類、小結拓展類。

（三）其他類型

其他與教學相關的微課類型有：說課類、主題班會類、實踐課類、活動類等。

三、微課的教學設計方法

優秀的教學設計對微課的開發可以起到更好地指導作用。微課設計應該著重從教學目標制定、學生需求分析、課程內容選取、教學方法選擇等方面進行設計，這樣才能在較短的時間內使教師運用最恰當的教學方法和手段講透一個知識點，讓學生最快、最輕鬆地理解並掌握這個知識點。因此一線教師在課程設計方面更具有自主性和創新性，下面說一下在進行教學設計時應該注意的幾個問題。

（一）教學內容的選取

教學內容的選取是課程設計的第一步，也是非常關鍵的一步。選取時

可以選擇教學中學生出錯較多或學生不易理解的知識點、疑難點，以及具有較高教學價值的教學內容。同時在教學內容方面還要注意其獨立性和完整性，一講課程就一個主題，在盡可能短的時間內把內容講通講透。在教學設計的過程中，切忌抽象化、模糊化、寬泛化。

（二）教學形式設計

由於微課一般是單向的傳輸過程，學生在學習課程時屬於被動接受，為了防止學生觀看微課時產生厭學現象，教師在講授教學內容的同時，還應把握教學形式的設計，切忌照本宣科、按部就班的羅列講解。教師應該考慮學生在學習課程時可能產生的問題，並把這些問題提前設計到課程中，以使學生在產生問題時能夠輕鬆地解決困惑。教師也可以在課程結束時設計一些思考題或練習題，引導學生學習完課程后產生一定的思考，並提高學生利用課程所學知識解決問題的能力；同時在課程表現形式上，可以使用不同的表現方式。如攝製的純視頻的課程講解、錄製電腦屏幕的操作講解、PPT課件的展示、影視片段的引用等，這些方式的合理運用也可以使課程顯得更加生動。

（三）視覺效果設計

微課展示給學生的最終形式是視頻，其視覺效果的優劣會影響微課的質量。這裡應該注意兩方面內容，一是教學內容的視覺化處理，根據課程內容可以使用圖片、圖標、組織結構圖、柱狀圖等將課程內容直觀、形象地展示出來，也可以引用一些視頻案例或影視片段。二是畫面的藝術處理，如前期拍攝時的人物著裝、周邊環境的布置，以及后期的編輯處理。總之，就是要把教學中抽象的概念形象化、靜態的信息動態化、枯燥的數據圖形化，以發揮出微課展示的特點和優勢。

四、微課製作的基本要求

雖然微課製作沒有完全固定的製作標準，但一般應遵循以下規律：

（一）課程內容要求

課程時長一般控制在3~8分鐘，最長不應超過10分鐘。課程選題得當，腳本設計合理，知識點突出，教學目標明確。講解精煉，不照本宣科，便於理解。適當提問，引發思考，對於知識點重點提示。應當注意教學視頻中所用到的課件內容結構完整，引用的知識點要簡練準確。

（二）視音頻要求

圖像清晰穩定、構圖合理。視頻分辨率一般為設定為720×576（4∶3）或1,280×720（16∶9）。視頻幀率採用25幀/秒、逐行掃描方式，視頻碼

流控制在1,000~2,000Kbps。視頻壓縮一般採用H.264編碼格式，視頻輸出為MP4或FLV格式。聲音採用雙聲道，音頻壓縮採用AAC或MP3編碼、採樣率48KHz、音頻碼流率128Kbps。保證聲音清晰流暢、無噪聲干擾、音量平穩自然。

五、微課的製作方法

（一）製作流程

選題→課程設計（教學設計、結構設計、展現形式設計）→教學準備（製作PPT課件、教學工具準備）→教學實施與拍攝→后期製作→教學評價反思。

（二）準備階段

因為我們倡導教師自主設計製作微課，因此這裡我們推薦的工具都是日常生活中最常見的。需要準備的工具和軟件：白紙、筆、智能手機（電腦攝像頭）、手機支架、多媒體電腦、電腦麥克風、視頻編輯軟件（Adobe Premiere、Canopus Edius、會聲會影等）、屏幕錄像軟件（Camtasia Studio、屏幕錄像專家等）。

（三）幾種常見的錄制形式

1. 單視頻拍攝

過程簡述：首先選擇一個合適的錄制場景，然後利用手機支架將手機固定，最后將教師的教學錄像錄制下來。為了保證聲音的清晰和穩定，可以使用麥克風接入手機的話筒插口來錄制聲音。這種形式適合講解類課程或實驗類課程，表現形式形象直觀，學生有親近感。

2. 單視頻+白紙手寫

過程簡述：錄制教師的教學錄像，然后利用白紙和筆將教學過程展示出來，如教學中的書寫、演算過程，並用手機將這個過程錄制下來，最后利用視頻編輯軟件將幾種鏡頭剪輯組合。這種形式適合書寫類或演算類課程，教學邏輯清晰，便於學生理解。

3. 單視頻+錄屏

過程簡述：錄制教師的教學錄像，然后利用屏幕錄像軟件，將在電腦上的操作錄制下來，同時利用麥克風將講解的聲音同步錄制。這種形式適合電腦操作或軟件教學類課程，操作形象直觀，簡單易學。

4. 單視頻+PPT

過程簡述：錄制教師的教學錄像，然后利用屏幕錄像軟件將PPT課件的演示錄制下來，也可以將PPT上的標註及書寫過程一併錄制，同時利用

麥克風將講解的聲音同步錄制，最后利用視頻編輯軟件將幾種鏡頭剪輯組合。這種形式適合大多數教學，老師操作也快捷方便。

5. Flash 動畫+單視頻

過程簡述：錄制教師的教學錄像，然后利用 Flash 製作軟件完成整個課程的製作，課件中也可以穿插一些視頻資料。這種形式將教學過程以動畫的形式呈現，更加活潑、生動，容易調動學生的積極性。

六、微課的應用前景展望

伴隨微博、微信、微電影等新興事物不斷湧現，微課作為碎片化的一種學習方式，其出現順應了時代潮流。目前各級教育管理部門和學校教師，對微課的開發和運用及關注度在不斷增加。微課設計與開發的相關技術逐漸成熟，與微課製作相關的一系列軟硬件不斷湧現，並且操作越來越簡單，製作微課在技術方面將不會給一線教師帶來太多阻礙，教師可以把精力集中在教學設計與創意方面。各類微課平臺的出現，帶來了豐富的微課資源，但是各種平臺的獨立制約了資源的分享。為了匯集更豐富的教學資源，可能會出現平臺間的合併或聯盟，以便實現資源的共建共享。同時微課會轉變學生的學習觀念和學習方式。移動學習有其自身的便捷性和可控性，特別適合微課這種碎片化、靈活性的學習方式，或將成為微課的主要學習方式。對教師而言，微課將對現有教學模式產生影響，改變教師傳統的授課方式，學生可能會選擇一些名校名師的課程來替代本校同類課程，這將給教師教學和創新帶來巨大挑戰。

參考文獻

［1］百度百科. http://baike.baidu.com/view/5982553.htm.

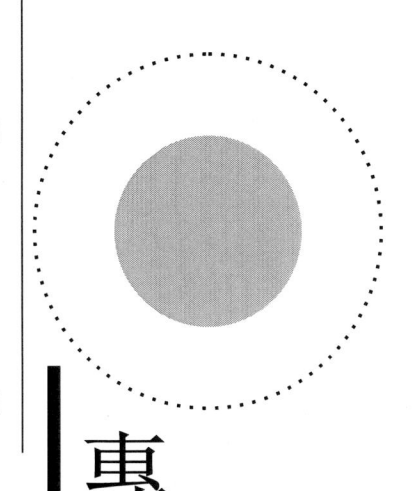

【第二篇】專業與課程建設

信息化時代西方經濟學案例教學模式的創新

曾顯榮

【重慶工商大學經濟學院經濟系】

[摘要] 案例教學是西方經濟學教學常規方法之一，但是隨著信息化時代的到來，原來單一、僵化的案例教學手段已不適應時代發展的要求，亟須創新教學模式。本文總結了我校西方經濟學案例教學取得的成績，探討了新時期現有案例教學方法存在的不足，提出了信息化時代案例教學方法創新的最優路徑。

[關鍵詞] 信息化；西方經濟學；案例教學；創新

目前，西方經濟學是中國高等院校財經類專業的基礎理論課程，在財經類大學生的培養計劃中被列入必修課，也是財經類研究生入學的必考課程。因此，為了給其他經管類課程的學習和研究奠定理論基礎，必須學好西方經濟學。然而，西方經濟學因理論性較強，比較抽象，加之傳統的灌輸式的授課方式給學生的理解帶來了一定的困擾。在信息化時代如何運用網路案例教學法將西方經濟學的理論講生動、講透澈並讓學生能夠靈活應用是在教學過程中有待進一步解決的新課題。

一、我校西方經濟學案例教學取得的成績

案例教學法的引入為西方經濟學的教學改革創新了一個較好的教學模式。教師在講授西方經濟學理論知識的過程中適當穿插一些案例分析，把理論講授與案例分析結合起來。由案例導出西方經濟學的基本原理，由淺入深，由簡到繁，由易到難，能夠激發學生學習積極性，更易被學生接受，也有助於引導學生理論聯繫實際，用所學的知識解釋和改造身邊的經

濟世界。

(一) 編寫出與教材配套的西方經濟學案例集

在經濟學國家級精品建設中,我校經濟學院經濟系編寫出西方經濟學微觀部分和宏觀部分兩本案例集。每本案例集均為12章,每章主要由三部分組成。第一部分是本章要點歸納。主要對本章的內容進行簡明扼要的總結。第二部分是主要知識點及案例解析。編寫出與本章的主要理論配套的案例並運用相關理論進行深入分析和說明。第三部分是學生自學案例及導讀。給出案例、考核知識點、問題而不作解答,讓學生自己根據所學內容對案例描述現象進行分析和解釋,培養學生分析問題和解決問題的能力。

(二) 西方經濟學案例教學法的應用現狀

1. 課堂講授

理論來源於實踐。案例是對某一具體社會實踐的描述,是市場經濟主體行為的特殊性。通過經濟現象的特殊性,我們可以推導出經濟發展中普遍的內在的聯繫。因此,應當在講清理論知識的前提下輔以適當的案例分析,才能讓課堂更充實。西方經濟學授課教師在授課時,為了使理論教學與案例分析安排合理,在教學過程中,任課教師首先立足於將理論知識的內涵講透澈,讓學生弄清楚這一理論的假設條件以及主要內容表述,然後引入案例進行分析,逐步推導,讓學生心服口服,讓理論知識更有支撐,更有說服力。

2. 課堂討論

理不辯不清,事不辯不明。對於經濟社會熱點問題,可以讓學生進行思考和討論,各抒己見,教師最後進行總結。這樣能讓學生發揮自己的主觀能動性,積極地參與課堂,有利於活躍課堂氣氛,加深對知識點的理解,從而形成良好的學習氛圍。此外,還可以就一些社會問題展開辯論,將學生分成正反兩組,闡述各自的觀點並進行論證。學生在辯論的過程中深化了對理論的準確理解,並且培養了學生分析問題的能力。在組織學生進行討論或辯論的時候,教師對學生循循善誘,讓學生通過閱讀案例發現問題並找出解決問題的理論工具。當學生討論的主題偏離方向的時候,教師要及時加以引導和糾正。當學生在思考中遇到困難的時候,教師適時加以提醒,啟發學生的思路。在討論或辯論結束時,教師應加以總結。這既是對學生積極參與的肯定,又使案例教學的過程更加完整。

3. 學生自學

學習西方經濟學知識需要預習和溫習,學生課後必須復習和消化知識。學生自學案例和導讀給學生提供了一些有價值的學習資料,作為課後

練習的組成部分促使學生獨立地思考和解決問題。為了檢驗學生的學習情況，在上課的時候老師抽查一些學生，檢查學生對自學案例的學習情況和瞭解程度。

(三) 案例教學取得了良好效果

1. 調動了學生學習西方經濟學的積極性

西方經濟學是研究關於社會如何管理資源配置和資源利用的科學，如果採取灌輸式的教學方法就很難達到預期的教學效果。教材的編寫和課程的講授確實需要演繹法，但傳道授業解惑離不開歸納法。案例教學法的應用既符合邏輯思維，又符合國際上所編教材的習慣，因此提高了學生學習西方經濟學的積極性。課堂上學生出勤率較高，聽課比較認真，積極回答問題和討論問題。

2. 深化了學生對西方經濟學基本概念和基本原理的理解

西方經濟學概念比較深奧，理論比較抽象。西方經濟學的教學一般是安排在大一下半期和大二上半期進行，而此時學生剛從高中跨進大學的校門，很難在短時間內適應大學的課程設置。在沒有任何社會經驗和西方思維習慣的情況下，學生對西方經濟學理論學習尤為困惑。案例教學法遵循了從個別到一般再從一般到個別的認識論的分析方法，避免了「老師講得頭頭是道，學生感覺莫名其妙」的情況。根據本人學生的課堂調查，90%的學生體會到案例教學實施的確有助於對西方經濟學基本概念和基本原理的理解。

3. 提高了學生分析問題和解決問題的能力

凱恩斯說：「經濟學不是一種教條，而是一種方法，一種心靈的容器，一種思維的技巧，幫助擁有它的人得出正確的結論。」也就是說經濟學真正的精髓不是在於結論，而是在於一種分析問題、解決問題的思想方法、思維過程。經濟學是一門致用的學問，它首先要能夠解釋經濟現象，其次要能夠為解決經濟問題提供思路和方法。案例教學法使學生加深了對西方經濟學基本概念和基本原理的瞭解，從而提高了學生分析問題和解決問題的能力。多數學生能夠運用所學知識觀察和分析現實經濟和社會問題，有的學生還能夠運用到社會實踐中去解決問題。

二、新時期西方經濟學傳統案例教學模式面臨的挑戰和機遇

(一) 西方經濟學傳統案例教學模式遇到的挑戰

1. 信息不完全性

雖然案例集中有與主要理論配套的課堂講授案例、討論案例及自學案

例，但是這些案例是不全面的。從橫向上看，覆蓋面不全。有些只有外國的案例，而沒有中國的案例。有些只有美國的案例，而沒有歐洲的案例。從縱向上看，時間不連續。有關大蕭條和 2008 年國際金融危機的案例較多，而其他時期的案例較少。西方經濟學有些理論要找案例比較困難，如「流動偏好陷阱」的案例必須借助於網路獲得信息。

2. 信息非對稱性

運用案例的目的是要達到預期的教學效果。但是有些案例，即使是曼昆經濟學原理的一些案例照搬到中國課堂上，我們也發現效果不一定好。因為西方經濟學經典教材有些案例適應於美國、英國、加拿大、澳大利亞等國，但不完全適用於中國。因為中國學生的知識基礎和經歷與外國學生不同，部分學生連案例本身都不瞭解，更談不上用案例來推導理論，因此需要因材施教、因人施教。案例集只提供正面案例，而不提供負面案例。這樣老師提供的信息與學生在網上得到的信息是不完全對稱的。例如老師提供的是中國的實際案例說明邊際消費傾向是遞減的，邊際儲蓄傾向是遞增的，正好與教材講的理論一致。但是，學生可能從網上得到的案例是自 20 世紀 80 年代後美國的邊際消費傾向是遞增的，邊際儲蓄傾向是遞減的，正好與教材講的理論不一致。這就要求老師提供的案例要全面，能夠用辯證唯物主義和歷史唯物主義的觀點和方法來分析問題和解決問題。

3. 信息的滯後性

案例集中的一些案例是經典的，但是案例集的案例存在時滯。西方經濟學的案例教學的內容必須與時俱進。世界和中國近期宏觀經濟指標、後金融危機時代美國經濟政策的調整、債務危機後歐洲經濟的復甦等情況，如不能及時體現在案例之中就會影響教學效果。

4. 信息傳遞手段單一性

案例教學中對於網路信息資源的利用尚不充分。由於各種信息技術以前所未有的迅猛勢態滲透於教育的方方面面，我校西方經濟學的案例教學也在一定程度上進行了相應的改革，如大多數教師都能使用多媒體技術與傳統教學方式進行整合，但從總體上來看，在充分利用有效的電子信息資源，實現傳統與現代兩種教學方式有機結合方面還很不足。課堂上仍以教師講案例集和 PPT 上顯示的案例為主，學生始終處於被動的狀態，缺乏學習積極性和主動性，學生作為學習主體的作用得不到發揮。

(二) 信息化時代西方經濟學案例教學面臨的機遇

人類社會已進入信息化時代，計算機網路在社會各個領域得到了廣泛的應用，現代信息科技手段改變了人們的生活方式和工作方式，也顛覆著

傳統教育方式。網路化案例教學可以打破傳統教學中師生之間固有而狹窄的聯繫通道，從根本改變案例教學方法和教學模式。信息化案例教學手段能夠突破時間和空間的限制，實現教育資源的共享，擴大教育規模，提升教育速度，發揮學生主體作用，實現師生之間教與學、同學之間學與學的互聯互通互動。

1. 信息化案例教學的優勢

信息化、網路化正在引起教學手段新的變革。基於信息化的案例教學方式具有以下顯著特點：

（1）信息化案例教學的互聯互通性。網路為師生之間構建了一個平等交流的平臺，可以實現教師與學生之間案例教學與學習的互動。在足夠的硬件和技術支持下，可以利用寬帶網路實現即時的、雙向的、交互式的課堂案例教學和學習方式。學生只要身邊有電腦和手機就能夠隨時隨地連接人民網經濟頻道、經濟日報數字版及校園網路學習平臺等網站進行案例數據的採集，還可以利用網路傳輸協議瀏覽到所要學習的多媒體課件中的案例，有問題還可以通過 E-mail 和 QQ 向教師請教，教師也可以通過這些網路化工具及時回答學生提出的問題，解除學生在學習上的困惑。

（2）信息化案例教學的新穎性。原來只有在案例集上看到案例，離開案例集無所適從。而案例集上的案例經常不能及時更新，有些陳舊，存在時滯。而有了互聯網手段，學生可以即時收集到最新的學習案例，對問題的瞭解更方便快捷，避免教學案例與現實的嚴重脫節。

（3）信息化案例教學的生動形象性。任課教師可以利用多種互聯網手段來呈現案例教學內容，使得教學內容變得豐富多彩，通過多個感官來刺激學生的腦細胞，吸引學生的注意力，使學生記憶的內容更加深刻和持久。

（4）信息化案例教學的主觀能動性。大多數學生習慣用電腦和手機網路獲得知識和信息。教師可以讓學生參與案例信息的採集與整理，培養學生的自學能力和研究能力。

2. 網路化案例教學的可行性

隨著網路技術在教育中的應用日益廣泛和深入，特別是英特網路與校園網路的接軌，為網路教育提供了豐富的資源和適當的環境，使網路教學真正成為現實。

（1）校園網為信息化案例教學的開展提供可靠的技術平臺。以校園網為依託進行信息化案例教學，有別於以教師為主導的灌輸式的案例教學模式，可以優化現行的案例教學活動，是一種以學生為中心的案例教學方法

的創新。

（2）數字化圖書館提供了與網路教學有關的各種專業數據庫和學習資料，充足的教學資源為網路教育的開展提供了物質支持。

（3）高校大學生的計算機普及率較高，不少學生擁有個人電腦和手機，並且掌握了較好的操作技術，加之寬帶校園網路的建設，高質量的數據傳輸服務設施使得在西方經濟學開展信息化案例教學成為可能。

三、西方經濟學實施網路化案例教學的路徑選擇

（一）案例的網上採集

相關網站有大量的資料（文字、數據、視頻）可以作為教學的案例。但是，採集哪些案例、這些案例能夠說明哪些知識點是西方經濟學案例教學應該夯實的工作基礎。因此，老師可以運用自己的理論知識和工作經驗進行篩選。收集西方經濟學宏觀部分案例數據首先需要搜索國家統計局網站。通過這一網站能夠查到中國宏觀經濟的所有主要數據，如 GDP、CPI、PPI、儲蓄、投資、勞動力參與率、對外貿易額、國際收支平衡表。另外，學習西方經濟學必須瞭解西方發達國家主要宏觀經濟指標，需要集中查找世界銀行網站的數據。當然，搜索的網站不止於這些，國內還有國家各部委的官方網站，國外還有歐盟、OECD、國際勞工組織等網站都可以找到具體、生動的案例。同時，要發動學生在網上尋找案例。這樣，一方面可以調動學生學習積極性做到集思廣益，另一方面也促使學生消化和理解所學的比較抽象的理論知識。

（二）案例教學的網上使用

教師可以通過教學網站、微信、微博實現與學生互聯互通互動。

1. 教師通過網路向學生提供豐富的案例

雖然學生自己可以收集案例，但學生的選擇缺乏全面性和準確性。教師可以通過網路為學生提供豐富的學習資源，將大量的西方經濟學案例信息以多媒體形式如文本、圖片、聲音、視頻等呈現給學生。而學生則可通過網路不受時空限制地自主地安排學習時間、選擇學習內容、加深學習深度。

2. 師生在網上就案例的解釋力進行討論

在這種全新的信息化西方經濟學案例教學模式中，信息是雙向傳播的。教師可以選擇教學媒體，通過網路將有關西方經濟學教學案例信息傳給學生，學生通過計算機接受信息，進行交互教學、分組教學和個性化的學習。網路交互式多媒體技術的表現手法比傳統的板書教學方式要生動得

多，不但可以將經濟學中的重點內容根據學習者的視覺特點突現出來，吸引學生的注意力，還可以將一個知識點展現為一個過程，讓學習者慢慢體會其中的內涵。另外，這種現代的教法也省去了教師的板書，使授課的信息量大大提高，將內容繁多、模型多、圖形多的西方經濟學知識在有限的課時內完整、形象、生動地介紹給學生，提高課程的教和學水平，而且大大活躍了課堂的氣氛，激發了學生的興趣，豐富了教學內容，提高了學習效率和教學效果。

3. 同學之間就案例的應用進行討論

通過布置學習任務，把學生應該掌握的知識和技能隱含在學習任務中，每個小組的學生帶著問題和任務通過互聯網開展自主探索學習和交流協作學習，教師在這個過程中引導學生在網站中查找資料，通過自學資料分析問題，提出解決問題的基本思路。學生可在學習論壇相互探討彼此的意見和解決問題的思路，教師也可以參與討論，提出學生可能沒有意識到的關鍵問題，對學生進行啓發和引導。

參考文獻

［1］曾顯榮，黃玲，陳亞惠. 西方經濟學（宏觀部分）案例集［M］. 北京：科學出版社，2015.

［2］李海明，伍曉. 西方經濟學案例教學探索［J］. 西南大學學報（社會科學版），2010（5）：120-122.

［3］張松林. 不同授課階段下西方經濟學案例教學法的實施［J］. 經濟研究導刊，2013（28）：98-99.

［4］楊靜. 淺談西方經濟案例教學的組織模式設計［J］. 科教導刊（上旬刊），2014（11）：119-121.

［5］戴逸飛. 西方經濟學資源共享課程中的案例教學［J］. 教育教學論壇，2014（8）：93-94.

［6］陳儉. 西方經濟學案例教學存在的問題及對策［J］. 企業導報，2013（9）：165-166.

信息網路時代國際貿易實務課程教學改革探析

胡偉輝

【重慶工商大學經濟學院】

[摘要] 信息網路技術的發展對傳統教學模式提出了新的挑戰，成了推動各個學科改革傳統教學模式的重要動力。國際貿易實務是國際經濟與貿易專業的核心課程，是一門具有涉外活動特點、有很強綜合性和實踐性的課程，對國際貿易專業人才培養起著重要作用。本文探討如何充分利用信息網路技術改革國際貿易實務課程的傳統教學模式，解決當前國際貿易實務課程教學中存在的主要問題，探索培養綜合素質高、創新能力強的國際貿易專業人才的教學模式。

[關鍵詞] 網路時代；國際貿易實務；教學改革

現代信息技術特別是網路技術的出現和飛速發展以及其對教育的介入，使傳統教育的思想、觀念、模式、方法、手段等發生了巨大變化，依託信息和多媒體技術進行輔助教學已不再是新鮮事[1]。《國家中長期教育改革和發展規劃綱要（2010—2020 年）》在第四部分保障措施中明確提出「加快教育信息化進程」，強調「強化信息技術應用；提高教師應用信息技術水平，更新教學觀念，改進教學方法，提高教學效果；鼓勵學生利用信息手段主動學習、自主學習，增強運用信息技術分析解決問題能力。」信息網路技術的運用不僅是解決教育滯後於現實需求問題的有效手段，也是推動傳統教育模式改革的重要動力。

國際貿易實務是國際經濟與貿易專業的核心課程，涉及國際貿易理論與政策、國際貿易法律與慣例、國際貨物運輸與保險、國際結算等諸多方面的基本原理和基本知識，具有很強的綜合性和實踐操作性。老師通過教

授該課程，讓學生具備較為豐富的國際商務知識、較強的風險防範意識和外貿業務的實際操作能力，為培養綜合素質高，創新能力強的專業外貿人才奠定堅實基礎。隨著信息網路技術在高等院校專業課程教學中的不斷運用和推廣，國際貿易實務課程的傳統教學方式已不能滿足信息網路時代人才培養的需要。信息網路技術與專業課程的融合，在培養學生的實際操作能力、觀察分析能力和創新思維能力中起到了非常重要的作用。因此，轉變教學思想，利用信息網路資源的優勢，進行國際貿易實務課程教學新模式的探索，值得研究、實踐及推廣。

一、國際貿易實務課程教學中存在的問題

以我校國際貿易實務課程教學實踐為例，雖然經過多年的教學改革與探索，取得了一定的成效，但是在課程教學中仍然存在以下一些問題。

（一）教學模式單一，缺少實質性的變化

教學模式是指在一定的教育思想、教學理論和學習理論指導下，圍繞教學活動的主題，在某種環境中展開相對穩定和系統的教學活動的一種範式[2]。教學模式會隨著社會經濟的發展、科技的進步被不斷改革和完善。通過多年的課程建設及教學方法、教學手段的改革，國際貿易實務課程在朝多媒體組合型方向發展。

雖然目前我們都在強調課程教學要從以「教」為主轉為重「學」為主的教學模式，不再單純地只從教師的角度去思考如何「教」，而是從學生的角度出發，激發他們的主觀能動性，重視他們在教學活動中的參與度。但縱觀各高校國際貿易實務課程教學，教師講授為主，教師主導課堂的狀況依然沒有改變。單一的教學模式既影響教師的專業成長，也不利於學生對知識的全面理解與掌握。學生習慣於被動接受，對老師的依賴性比較強，加之課時的限制，嚴重影響學生主觀能動性的發揮。以我校為例，學生對於課程的學習基本上局限於老師的課堂講授。雖然老師在課堂講授中融入了多媒體資源，結合相關的案例給學生講解，但是師生之間的互動還是比較有限。由於互動不夠，教師無法全面地瞭解學生對知識的掌握情況，教學效果在一定程度上受到影響。

（二）課程授課教師普遍缺乏實際從業經驗

國際貿易實務是一門實踐性、操作性很強的課程，要求授課教師具備豐富的實踐經驗。當前國內大多數高校中，從事國際貿易實務課程教學的老師基本上都擁有碩士以上學歷，他們中間大多數是碩士或博士畢業後直接到高校任教，真正有外貿行業實際從業經歷的少之又少。這些老師在國

際貿易理論研究方面有紮實的功底，理論教學經驗豐富。一些老師講了多年的實務課程，自己卻從沒有見過實際的外銷合同、信用證及提單、匯票等相關單據。他們對於課程內容的認識和掌握多是通過教材以及相關的文獻資料，通過對資料的學習、整理、歸納形成的理論上的認識。由於沒有親身體驗過外貿業務環境，也沒有參與過實際業務操作，因此在教學過程中不能將理論與實踐有效結合。

我校目前從事國際貿易實務課程教學的有6位專業老師，其中只有一位老師多年前曾從事過外貿行業的工作。由於現在的外貿業務與多年前相比，無論是形式還是內容都發生了較大變化，因此老師們對於當前進出口業務的內外部環境、外貿業務流程的具體操作細節等都沒有深刻的感性認識。加上平時教學工作任務相對較重，老師們很少有機會去相關企業熟悉瞭解外貿業務的具體操作模式，因此對於國際貿易實務課程的講授只能是對教材及相關資料的紙上談兵式的講解。

（三）教材及教學內容不能很好地與快速發展的國際貿易實踐接軌

隨著信息網路技術的發展，特別是電子商務在國際貿易中的應用普及，國際貿易的實務的流程也發生了一系列的變化。電子商務推動傳統的國際貿易向「網路化」和「無紙化」方向發展。現在很多外貿公司都利用B2B等電子商務平臺進行產品推廣，如我們非常熟悉的阿里巴巴、中國製造網等網站。利用計算機和互聯網將外貿業務中涉及的各方當事人及商檢、海關、稅務等部門連接起來，通過信息數據的傳輸，取代了交易磋商、合同簽訂及履行等環節中使用的各種紙質單證，實現了遠程、多邊以及自動完成交易。

據調查瞭解，目前很多院校使用的國際貿易實務教材，其內容基本上都包括合同條款、交易磋商、合同履行等幾個部分。教材在介紹合同條款內容時，對當前進出口業務涉及的主要國際貿易條約、國際慣例及其發展變化做了相應介紹。但是教材內容的編排是基於傳統的貿易方式，對如跨境電子商務、網路支付、電子提單等國際貿易中出現的新變化、新問題涉及不多。由於教材的信息更新慢，具有滯后性，而老師們對於教學內容的安排多限於教材內容，對於國際貿易中出現的新事物，在課堂教學中少有或只是簡單地提及，這就導致學生所學與現實情況脫節。

（四）課程網路教學資源的開發力度不夠，使用程度有限

網路資源最大的優勢就是信息更新速度快，信息量大，而且不受時間和空間的限制。在信息網路技術的支持下，傳統的教室概念已大大外延。學生通過查詢進入各個網路教學點或有關的學習站點，可以打破地域限

制,實現真正意義上的學習資源優化和共享,得到最優化的交互式學習環境,從而增強學習興趣,提高學習效率和質量。

我校國際貿易實務課程在2009年被確定為校級精品課程。我們關注如何通過網路平臺向學生提供豐富的教學內容資源,希望通過網路教學平臺,運用現代教育技術手段對傳統教學模式進行拓展,形成以網路為載體、以支持網上自主學習或虛擬學習為主要特徵的立體化教學模式。但是目前國際貿易實務課程網路教學資源開發非常有限,老師僅限於把教學大綱、授課計劃、課件、習題等資源在平臺上共享,網路教學平臺的使用率不高。老師們對網路教學資源在改變教學方式、提高教學質量的認識上還有不足。當然,開發完善的網路教學資源需要花費較多時間和精力,而當前國際貿易專業教師師資力量比較有限、教師教學工作量都相對較重,這在一定程度上影響了網路資源的建設進程。

二、國際貿易實務課程教學改革的建議

(一)依託現代信息網路技術,實施多樣化教學模式

隨著信息網路技術的發展,以網路為載體的自主探究式學習方法對傳統的教師主導型教學方式提出了極大挑戰。國際貿易實務課程的教學模式要順應時代變化,與時俱進。國際貿易實務課程具有很強的實踐性特點,教師應根據教學的實際情況,實施多樣化的課堂教學模式。

(1)通過課程網站實現翻轉課堂。互聯網的普及和計算機技術在教育領域的應用,使「翻轉課堂式」教學模式變得可行和現實。學生可以通過課程網站、互聯網去使用優質的教育資源,不再單純地依賴授課老師去教授知識。而課堂上老師的角色則發生了變化,從內容的呈現者轉變為學習的教練,老師有更多的時間與學生互動,去瞭解學生的問題和引導學生運用知識。

(2)將任務驅動教學法引入國際貿易實務教學中。教師將所要講授的國際貿易實務新知識以具體任務的形式對學生發布,學生對所提出的任務進行分析、討論,並在教師的引導下找出解決問題的方法,通過任務的完成來實現對所學知識的理解和掌握。任務驅動教學法強調學生在學習中的主體作用和教師在教學中的組織、引導、促進作用,有利於培養學生的自學能力、實踐能力及創新能力,特別適用於國際貿易實務這類實踐性強的課程。

(3)授課時全面使用互動式、啓發式教學方法。教師在課堂講授時可以根據所講內容引入典型案例,設定問題要求學生進行討論,通過討論激

發學生學習興趣，引導學生參與課堂教學，加深對相關知識點的理解。

通過多種課堂教學模式的融合，使學生變被動學習為主動探索，讓教師和學生有更廣闊的自由發揮空間，有利於提升教師的專業教學能力，也有利於培養學生的創新意識和創新能力。

（二）打造「雙師型」的教學團隊，增強教師媒介素養

教師是教學的關鍵，是影響教學質量的直接因素。國際貿易實務課程的性質決定了該門課程的授課教師應該是「雙師型」教師，要求專業教師既具備豐富的國際經貿專業理論知識，又擁有豐富的國際商務領域一線從業經驗。校企合作是提升教師教學能力的有效途徑。一方面，學校應該鼓勵專業教師「走出去」，專業教師可以深入外貿企業掛職、頂崗，從事與專業授課領域相關的校外兼職活動，瞭解最新的國際貿易動態，提高專業技術水平和實踐操作能力。對於掛職、頂崗的教師，學校可以酌情適當減少其教學工作量。教師走出課堂，參與實踐，有了做業務的親身體會，授課內容就會更切合實際、更豐富，避免紙上談兵的尷尬，學生的學習興趣自然也會提高，教學效果會更好。另一方面，把外貿企業、外運公司、商檢、海關等單位具有一定理論水平和豐富實踐經驗的業務骨幹、專家「請進來」，充當兼職教師或開展定期講座，給學生介紹他們的實際工作經驗，傳授最新的國貿實務方面的動態信息，開闊學生的視野。

網路信息時代需要教師有較高的媒介素養，這樣才能有效地開展教學。所謂媒介素養是指人們面對各種媒體信息時的選擇能力、理解能力、質疑能力、評估能力、創造能力和生產能力以及思辨的反應能力[3]。信息時代的教學模式日趨多元化，如課堂講授、基於問題的探究學習、基於資源的自主學習、基於網路的協作學習等。這不僅決定了教師角色的複雜化，更決定了師生之間信息交流與傳播方式的多樣化。教師的媒介素養是確保師生之間有效交流、溝通的重要保障，也是決定教學模式實施效果的重要因素。

（三）教學內容結合實際，與時俱進

國際貿易實務研究國際貨物買賣的具體交易過程，教學內容包括商品進出口業務的基本理論、基本知識和基本技能。通過學習，學生能掌握進出口業務工作的基本環節，掌握外貿合同的各項交易條件，並能比較熟練地進行合同條款的談判及外貿合同的簽訂與履行工作，同時對違反合同的現象能預先防範並能妥善處理好索賠、理賠工作，掌握國際上一些通行的慣例和普遍實行的原則，以便按國際規範辦事，在貿易做法上加速同國際市場接軌。國際經貿局勢瞬息萬變，國際貿易政策也層出不窮，因此教師

必須注重國際貿易實務課程教學的時效性，不斷更新知識，充實教學內容。這需要教師不斷地學習，跟蹤國際貿易的最新動態和本專業學術前沿問題，更新知識結構，將國際貿易實務的最新知識反應到教學工作中來。如在講授進出口結算方式的時候，可以結合當前的跨境電子商務的結算方式，讓學生瞭解在新的貿易方式下，結算方式出現的變化。此外，教師還可以通過設置課后探討的論題、推薦專業的學習網站、鼓勵學生參與各種外貿論壇、查閱市場信息和行業數據等豐富學生的學習內容，讓學生主動瞭解和關注行業的最新動態。

（四）充分利用網路資源，提高網路教學平臺的使用率

現代網路資源具有信息量大、更新速度快、傳播途徑廣、不受時空限制的特點與優勢。國際貿易實務課程教學中可以充分利用的網路資源包括：①具有搜索功能的目錄網站。由於目錄網站將所有網址進行了分類，因此，教師與學生可以利用這個目錄網站輕鬆找到所需資料，這是進行初次信息搜索的最佳選擇。②各類國際貿易業務的門戶網站。該類型網站涵蓋國際貨物運輸保險、國際貨物運輸等相關業務的信息資料，具有豐富的專題教育資源。③國際貿易實務課程網站。該類網站幾乎覆蓋了課程教學的所有知識要點和案例解析。

我們完全可以充分利用這些現代網路資源來搭建和完善國際貿易實務課程網路教學平臺。比如：收集和利用各種與教學內容有關的專題圖片和視頻資料；設置一些供學生課后鞏固教學知識的習題和自主學習的研究探索空間；針對最新國際貿易發展動態和問題，提供一些與課程內容相關的案例供學生探討，鼓勵學生發布一些熱點討論話題等。教師應充分利用教學平臺的各種教學輔助功能和豐富的教學資源，以更多元化的方式來傳授知識。這樣，不僅能極大地增強教學的豐富性和生動性，也有利於激發學生的積極性、主動性和創造性，加強教師、學生與工作在第一線的外貿業務人員的討論與互動，從而構建全新的學習環境和學習氛圍，增強教學效果。

三、結語

總之，在當今信息網路時代，為適應經濟形勢對外貿人才的要求，國際貿易實務課程的教學不能只採用傳統的教學方式，教學模式必須大膽創新。通過理念的革新，再輔之以信息網路技術提供的便利條件，教學才能夠真正取得突破，學生才能夠真正成為受益者。教師要進行教學方式的變革，扮演好幫助者的角色，激發學生的學習熱情，引導學生主動地進行發

散式、實踐性學習，真正提高學生發現問題、分析問題、解決問題的能力。通過對國際貿易課程新模式的探索，進一步提高學生的專業綜合素質和能力，使他們成為適應時代要求的高素質、複合型國際商務人才。

參考文獻

［1］周杰.網路信息技術對傳統教育模式的衝擊［J］.遼寧師專學報（社會科學版），2003（6）：35-36.

［2］樓程富.高校教學信息化建設與教學模式改革的若干思考［J］.高等農業教育，2010（11）：21-23.

［3］李慶華.試論信息時代教師專業發展的媒介素養之維［J］.中國成人教育，2012（18）：5-7.

［4］崔瑋.基於能力培養的「國際貿易實務」教學模式創新探討［J］.中國電力教育，2010（31）：55-57.

［5］宋凌雲.主題探討式互動教學法在國際貿易實務教學中的應用［J］.教育教學論壇，2015（5）：199-200.

高等學校工商管理教育
教學價值的研究
——基於利益相關者視角[①]

王 溥　成 飛　岑玉倩

【重慶工商大學管理學院；長沙南方職業學院
重慶工商大學管理學院】

[摘要] 高等學校工商管理教育培養學生如果僅是為了賺錢，這種教育功利化取向所造成的后果將會是十分可怕的，它會導致高等學校工商管理教育迷失方向，忘記工商管理教育最重要的價值是什麼。從教育組織的利益相關者的理論認識高等學校的工商管理教育教學價值，有利於幫助我們認識到高等學校工商管理教育教學價值系統由社會價值與商業價值構成。在 21 世紀，世界各類高校要為人類創造出新的管理知識、技術，培養出優秀的高級管理人才，必須協調好其兩大價值系統的關係，嚴格按照高等學校工商管理教育教學價值系統的運行規律組織其教學科研活動。

[關鍵詞] 利益相關者；高等學校；工商管理；教育教學；價值系統

20 世紀初，為應對人類社會出現的第二次工業革命快速發展對專業管理人才需求的激增，美國高校開創了工商管理教育。一百多年來，世界各國高等學校的工商管理教育培養出了一大批傑出的管理人才，正是這些傑出的管理人才推動了人類社會的繁榮與進步。但自 20 世紀 80 年代以來，高等學校工商管理在培養管理人才方面出現了功利化趨勢，這種教育功利化的價值取向所造成的后果是十分可怕的，因為它會導致高等學校工商管理教育迷失方向，忘記了工商管理教育最重要的價值是什麼。如今人類已

---

① 基金項目：2013 年重慶市研究生教育教學改革研究項目（重點項目）「現代管理學課程體系建設的創新與實踐研究」（項目編號：yjg132023）

步入第三次工業革命時代,在這樣一個時代,各國高等學校應持什麼樣的工商管理教育教學價值取向去迎接其對管理人才培養提出新需求的挑戰呢?為此,從教育組織利益相關者視角開展高等學校工商管理教育教學價值的研究顯得尤為重要,因為這樣有利於幫助高等學校認識工商管理教育最重要的價值是全面培養學生,並用科學的管理觀念、思想、方法,影響和改變學生的思維方式和行為習慣,使他們成為人類社會最有用的人才[1]。

一、教育組織利益相關者的涵義及類型

早在18世紀初,利益相關者一詞就出現了,其本意為「賭註」或「押金」。雖然具有現代意義的企業利益相關者思想最早起源於20世紀20年代末,但在之後的數十年間,該概念多次被人們忽視,直到1984年弗里曼在其代表作《戰略管理:利益相關者方法》一書中,從利益相關者視角重構了傳統戰略管理理論框架,該理論才再次受到理論界與實業界的重視。在該書中弗里曼指出,企業利益相關者是指那些能影響企業目標的實現或被企業目標的實現所影響的個人或群體。爾后弗里曼又從經濟依賴性、所有權和社會利益三個角度對利益相關者進行了分類。他指出對企業有經濟依賴性的利益相關者包括,在公司取得薪資的所有經理人員、債權人、內部服務機構、消費者、雇員、競爭者、供應商、地方社區、管理機構等;對企業擁有所有權的利益相關者,持有公司股票的董事、持有公司股票的經理人員和所有其他持有公司股票的人員等;在社會利益上有關係的利益相關者,則有特殊群體、政府和媒體等[2]。

依據弗里曼關於利益相關者的經典定義,我們認為教育組織在發展中所持價值取向、培養學生目標的選擇及目標的實現等均會受一些個人或社會群體的影響。為此,可將教育組織的利益相關者定義為「教育組織能夠通過目標、決策、政策或行動等影響到的個人或團體,或也指對教育組織的目標、決策、政策或行動選擇會產生影響的個人或團體」。還有從利益相關者對教育組織發展影響的關聯度或影響方式來看,可將教育組織的利益相關者分為多種類型,這樣的分類有利於幫助我們認識不同層面、選擇不同影響方式的利益相關者與教育組織間的關係,如表1所示。

表1　教育組織利益相關者的分類

分類依據	分類角度	利益相關者
影響關聯度	所有權	擁有教育組織所有權（股權）的機構或人員
	教育依賴性	在教育組織中取得薪資的所有教師（研究人員）、管理人員、內部服務機構、學生、債權人、雇主、供給者、競爭者、家庭、社區、主管機構等
	社會利益	政府、媒體及社會特殊利益群體等與教育組織在社會利益上有某些利益關係的個人或團體
影響方式	直接利益群體	教育組織的股東、債權人、教師(研究人員)、管理人員、內部服務機構、學生、雇主、供給者、競爭者、家庭、地方社區、主管機構等
	間接利益群體	國內外政府、社會活動團體、其他團體、媒體、一般公眾等

二、教育組織的利益相關者與工商管理教育教學價值的關係

建立基於利益相關者工商管理教育教學的價值理論，可以依據教育組織利益相關者定義及其理論基礎兩個角度進行探討。

首先，長期以來人們一直認為，教育組織的投資者（股東）作為權益出資人，承擔教育組織生存與發展責任、風險，是學校、教育機構的所有者；而忽略了除投資者（股東）外，仍有很多不同個人或群體也向學校等眾多的教育組織提供了關鍵性資源，這些個人或群體也應該根據其對教育組織投入的大小、投入的方式承擔一定責任，並享有學校等教育機構的所有權。因此學校等教育機構在界定其利益相關者的關係時，需要在其教育教學中體現或加強其價值的訴求。如以高等學校工商管理教育教學為例，如圖1所示。

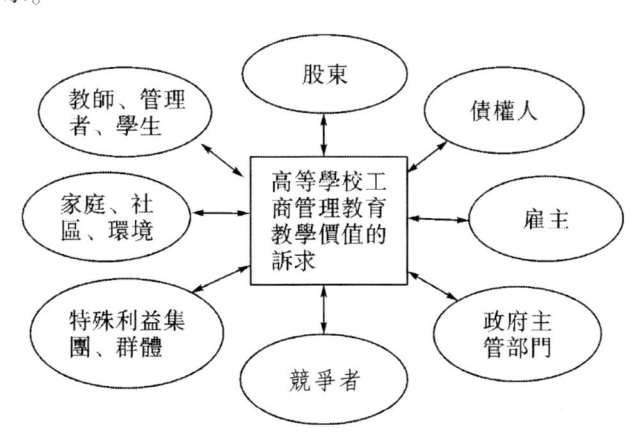

圖1　利益相關者與工商管理教育教學價值的關係圖

其次，學校等教育機構不是一個「黑匣子」，而是由一系列正式或非正式契約的聯結，在這一系列契約中除了學校與投資人（股東）的契約關係外，其他契約主體的權益也應該受到公正和公平的對待。圖1揭示了這一系列契約關係的具體形式。其中，社區、環境與學校等教育機構的契約關係最為松散，除了部分法律條文，契約的維繫主要來自於非正式的契約形式，如社會公德。因此，契約理論的本質形成了認識與構建基於利益相關者工商管理教育教學價值的理論基礎。

（一）基於利益相關者的工商管理教育教學的價值與股東

股東是學校及教育機構的出資人、投資者，也是學校等教育機構的擁有者，沒有股東就沒有學校等教育機構。在現代社會中，股東意在支持學校等教育機構在營運發展中使資產得到有效的運用，在充分滿足社會對人才需求的基礎上為社會創造價值，實現資本價值的最優化。為了實現股東的意志，學校的管理者與教師必須認清所有者投資學校的願望、期盼，並以股東對學校發展的目的、價值取向、要求等為依據指導學校決策的制定、管理與教學工作的推進，使學校的利益與股東的利益保持一致性。當學校的發展與股東的利益出現衝突時，需要協調其利益。如果股東對學校失去信任，就不再為學校投入，甚至會離開學校，這在一定的意義上會影響學校的長遠發展。

（二）基於利益相關者的工商管理教育教學的價值與政府

政府作為學校等教育機構的利益相關者，其是代表最廣泛社會利益的典型組織，必然具有對抗學校等教育機構私利的行為以保護社會大眾利益的能力。因此，學校等教育機構在其教育教學活動中，必須嚴格貫徹政府的方針、政策，遵守政府的法律、法規和各項規章制度等，並樂於回饋社會並承擔相應的社會責任。只有這樣，學校等教育機構的發展才能得到政府的支持。此外，良好的政府關係還可以使政府樂於幫助學校等教育機構協調社會上的各種關係，從而得到更好更有利的發展。然而，中國社會發展歷史的特殊性決定了中國的學校，尤其是公立學校與政府之間關係密切。因此，在處理學校與政府之間的關係時，需要政治資本與政府權力積極有效、合法地參與到學校教育教學過程中，這樣才有利於學校為社會培養有用的人才。

（三）基於利益相關者的工商管理教育教學的價值與特殊利益集團

伴隨著經濟全球化的發展，世界各國教育發展的相互聯繫也越來越密切。一所學校能創立發展，不僅源於本國政府支持和本國資本的投入，還源於眾多關鍵性資源的提供者，如教育資源的供應商、宗教組織、校友會

等特殊利益集團（群體）對其的支持或影響，這從客觀上決定著學校等教育機構對學生培養目標的定位與價值的選擇。如，在2003年6月，美國最著名的私募股權投資公司之一的黑石集團董事斯蒂芬·施瓦茨曼（Stephen Schwarzman）以私人的名義向清華大學捐贈1億美元，並承諾再籌集2億美元，共約18億元人民幣成立清華大學蘇世民學者項目。設立此項目旨在培養更多的「知華」的美國人或其他學生、學者。這無疑拓寬了清華大學培養學生的視野、領域及價值導向。還有，在美國有眾多的名牌大學，如果追溯其發展歷史，便可發現它們原來大多是新教教會學校。如哈佛大學、耶魯大學、達特茅斯學院由公理會創辦，哥倫比亞大學、威廉大學和瑪麗大學由聖公會創辦，普林斯頓大學由長老會創辦，布朗大學由浸禮會創辦，喬治城大學則由耶穌會創辦，這些大學或學院現在已除去宗教色彩。眾多的宗教組織是美國眾多大學的特殊的利益相關者，其信奉的教義、教規對美國大學的創立和發展產生著重要的影響[3]。

（四）基於利益相關者的工商管理教育教學的價值與雇主

在學校的外部利益相關者中範圍最廣、數量最大的群體就是雇主。對學校而言，良好的雇主關係就是學校等教育機構得以發展的「原動力」，並且學校與雇主之間的關係就是其價值的主要來源。其關係的良好程度主要體現在雇主對學校培養出學生的滿意度上，這也是學校獲得社會認同的前提。近年來，隨著中國高等教育招生規模的不斷擴大，國民經濟發展速度的減緩，大學生就業難的問題日趨突出，究其原因雖有多種，但「嚴重的問題在於，中國培養了眾多的大學畢業生，但他們卻不具備能滿足潛在雇主需求的技能。他們缺乏技能訓練、英語不夠熟練、不會團隊協作和批判性思考、不能創造性地解決問題，沒有軟技能。」[4]在麥肯錫諮詢公司的報告中，一位雇主抱怨說：「微笑、握手，我還要教20多歲、30出頭的這些人。」[5]可見，按雇主對人才需求的價值取向組織學校教育教學的改革是高校等教育組織獲得社會認同的關鍵。

（五）基於利益相關者的工商管理教育教學的價值與教師、學生

學校等教育機構教育願景、教育目標的實現需要一批認同其價值的、志同道合的教員及管理者來共同完成。教師是學校最重要的資源，是學校戰略目標實施的直接參與者，學校教師隊伍整體素養直接決定著學校對學生的培養與教育的水平。

在學校（教育機構）中最重要的利益相關者就是學生。對學校而言，良好校生關係主要體現在的師生關係上，良好的師生關係是學校得以發展的關鍵。師生關係的良好程度主要體現在學生對教育產品或服務的滿意度

以及學生對學校教育的認同度上,因此,學校需要不斷進行教育教學的創新以便為學生創造更大的教育價值。

(六)基於利益相關者的工商管理教育教學的價值與家庭、社區、環境

教育全球化的發展雖對學校學生培養在目標的制定、教育培養模式的選擇等方面提出了新的、更高要求,但仍要求學校在教學的過程中不要忽略家庭、學生生活的社區及學校所處的環境對學校各項教育活動的影響,這實際上是對學校的教學行政管理工作提出了更高的要求。學校不但要培養受企業等社會機構歡迎的人才,還需要培養對家庭、所在社區及環境負責的人才,即學校要對股東、債權人負責,同時還要對教師、學生、社區、環境等利益相關者負責。

此外,競爭對手的戰略、教學模式、對教育資源的佔有等也會深刻地影響著學校教育目標的定位與戰略價值的選擇。

三、高等學校工商管理教育教學價值的構成

(一)工商管理教育教學的社會價值定位

運用場域社會學的觀點來認識大學尤其是各國商學院教育教學的社會價值定位可以發現,大學(商學院)與工商企業分別是科學教育場域和經濟場域的主導行為者。由於大學(商學院)與工商企業所在的場域不同,大學(商學院)與工商企業的社會功效、追求的價值取向也會迥然不同。就大學(商學院)而言其根本的理念之一是追求人類科學知識的增長和傳承。如美國的麻省理工學院(MIT)的辦學理念是「通過教學活動自由傳播知識,通過研究以及其他學術活動創造新知識。」麻省理工學院(MIT)的任務是增進知識,為21世紀的美國和世界發展提供科學、技術以及其他學科領域的高水平人才。與大學不同,位於經濟場域的工商企業其最基本的生存目的就是要獲得利潤,在這一價值導向下,工商企業關注的是如何在激烈的市場競爭中,用盡可能少的資源投入、耗費獲得最大的經濟效益。然而,分別定位於科學教育場域和經濟場域的大學(商學院)和工商企業並不是彼此沒有關聯的。「一方面,大學從事科學研究所產生的科學知識、技術知識尤其是向社會輸送的高級人才,是產業界技術創新成功的關鍵基礎。另一方面,大學也需要從企業那裡瞭解最新發展動態,從而為學生打開一扇通往現實世界的窗口。」[6]從這一意義上講,大學(商學院)與工商企業在社會價值取向上應具有趨同性。但這種趨同的效應並不是說大學也必須參與商業活動直接為社會創造經濟財富,大學(商學院)的社會功能仍然是實現知識的創新與傳承,其主導價值是學術教育性而非商業

性。這種趨同首先強調的是大學（商學院）和工商企業的社會價值是不同的，這是由其所在的場域決定的。大學的學術教育價值與工商企業推崇的商業價值間衝突的存在是在所難免的。其次強調置身於社會場域中的大學與工商企業其活動具有共生性或互生性，這就從客觀上要求大學在從事科學研究和教育活動中需要協調學術教育價值與商業價值的衝突，以實現兩者的雙贏，只有這樣大學才能更好地為社會、企業服務。

目前，一些大學尤其是商學院開設工商管理教育教學的根本目的只是為了賺取教育「利潤」，學校的功能扭曲為只要交錢就印文憑發畢業證，而忽略了其所在場域決定的天職的固守，其結果是從這些學校畢業的學生的基本素養、能力遭到社會的質疑。工商管理教育在新的歷史時期的價值不斷遭到人們質疑的一個根本原因就是一些大學或商學院教育教學的價值追求紊亂。我們從場域社會學的角度認識人類組織所處不同場域中的社會價值，實質上是為了幫助人們從科學的系統觀出發，認識人類社會是一個大系統，在人類社會這一大系統中存在眾多的子系統，而學校和企業均是人類社會這一整體系統得以不斷運動的兩個重要的子系統，大學（商學院）和工商企業在其所在場域中的社會價值定位，是由其系統分工決定。在這裡需要注意的是由系統分工決定的大學（商學院）和工商企業基本的社會價值定位實現的前提是，各個子系統必須通過相互學習，把握彼此的價值取向，協調其差異，求其趨同性，這樣才能有效地實現其交互運行並服務於人類社會這一大系統運行的需要。這就是說大學尤其是商學院必須在明確自身社會價值定位的基礎上，通過不斷地學習，構建能保證自身運行，有利於滿足服務對象需要的科學的價值體系。據此，我們認為高等學校工商管理教育教學的社會價值應定位為：追求人類科學管理知識的增長，並通過教學活動自由傳播管理知識，通過各種學術研究活動創造新的管理知識、技術，為人類發展提供管理、技術領域高水平人才[7]。

（二）工商管理教育教學的商業價值取向

工商企業所遵循的商業價值由人們起初認為的唯一性，即為僅牟取高額利潤而存在的市場裝置向多元價值取向的變化，主要緣於工商企業的社會定位的變化。當下，人們所認識的工商企業早已由在英國工業革命早期的手工作坊，發展演變為社會經濟發展中的最基本的經濟細胞。自從英國工業革命以來，人們對企業這個奇怪的生命體的所作所為的評價是毀譽參半的。馬克思筆下的企業是資本的幫凶，它的每一器官都粘著骯髒的血。到了19世紀后期，當製造業中心悄然地向美國轉移時，在太平洋彼岸的人

們面對經濟格局的變化不得不對企業應該什麼做出選擇。當時在美國的電報電話公司發生了一件後來改變其重要命運的事件。公司新任命的總裁西奧多·維爾上臺後在針對股東的質詢「我們的企業是什麼?」的問題時,公開宣布「我們的企業就是服務」。然而令人遺憾的是這一回答激怒了管理當局,他被解雇了,原因是那時的人們認為企業只能是為股東賺錢以「盈利為目的之經濟組織」,他們把維爾的企業觀看成是歪理邪說。進入20世紀,美國的電報電話公司在市場上歷盡了艱辛後,被迫把維爾重新請回企業,美國的電報電話公司在維爾後的近一個世紀能贏得長足發展的重要原因之一就是堅持了維爾的企業觀。繼維爾後仍有無數的管理先哲、企業家、首席執行官們仍在尋找工商企業為何物。德魯克筆下的工商企業不是一個愚蠢的、昧著良心的賺錢的機器,而是一個以滿足社會需要為目的,把人們聯合起來的社會機構,並認為在這樣的企業中工人是有知識的人,而不是企業賺錢的工具。錢德勒揭示的現實中的企業是一個資本的聯合體,在這樣的巨型企業中,管理者發揮著重要作用,其價值取向決定企業的生死存亡。弗里德曼則認為企業僅為股東賺錢而存在。明茨伯格則說企業是偉大的、令人生畏的、討厭的。還有人認為企業就是實現自己私欲的、野心的地方,經營企業當然只能是為了賺取更多的錢,為了賺錢必須把企業當作玩弄他人的地方。為什麼人們對工商企業是什麼有那麼多完全不同的看法呢?德魯克認為,這主要源於人們對它的理解與看法存在分歧。這也就是表明,工商企業界在市場中所遵循的商業價值取向並不是單一的,而是多元的;其多元價值取向的標準有,企業事業標準、股東標準、客戶標準、雇員標準、特殊利益相關者標準等,企業商業價值標準的多元化取向,反應出其標準具有的結構性或層次性特質。

　　工商企業不同的價值取向從一定的意義上與企業所處的社會發展時期有關。在西方工業革命發展的一百多年裡,人們對企業的認知主要受資本意志的驅使,企業存在的唯一理由就是賺錢,盈利被看成是天經地義的。隨著社會的進步,當一些企業昧著良心賺錢對消費者、社會發展造成巨大的傷害後,市場開始反擊了,要求企業必須重新認識自己,重新確定自己適應社會發展的新的價值取向。20世紀70年代,雀巢公司在非洲市場經歷的那段刻骨銘心的痛苦就是最好的例證。那時有許多國家的輿論紛紛認為雀巢食品公司的粉狀兒童奶粉是第三世界國家嬰兒高死亡率的罪魁禍首,許多零售商把雀巢產品從貨架上撤下來,這是美國有史以來最大的一次非工會性質的抵制活動,整個活動持續了十多年,而不是像雀巢認為的

那樣僅幾周就會平安無事。在此次抵制活動中雀巢公司遭受了難以估量的損失。

　　隨著時代的發展，眾多的企業與雀巢一樣在經歷無數次困境后，終於認識到當企業所持價值觀與社會主流價值取向存在較大的矛盾、衝突時，企業的生存就會面臨巨大的危機，企業唯一需要做的是確立正確的價值取向。近年來，在中國發生的「阜陽大頭娃」「華為合同門」「萬科捐款門」「三鹿毒奶」和「魏則西」等事件之所以為千夫所指，主要是這些企業固守唯利是圖、唯利所驅、唯我獨尊的觀念和做法已遭到中國新興市場認同的主流核心價值的阻擊。在現代社會條件下企業價值定位呈多元化，主要由於工商企業在現代社會發展中處於十分重要的地位，一國一地區乃至全球社會經濟的繁榮興衰和教育的發展都與企業的行為息息相關。因此，正確認識工商企業價值定位的多元變化，有利於幫助大學尤其是商學院認識其社會價值的定位，並據此構築適應時代發展需要的學術教育價值體系。

　　由於工商管理教育教學的商業價值很大程度上受企業對學校教育期望目標的影響，加之在現實的商業活動中企業的價值取向呈結構性特徵，因此，工商管理教育教學所依據的商業價值的選擇或界定，也受企業在激烈的市場競爭中，為獲得自身的持續發展，所持價值觀及由此決定的行為影響。如，企業是否認為其掌握的資源是社會賦予的；員工是否是企業最重要的資源；財富累積是否源於企業創造性工作；企業是否應該自覺的履行社會責任等。據此，我們認為工商管理教育教學所依據的商業價值是指高等學校工商管理教育教學為了培養出高水平管理人才，依據學校與企業組織遵從的正確價值導向，而對工商管理教育教學活動範圍、層次，及其在教育教學活動中擔當的角色和責任的界定，它是工商管理教育教學哲學思想的具體化，是對工商管理教育教學基本信念的規定。

（三）高等學校工商管理教育教學價值系統的構成

　　我們對高等學校工商管理教育教學商業價值的探尋，並不是為了否認其社會價值的定位，而其價值系統的確立恰好是高等學校工商管理教育教學社會價值實現的重要條件，因其試圖從工商管理教育教學的實用性視角探討高等學校工商管理教育教學的作用和對培養高水平管理人才的影響。因此，我們認為理想的高等學校工商管理教育教學的價值系統應由其社會的和商業的兩大價值系統構成，如表2所示：

表 2　高等學校工商管理教育教學價值系統的構成

偏好選擇＼視角嵌入	教育定位	教育目的	教育價值偏好	教育最終成果
社會價值	自由教育理智教育	培養通才	人類科學知識、技術的增長與傳承	通用性高水平人才
商業價值	實用商業教育（專業教育或功利教育）	培養管理專業人才	人類組織尤其是企業管理哲學、管理知識、理論及技術、方法、手段、制度等的創新與傳承	管理專業高水平人才

　　從表 2 中反應的高等學校工商管理教育教學價值系統構成可見，在 21 世紀世界各類高校要為人類步入第三次工業革命時期創造出新的管理知識、技術，培養出優秀的高級管理人才，必須協調好兩大價值系統的關係，嚴格按照高等學校工商管理教育教學價值系統的運行規律組織其教學科研活動。

參考文獻

　　[1]（美）杰里米·里夫金. 第三次工業革命：新經濟模式如何改變世界［M］. 張體偉，譯. 上海：中信出版社，2012（6）：241-271.

　　[2]（美）愛德華·弗里曼著. 戰略管理：利益相關者方法［M］. 王彥華，梁豪，譯. 上海：上海譯文出版社，2006（9）：39.

　　[3] 陳安. 美國人與宗教［J］. 鳳凰周刊，2013-18-475：99.

　　[4]（美）拉納·福魯哈爾. 美國與中國的教育［J］.《時代》雜誌，2013（7）.

　　[5] 平悅. 一邊是沒工作，一邊是缺藍領［N］. 國際先驅導報，2013-07-12：18.

　　[6] 龔玉環，王大洲. 在學術與商業之間——中美大學案例比較與啟示［J］. 自然辯證法通訊，2007（3）：38.

　　[7]（英）約翰·亨利·紐曼. 大學的理想（節本）［M］. 徐輝，等，譯. 杭州：浙江教育出版社，2006.

　　[8] 吳曉波. 西方工商管理學名著提要［M］. 南昌：江西人民出版社，2005：276-303.

國際化視角下中國高校房地產估價教育的困境和出路

肖 豔

【重慶工商大學管理學院】

[摘要] 隨著外國資金在中國大陸投資領域的擴大，外商投資評估項目成為估價行業新的業務領域。但由於中國估價師在熟悉國際估價規則以及英文報告寫作等方面能力的欠缺，他們難以適應國際化形勢下對估價師的要求。作者基於自己作為估價師、教師及專業負責人的從業經歷、教學管理以及教學研究經驗，意識到中國內地的房地產估價教育還有較大的提升空間。在當前國際化大背景下，本文試圖從房地產估價人才需求和培養的角度，分析當前中國高等院校在房地產估價教育中存在的問題，借鑑和吸收美國、澳大利亞、英國、新西蘭等國家房地產估價教育先進的經驗以及最新的發展趨勢，探索中國房地產估價人才培養的新思路。

[關鍵詞] 國際化；房地產估價；人才培養；專業學會

一、引言

在過去幾十年內，中國的房地產估價行業迅速發展，房地產估價行業專業人員隊伍迅速壯大。2011 年中國有 4.2 萬人獲得房地產估價師執業資格，其中註冊執業的有 3.8 萬人，房地產估價機構 5,000 余家，其中一級資質房地產估價機構 235 家，行業從業人員 30 余萬[①]。據中國房地產估價信用檔案系統數據庫查詢結果，截至 2016 年 3 月，取得了房地產估價師執

---

① http://www.cirea.org.cn/article/info/272.html，2011 年房地產估價師年會數據。

業資格並註冊執業的有 48,686 人①，進入信用檔案系統數據庫的房地產估價機構共 2,161 家，具體構成如表 1 所示：

表 1　2016 年中國房地產估價機構統計

機構資質等級②	數量（家）
一級	285
二級	659
三級	1,051
三級（暫定）	135
分支機構	27
不詳	4
總計	2,161

資料來源：中國房地產估價信用檔案系統數據庫（http://gjxydaxt.cirea.org.cn/）。

不難發現，一批高素質的房地產估價機構和估價師隊伍已經基本形成；但中國高素質的房地產評估人員依然短缺。面對行業巨大的市場蛋糕，國內的評估機構却無力涉足涉外評估業務。這一方面是由於國內部分評估人員能力的不足，無法提供外方看得懂的英文評估報告；另一方面是由於某些外資銀行及國外投資者對國內評估機構的不信任。因此，外資銀行才會捨近求遠地從中國香港或國外聘請估價師評估它們在中國內地的投資項目。這一尷尬的現實對中國的房地產估價人才培養和教育提出了幾個值得深思的問題：我們的房地產估價教育該如何培養國際化的估價人才？國際化的估價人才應該具備哪些能力和素質？中國房地產業已經深切感受到高級專業人才的短缺，甚至在某種意義上說已經制約了中國房地產業向更高水平的發展[1]。

由於房地產估價是房地產學科中的一個分支領域，而國際上房地產學科從一開始是從房地產估價開始的，所以本文是在房地產學科的框架下研究高等教育本科層次的房地產估價專業人才培養問題。

---

①　http://gjxydaxt.cirea.org.cn/Department/SelectGjsDetail.aspx，2016 年 3 月 1 日中國房地產估價信用檔案系統數據庫查詢結果。

②　根據 2005 年 12 月 1 日起施行的《房地產估價機構管理辦法》，房地產估價機構資質等級從高到低分為一、二、三級。新設立仲介服務機構的房地產估價機構資質等級應當核定為三級資質，設 1 年的暫定期。

二、中國高校房地產估價教育現狀及問題

(一) 中國高校房地產估價教育現狀

從20世紀80年代開始，中國一些高校開始招收「房地產經營管理」專科學生。根據教育部指定的中國教育在線的高考志願填報系統（http://gkcx.eol.cn）網站收集到的2013年各高校的房地產專業設置情況進行整理，結果顯示：截至2012年新專業目錄調整前，中國包含獨立本科學院和分校在內的近1,200所本科院校中，設置房地產經營管理專業的有40所，占全部高校的33%；其中僅有8所院校具備211或985高水平辦學資格（表2），表明中國目前房地產經營管理本科專業整體辦學層次還有較大的提升空間。

表2 開設房地產經營管理本科的高水平大學一覽表

序號	學校名稱	院校隸屬	是否211或985高水平大學
1	寧夏大學	寧夏回族自治區教育廳	211工程
2	中央財經大學	教育部直屬	211工程
3	重慶大學	教育部直屬	985工程、211工程
4	華東師範大學	教育部直屬	985工程、211工程
5	華中師範大學	教育部直屬	211工程
6	上海財經大學	教育部直屬	211工程
7	中國人民大學	教育部直屬	985工程、211工程
8	中南財經政法大學	教育部直屬	211工程

從地區分佈來看，開設房地產經營管理專業的40所院校覆蓋了中國20個省市自治區直轄市，最多的是山東省，有4所高校。總體上未出現明顯的地區分佈不均現象，可見房地產人才的培養已經成為全國性的普遍需求。從學校類別來看，有14所是財經類專業院校，有11所是具有建築與土木工程背景的工科院校，4所是師範類專業院校，11所綜合性大學。在不同背景的大學開設的房地產（估價）本科專業在課程設置上有較大的區別，特別是財經類背景院校和工科院校。

(二) 存在的問題及困難

1. 房地產估價專業師資缺乏

隨著高校進入門檻的提高，大學教師至少擁有博士及以上的學歷學位已經成為共識。不少大學甚至要求新入職教師有海外知名大學的博士學

位。而房地產研究領域屬於商科中一個較小的分支，可供選擇的博士生項目及學校較少，更不用說更加狹窄的房地產估價研究了。因此一些大學在招聘房地產專業教師時，不得不把專業要求放寬到管理科學與工程一級學科目錄下。即便這樣，大學也難以招到符合條件的博士生。房地產學科更多地屬於應用科學，面對企事業單位更加優厚的待遇和更大的發展空間，新畢業博士生會毫不猶豫地選擇后者。因此，在這種情況下，中國房地產估價教育的師資力量是相當缺乏的。不僅僅是房地產估價，連工程管理這樣更加寬泛的學科，也存在嚴重的師資缺乏，這是教育大眾化和擴大招生帶來的后果之一。其次，雖然教師整體學歷水平有所提高，但是有相當比例的教師是畢業於非房地產直接相關的專業。

在 2012 年中國大學排行榜中，中國 705 所高校平均生師比為 16.60：1，其中 38 所 985 工程大學（含國家重點建設大學、國家優先發展大學）的生師比是 14.50：1。9 所國家重點建設大學（含國家優先發展大學）的生師比是 12.03：1[①]。筆者通過摘取開設房地產經營管理本科的 8 所高水平大學的生師比數據（表3），計算出 8 所大學的平均生師比為 16.26，略低於全國平均水平。在中國高等教育大眾化的今天，較低的生師比通常意味著較高的教學質量。而生師比越高，教學質量就越難保證。

表3　2012年開設房地產經營管理本科的高水平大學生師比數據

序號	學校名稱	生師比
1	寧夏大學	13.92
2	中央財經大學	14.27
3	重慶大學	17.48
4	華東師範大學	15.47
5	華中師範大學	18.63
6	上海財經大學	17.42
7	中國人民大學	14.98
8	中南財經政法大學	17.87

資料來源：武書連. 挑大學　選專業——2012 高考志願填報指南 [M]. 北京：中國統計出版社，2012.

---

① 武書連. 挑大學　選專業——2012 高考志願填報指南 [M]. 北京：中國統計出版社，2012.

2. 房地產估價教師實踐經驗不足

據調查，目前僅有10%左右的房地產專業教師具有實踐經驗或者具有與房地產相關的資格證書，而一些具有博士學歷的教師幾乎沒有實踐經歷[2]。在開設房地產估價相關專業的高校中擁有教師和估價師雙重資格的教師數量無據可查，但是通過中國內地房地產估價師與香港測量師資格互認的數據，可以得知中國高校中這類高水平的教師數量是非常少的。自2004年中國實行內地房地產估價師與香港測量師互認以來，第1批有111名內地房地產估價師通過測試取得了合格證書，第2批有99名內地估價師取得了合格證書。而在這兩批取得互認資格的210名估價師之中，來自高校的僅11人，所占比例為5%。

表4　取得香港測量師互認資格的高校教師數量

批次	認證估價師總數	來自高校的估價師
第1批	111人	10人
第2批	99人	1人
合計	210人	11人

資料來源：根據中國房地產估價師網站資料（http://www.cirea.org.cn）整理。

解決問題的辦法之一是同時要求房地產專業教師具備博士及以上學歷和一定年限的實踐經驗，而這並不現實。繁重的教學、科研任務以及各種考核使得教師沒有時間接觸和瞭解房地產行業及企業，因此他們也幾乎沒有在教學和科研工作中提高實踐能力的機會。教師是培養人才的根本，教師實踐經驗的缺乏使得高校培養出來的房地產估價專業學生實踐能力較差，很難滿足目前房地產行業發展的需要，學生滿意度也不會太高。

3. 房地產估價科研經費不足

教學和科研是相互促進的關係，教師適當參加科研可以促進其教學和理論水平。應該說，中國的高等教育發展到今天，教師的理論水平、科研能力都有顯著提高。但是，截至2013年年底，在過去十多年來中國自然科學基金和社會科學基金兩大國家基金支持的課題項目中，直接與房地產領域相關的研究有32項，所占比例為0.01%；房地產相關課題總經費為952.90萬元，所占比例為0.001%。2001—2013年中標的研究課題主要集中在房地產市場與泡沫、房地產開發、房地產金融等領域，沒有一項關於房地產估價的課題。

表5 2001—2013年國家自然科學基金中標房地產課題

年份	年課題總項數	房地產課題項數	年總經費（萬元）	房地產課題項目經費（萬元）
2001	4,435	1	79,762.40	5
2002	5,808	0	115,631.00	0
2003	6,359	12	132,202.75	75
2004	7,711	2	167,516.00	37
2005	9,111	0	225,898.00	0
2006	10,271	4	268,595.00	68.5
2007	44,907	1	8,583,055.07	20
2008	49,309	1	13,502,897.64	22
2009	57,533	1	13,966,321.75	2.4
2010	65,136	0	14,821,148.64	0
2011	76,062	4	32,624,938.46	125
2012	87,778	6	46,619,569.51	598
合計	424,420	32	131,107,536.22	952.9

資料來源：根據國家自然科學基金委員會網站（www.nsfc.gov.cn）統計資料整理。

通過查閱國內近年來發表的房地產估價相關文獻可以發現，現有的房地產估價研究主題較為零散，缺乏研究核心，也沒有形成穩定的科研團隊和領軍人物。因此房地產估價學者很難獲得相關的研究資金，有限的科研資金主要來源於一些行業協會。這也制約著學者對這一冷門領域的研究熱情，因此他們更願意轉向更有「錢途」的房地產經濟、房地產投資等領域。

4. 房地產估價教育與估價專業學會脫節

國際上估價專業學會組織均和高等教育機構開展了各種合作和交流。如英國皇家測量師學會（RICS）和澳洲的澳大利亞房地產學會（API）目前和各自國家開設房地產估價課程的大學建立了估價課程認證制度，對估價課程的設置及知識範圍都做了細緻的規定。澳洲很多大學如新南威爾士大學的房地產估價專業是實行RICS和API雙認證。RICS和API對開設房地產專業的課程採取認證的准入方式，以保證將來從事房地產估價的畢業生達到企業的要求。澳洲API機構下設全國教育委員會（NEB），代表全國範圍內的機構會員對房地產教育、專業發展及培訓以及准入要求提出建議和意見。全國教育委員會和房地產教育的提供者即大學開展學術上的合作，以促使大學提供最高質量水平的房地產高等教育本科及研究生課程。

除了認證時達到 NEB 規定的准入條件之外，API 還組建專門委員會每五年對認證大學的房地產教育開展定期的檢查和審核，對教師的教學和研究水平進行測評、對在校生和畢業生進行訪談，同時對其教學內容和課程設置提出建議，以更好地適應企業和市場新的要求[3]。

中國的房地產估價師與經紀人學會則主要負責管理執業估價師，只是在估價師註冊時需要審核申請人是否是房地產相關專業畢業，至於申請人所學課程是否符合估價師知識體系要求，則沒有明確規定；且估價師學會也不會對房地產估價教育質量負責，更不會參與專業評估。因此，沒有從源頭上控制房地產估價師這一專業人士的質量。中國高等教育專業質量和評估主要是由教育部主持的，評估委員會的成員多為從事房地產教育的專家，行業協會基本上不參與。

5. 房地產教育和企業要求脫節

畢業生實踐能力不強、理論與實踐的脫節是國內外房地產（估價）專業普遍存在的問題。中國的房地產估價教育這方面的問題相對國外則比較突出。如前所述，國外的估價師專業學會與大學等機構聯繫密切，而學會委員會的成員均為估價行業的精英，本身就是估價行業和企業的代表，知道企業需要什麼樣的畢業生，這樣可以盡可能地減少畢業生能力水平與企業要求之間脫節的問題。

中國大學在由精英教育向大眾化教育轉變的過程中，在開設房地產專業時往往一哄而上，什麼專業好就業就開設什麼專業，沒有認真和長遠考慮市場需求，專業定位趨同化。大學在校學生人數的急遽增加和師資力量的缺乏等原因導致大學對學生實踐能力重視和投入不夠，大學在制訂專業培養方案時沒有進行充分的調查研究，特別是沒有充分瞭解本專業在校生及畢業生、用人單位和行業學會的意見和要求，使得一些企業對畢業生實踐能力不太滿意。中國一些大學雖然在課程設置中有學生集中實習、聘請行業專家講座等項目，但是僅做到這些還遠遠不夠。

三、國際房地產估價對人才的要求

由於估價專業學會在各個國家和地區有較大的影響力，所以在美國、英國、澳洲及中國香港等國家和地區，估價從業者是否達到國家和地區知名估價師學會的會員要求，成為企業判斷估價從業者是否具備執業能力水平的準則。國際上知名的估價師專業學會機構包括英國皇家測量師學會（RICS）、美國估價學會（AI）、中國香港測量師學會（HKIS）、新加坡測量師和估價師學會（SISV）、澳大利亞房地產學會（API）等。以上國際估

價師專業機構招收來自全球各地的估價師會員，其中對於正式會員的要求主要包括：達到一定的學歷資格即完成專業學會認證的房地產估價相關專業課程、年齡、畢業后的從業經驗、估價專業能力、職業道德及專業發展。

以上專業學會的學位認證課程往往涉及如下知識領域：建築學相關知識、土地利用（規劃）、商業法、財務會計、房地產投資、房地產經濟學、房地產法、房地產管理、房地產估價。要達到以上機構的執業估價師認證要求，還需要學習高級房地產估價、房地產市場分析及司法稅務評估等領域的知識。在執業能力方面，除了掌握基本的估價技術之外，國際上估價專業學會對估價師的職業道德要求較高；此外要求畢業生具備一些「軟技能」，包括：熟練的口頭和書面溝通交流能力、邏輯分析和推理能力、研究能力、計算機操作能力等。對於中國的畢業生而言，熟練掌握一門外語也是非常必要的，這包括能夠運用英語熟練寫作估價報告[4][5]。

總體來看，國際上認定一個合格的估價師會員必須達到一定的學歷水平，具備一定年限的工作經歷，具備實際估價能力並且持續參加后續教育。而中國高校目前在培養房地產估價專業人才時並沒有進行課程認證，在開設的課程內容上也沒有統一的規定。且由於國內的大學生均採取全日制在校學習的方式，沒有半工半讀的機會，因此學生畢業後短期內也很難在較短時間內形成獨立估價的能力。有些房地產估價專業畢業生即使畢業后通過了估價師考試並成功註冊，也尚未達到國際估價師協會的會員資格的能力要求。要真正與國際接軌，可謂任重而道遠。

四、房地產估價專業教育發展思路

（一）創建高校估價專業教師和估價機構師資及人才培養的良好機制

為提高目前高校教師的實踐能力，一方面鼓勵高校教師通過考試取得執業估價師資格，從而有機會到企業掛職鍛煉，不斷提高估價實踐能力；另一方面可以聘請估價企業優秀估價師到高校授課或講座。而企業也可以利用這一平臺，從在校學生中選擇願意從事估價的優秀學生進行培養，為企業儲備后續估價人才。高校在對教師的培養上要提供更加靈活的機制，允許和鼓勵高校教師參與企業實踐。

（二）加強估價專業學會對估價人才培養的導向作用

中國的房地產估價師專業學會除了對現有註冊房地產估價師進行管理之外，還可以從源頭上通過加強和高校機構的合作與交流，培養高素質的未來房地產估價師。房地產估價師學會可以在以下領域加強與大學機構的

合作：

（1）結合行業和企業實際需求，參與審核與修訂房地產估價相關專業培養方案，協助大學進一步完善估價及相關課程設置。

（2）搭建高校與估價企業的交流平臺，一方面幫助高校建立穩定和高質量的實習實踐基地，另一方面幫企業培養和選拔優秀的估價人才。

（3）開拓估價專業學生的培訓項目，如估價報告寫作、估價方法及實踐、估價師執業道德及估價風險控制等。

（4）在高校估價專業設立專業獎學金，獎勵優秀的估價專業學生；選拔部分優秀學生與國外估價專業學生進行交流訪問。

(三) 加強房地產估價專業學生的實踐能力

（1）在大學的早期階段介入專業教育，增加學生對房地產估價專業的認知度及興趣；提供機會讓學生盡可能在大學的早期階段參與實踐。

（2）更多地開展市場調研以及專業報告寫作，以保證學生這方面的技能達到專業水平；同時盡可能避免大群組的估價作業，以確保每個學生的估價報告寫作能力都得到提高。

（3）創新課堂教學方式，通常小組式學習、工作室教學法、網路及多媒體教育手段加強學生的語言表達能力、交流和溝通能力、邏輯思維能力。

（4）在實踐教學任務的安排上有更大的靈活性，可以考慮把課程的時間盡量安排在晚上，以確保學生有時間參加企業實習，從而保證學生在畢業前完成足夠的估價實踐學時。

（5）加強和估價企業的合作與交流，建立穩定的估價實習基地。

(四) 試點估價課程認證制度

RICS 和 API 等估價師專業學會在和高等教育機構開展合作和課程認證方面已經有比較成熟的經驗，並且取得了很大的成功。估價師專業學會和大學等教育機構在合作中共贏，其共同目的是培養符合市場需求的房地產專業人才。目前這種合作仍在繼續進行，這種可持續的發展和合作也促進了整個房地產行業的發展。由於估價師註冊制度的差異，嘗試在中國的高校引進國際專業學會的課程認證要克服包括認證成本、社會認可度等方面的問題，因此較少有高校回應。

中國已經形成了房地產估價與經紀人協會，有比較完善的估價師會員制度，完全可以嘗試選擇個別高等院校的房地產專業為估價師會員認證的試點單位，由點及面地推動中國的房地產估價專業教育。這種合作不僅可以促進中國房地產估價的課程建設和師資培養，更有利於培養新型的國際

化房地產估價人才。

此外，通過估價師會員認證這個平臺，中國可以加強高校和國際估價師協會API、AVI、RICS等機構的交流與合作，鼓勵更多的房地產（估價）專業學生加入其學生會員隊伍，接受其估價系統培訓和訓練，參加包括估價方法、估價報告撰寫、風險規避等方面的課程學習。

（五）高等教育機構創新房地產估價辦學模式

創新國際聯合辦學思路，加強國內外大學之間的交流合作，探索「3+1」或「2+2」教育項目，加強跨國及跨校的教師交流與培訓項目，引進跨校、跨省市甚至跨國的房地產教育項目（課程）。國內高校在國際合作辦學方面已經有許多成功的先例，國外高校也在不斷創新教育項目，例如澳洲的中央昆士蘭大學（Central Queensland University，簡稱CQU）實行了網路在線的農地評估課程並允許跨校招生，而西悉尼大學（UWS）也正在考慮推出相關的網路課程。

參考文獻

[1] 劉洪玉. 從國外的經驗看中國的房地產專業教育 [J]. 清華大學教育研究, 1999: 114-119.

[2] 王海燕, 黃英. 中國高校房地產專業本科人才培養現狀研究 [J]. 現代企業教育, 2011: 160-161.

[3] 肖豔. 澳大利亞房地產本科教育特色探討 [J]. 高等建築教育, 2014, 23 (4): 51-56.

[4] 張協奎. 美國高校房地產專業教育考察報告 [J]. 高等建築教育, 1999: 76-78.

[5] 錢瑛瑛, 楊穎, 戚麗瓊. 英國和中國香港地區高校房地產類專業教研特點及借鑑意義 [J]. 中國房地產, 2007: 77-80.

以市場需求為導向的汽車服務工程專業教學體系改革研究[①]

王旭東

【重慶工商大學機械工程學院】

[摘要] 本文針對汽車后服務市場快速增長對專業人才要求的不斷提高,以高校汽車服務工程專業人才培養方案為基礎,結合我校該專業教學課程體系和實踐環節的具體設置和執行情況,充分探討現有的課程設置與市場對人才需求之間存在的問題,提出該專業在理論教學和實踐教學環節中的具體改革措施和建議,為后續汽車服務工程專業人才的準備定位和培養方案的完善提供理論指導。

[關鍵詞] 汽車服務工程;教學體系;人才需要;改革

隨著國際貿易的增加和外資對汽車工業的大力投入,中國的汽車產業近年來得到了迅猛發展,汽車后市場也逐漸進入人們的視線,龐大的汽車后市場對於汽車服務不斷提出新的需求,為了應對整個汽車后市場的需求,全國很多高校都在增加開設汽車服務工程專業。

汽車后市場的激增對汽車服務類人才的專業性提出了更高的要求,然而,目前我們汽車服務行業的專業人才相對較少,並且整體素質不高[1]。為了能夠及時補充汽車服務市場的人才緊缺,加強對汽車服務高素質人才的培養,我們必須抓住汽車服務工程專業的核心,結合高校的資源優勢,培養出符合社會需求、市場需求、產業需求的能夠從事汽車研發、行銷、金融及策劃等方面的高素質汽車服務專業人才。

---

① 基金項目:重慶工商大學教育教學改革研究項目(編號:2014211)

一、汽車服務工程人才培養及專業建設目標

根據社會經濟發展要求，結合我校定位和本專業的人才培養定位，按照知識、能力、素質協調發展的「三位一體」的總體要求，著力加強汽車服務工程專業的教學能力、工程實踐能力和科學研究及應用能力的建設；堅持以教師為主導、學生為本的人才培養觀，強化因材施教、教學致用的教學改革；突出專業特色，注重學生基本理論、基本技能、實踐能力以及創新精神的培養，為國家培養具備「懂技術、會服務」的工程素質，受國內外汽車及零部件企業歡迎，適應汽車服務業的發展要求，有較強的解決汽車服務工程問題的能力，能夠勝任汽車產品規劃與開發、性能檢測、生產管理、汽車行銷、技術服務、汽車及零部件設計等汽車服務工程領域工作的應用創新型工程技術管理人才[2]。

汽車服務工程專業是一個範圍很廣的寬口徑專業，在注重基本理論知識和科研素質培養的同時，加強人文社科知識和經營管理能力訓練，通過設置汽車服務以及汽車技術等特色方向，使得學生知識體系結構合理，能力全面，擇業範圍廣，發展空間大。根據重慶乃至西部地區科技與經濟的發展和我校總體建設發展目標要求，以汽車服務工程專業應用型人才需求為依據，以抓教學質量為主題，以提高和改革教學管理、教學計劃、教學手段、教學方法、教學水平、教學條件為先導，以培養具有紮實基本理論知識的高素質汽車服務工程專業複合性應用型人才為根本，積極推進本專業的建設，爭創特色鮮明、在重慶乃至西部地區有一定影響的專業。

二、汽車服務工程專業人才需求

以汽車服務從業人員的現狀及該行業特點綜合來看，目前汽車服務後市場急需如下的專業人才：

（1）需要具備相應專業知識的從業人員，包括汽車結構、汽車維修、汽車金融等各種與汽車相關的專業知識，並且能將這些知識靈活地運用，最好能同時具備這些專業知識。

（2）擁有正確的服務意識，能認同「以人為本，顧客至上」的服務理念。能正確對待「以人為本」的服務概念，接待顧客能運用適宜的服務技巧、懂得察言觀色。在面對客戶時，能合理地運用服務知識，提高顧客的滿意度，為汽車企業帶來相應的利益。

（3）現代市場需要的是複合型人才，不僅要有理論知識，還要懂得技術要點，並且能運用各種計算機技術。當今的汽車服務行業，不僅要求從

業人員具備專業的汽車知識，還要具有相應的汽車初步診斷、故障排查等技術，並且能夠運用計算機對顧客進行歸類、定檔，充分利用計算機網路技術提高對顧客的服務質量。

(4) 如今的市場經濟決定了亟需懂得金融的從業人員，以此來適應蓬勃發展的汽車貸款業務、理賠業務。汽車金融不僅需要紮實的金融知識，還要懂得分析對應的各層面的問題。這都是對現代人才的一個挑戰，畢竟，懂得如何分析問題還需要一定的實踐基礎，這是應屆畢業生的一個技能盲點。

(5) 隨著市場日益成形，市場對汽車服務行業從業人員的管理能力的要求也日漸提高——小到對團隊的管理，大到對組織對企業的管理。就目前的形勢而言，汽車服務行業的從業人員正在以驚人的速度增加，這使得中國對從業人員的管理要求愈加嚴苛。汽車服務的主體是消費者，只有管理好了工作人員才能達到服務目的。

三、汽車服務專業的教學體系

(一) 汽車服務工程專業理論教學體系

汽車服務工程專業以社會和市場需求為導向，以專業技術應用能力和專業素質培養為主線，以培養具備「懂技術、善服務」的基本素質和能力，能夠在汽車技術服務、汽車行銷服務、汽車金融保險服務，汽車相關產品規劃等領域從事技術或管理工作的複合型工程技術人才為培養目標，構建課程體系，優化教學內容。按照學校的統一要求制訂了「汽車服務工程專業（四年制本科）人才培養方案」。同時，根據企業對汽車服務工程專業的人才需求和學校的特色定位進行分析和研討，四年來，我們對汽車服務工程專業人才培養方案進行了修訂、調整和完善，使本專業課程體系更好地體現了專業特色。

本專業的理論課程主要分為汽車的結構技術和后市場服務兩大類[3]。具體體現為：在汽車結構原理方面，開設了汽車構造、汽車理論及汽車製造工藝等課程，旨在讓學生掌握汽車結構、使用性能和基本的加工製造方法；在汽車維修檢測方面，開設了汽車電子控制技術、汽車檢測與故障診斷技術及汽車排放與噪聲控制技術等課程，旨在讓學生掌握汽車檢測維修和故障診斷的基本原理和方法；在汽車行銷方面，開設了汽車市場行銷學、汽車電子商務與物流管理及汽車服務企業管理等課程，旨在讓學生掌握汽車行銷的基本策略；在汽車金融服務方面，開設了汽車金融、汽車保險與理賠、汽車評估及汽車服務企業客戶關係管理，旨在讓學生掌握汽車

保險及二手車評估等汽車金融領域的基本知識。

(二) 汽車服務工程專業實踐教學體系

實踐教學的目的主要是提高學生動手能力，解決實際問題。汽車服務工程專業是一個操作性和應用性很強的專業，特別是汽車檢測與故障診斷技術、汽車駕駛實訓、汽車維修工程等實踐性偏重的專業課程，如果只是專業的理論講授很難真正消化並接受知識。因此，必須強化實踐教學環節，對汽車服務工程專業實踐性教學要保證充分的教學時間以及良好的實踐環境[4]。

汽車服務工程實踐教學體系包括諸多課程實驗、認知實習、汽車拆裝實習、汽車服務實習、專業課程設計、畢業實習和畢業設計等實踐環節。認知實習通過參觀汽車生產和服務企業，旨在讓學生瞭解汽車行業的概況；汽車拆裝實習通過對發動機、變速器主要部件進行拆裝，旨在讓學生熟悉汽車主要部件的內部結構；汽車服務實習通過對汽車生產企業的參觀實習和在4S店的頂崗實習，旨在讓學生對汽車的后服務市場流程和崗位職責進行系統的認識；專業課程設計旨在讓學生應用所學過的理論知識體系，對汽車服務行業的發展提出自己的見解；畢業實習和設計環節，針對汽車服務行業存在的問題，通過調研提出系統的解決方案[5-6]。

四、具體改革及思考

汽車服務工程專業未來的發展方向是汽車銷售、汽車售後服務、汽車理賠及評估等比較具體的職業，但在汽車市場的高速發展中，各個環節都已衍生出專業的人員，未來中國汽車行業將會從目前激烈的競爭趨於平穩。在此前提下汽車廠商如何能在平穩的市場中異軍突起，只有從汽車廠商角度縱觀整個產業鏈，將整車銷售—售後服務—理賠—二手評估等各個汽車后市場服務環節綜合考慮，將各個環節都優質化，才能贏得消費者的好評，才能穩步提升銷量。汽車服務工程培養的高級「複合型專業人才」，正是幫助汽車廠商評估決策未來發展的關鍵人才。根據汽車后市場的需求，我們可以看出汽車服務工程專業的學生不僅要學習汽車結構、汽車理論、汽車市場行銷、汽車評估、汽車電子電氣控制技術、汽車保險與理賠等方面的基礎理論知識和專業知識，也要經過金工實習、汽車駕駛、汽車故障診斷與維修實習以及頂崗實習等實踐課程的磨礪。只有將理論與實踐相結合，才能培養出適應中國汽車產業發展需要的，具有良好的政治素質、文化修養、職業道德、服務意識的懂技術、會服務的「複合型人才」。

據統計，截至2015年年底中國共有118所院校開辦此專業，其中以武

漢理工大學、吉林大學、同濟大學等為首的高校是具有代表性的，它們的教學體系值得我們去研究學習。而很多高校開辦此專業時間較短，教學計劃的實施還不是很成熟，整體發展尚且處於探索期。對比其他院校的教學計劃裡的課程設置，再結合我校汽車服務工程專業目前所開設的課程，筆者看來，在理論教學體系裡面，我們有必要將下面課程加進去：①汽車國際貿易。汽車國際貿易是世界各國或地區之間進行汽車商品的貿易活動的總稱，該課程內容是根據近年來中國汽車產業的迅猛發展，特別是2004年後汽車貿易開始出現順差，大批國產自主品牌汽車整車和零部件出口到世界各地的實際情況，結合汽車貿易的理論和實務，為滿足企業對汽車國際貿易應用型人才的迫切需求而制定的。②網路化汽車服務。網路化汽車服務包括了汽車服務貿易企業虛擬網路建設及車聯網技術發展。教師通過對虛擬網路建設的講解，使學生對汽車服務企業信息化管理、網點管理及系統開發有較為深入的瞭解。車聯網技術主要為汽車自動駕駛技術的發展提供支持服務，通過將物聯網與智能汽車控制技術結合起來，加快自動駕駛技術的市場化，使得汽車服務工程專業人才的培養體系更為完整，順應時代和科技發展的要求。

從實踐環節來講，要重視汽車服務實習的內容並將之與學生未來就業方向相結合。因此，汽車服務工程專業的實踐環節主要體現在汽車技術和汽車服務兩個部分。①汽車技術方面。重視發動機拆裝實習及汽車整車零部件生產企業的參觀實習，讓學生通過親手操作，對汽車的結構能夠有更深入的認識。②汽車4S店的頂崗實習。重視將所學理論知識和實踐充分結合在一起，學生通過對每個崗位的具體體驗，能夠準確定位以後的工作方向。③汽車的駕駛操作實習。重視學生的動手能力，通過駕駛實習，使得學生能夠將汽車理論、汽車運用工程等課程與汽車駕駛操作結合起來，以加深理解。

五、結束語

汽車服務工程專業是高校為適應市場對高層次汽車技術和服務人才的需求而新開設的專業，是車輛工程專業延伸出來的新興專業。各高校應充分結合自己的學科優勢，在制訂專業定位和人才培養方案時，緊密把握市場對人才需求的動態方向。在課程設置和教學體系建設方面，根據區域優勢特色，重點培養具有紮實理論知識和較強實踐創新能力的高層次應用型汽車服務人才，以滿足市場對人才多樣化的需求。

參考文獻

[1] 肖生發，鄧召文，等.高校汽車服務工程專業應用型人才培養研究［J］.中國現代教育裝備，2011（19）：49-50.

[2] 張廣昕，孫晉偉.汽車后市場人才需求及培養模式研究［J］.河北交通職業技術學院學報，2013，10（1）：56-59.

[3] 魯植雄.汽車服務工程［M］.北京：北京大學出版社，2010.

[4] 範欽滿.汽車服務工程實訓指導［M］.北京：中國電力出版社，2008.

[5] 陳長.汽車生產實習教學環節的實踐探討［J］.湖北成人教育學院報，2012，18（1）：136-137.

[6] 刁金香.頂崗實習學生存在問題及對策［J］.中國校外教育，2014（4）：133-133.

基於「獲得・參與・創造」的產品設計專業課程建設研究[①]

皮永生

【重慶工商大學藝術學院】

[摘要] 課程建設是高等院校各專業教育教學一個永恆的話題，以「獲得・參與・創造」為取向的課程建設思想從人類學習的三個隱喻出發，有利於培養方案從「教為中心」向「學為中心」轉化，從而提高人才培養的質量。

[關鍵詞] 獲得；參與；創造；課程建設

高等教育教學中課程具有至關重要的作用，決定著所培養人才的規格，因此課程建設也就成為一個永恆而持續的課題。著名的課程論專家泰勒在《課程與教學的基本原理》一書開篇就提出制訂課程計劃需要回答和滿足以下四個問題：①學校力求達到何種教育目標？②要為學生提供怎樣的教育經驗，才能達到這些教育目標？③如何有效地組織好這些教育經驗？④我們如何才能確定這些教育目標正在得以實現[1]？就我校產品設計專業而言，依據學校的人才培養規格整體定位，產品設計專業培養「厚基礎、寬口徑、種能力」「知識、能力、素質」協調發展的應用型人才的總體教育目標是明確的，那麼余下的問題主要集中在我們主要提供哪些課程內容、如何架構這些內容形成培養方案以及如何對我們的課程實施進行評價三個方面。產品設計專業建立以來，對於以上三個方面的問題我們曾經探討過用學科知識為導向進行建構，也探討過以設計實踐為導向進行建構，但是都不盡如人意，前者使得學生所學習的間接性經驗很難遷移到具

---

① 基金項目：重慶市高等教育教學研究重點項目，名稱：基於「獲得・參與・創造」的產品設計專業項目推演式教學示範課程建設研究與實踐，編號：152026

體的應用之中，而后者又陷入了實用主義的泥潭，使得學生在行業企業內發展后勁不足，五年之后轉行的學生較多。

那麼如何才能實現我們的教育培養目標呢？回到本質的問題上思考，要實現人才培養的規格目標，其核心在於學生的學習，有些知識可以通過講授等方式讓學生獲得，有些知識學生則需要參與其中才能有所體悟，而要實現應用型人才的培養，最終需要學生將所學的知識轉化為自身的實踐性知識。因此本研究提出基於「獲得・參與・創造」的產品設計專業項目推演式課程建設方案。

一、何為「獲得・參與・創造」

國內學者（曾文婕，柳熙，2013）從人類學習的視角探討了獲得取向、參與取向以及知識創造取向，借用隱喻來說明人類學習的三條途徑，並對三者進行了相關的解析以及比較，指出獲得取向、參與取向和知識創造取向能夠帶來相關的關照、分析、反思和改進人類的具體學習活動，是一個值得持續探索的方向，其中孕育著無數尚待系統研究的課題，同時這為課程建設提供了理論視角[2]。那麼要建立產品設計專業的課程體系，對於學習的獲得、參與以及知識創造取向的深入理解就變得至關重要。

（一）獲得取向

獲得強調心智模式、命題性以及概念性的知識結構，將邏輯性組織起來的知識視為智力與能力的理想結果。獲得的過程實質上就是將大腦隱喻為容器，符號化的知識由教師傳遞給學生，學習就是往大腦中填充符號化的材料，而教學就是為了促進這種獲得。進一步理解就是：在教學活動中，將滿足學生獲得作為教學主體主觀上對教學客體進行價值選擇的穩定的總體方向和趨勢。進一步分析，獲得教學價值取向乃是將學生個人作為分析和理解的單元，將知識理解為個人的心智而無視其文化環境，那麼教學活動則被理解為在個體心智中的知識傳遞活動，大腦就成為知識的容器，而所有的教學行為都圍繞著促進這種傳遞活動更好地展開進行。從這裡可以看出，這樣的取向實質上是把學科知識看成了一種間接性的經驗，這種間接性的經驗應該是產品設計專業所有知識當中最基本的，且在長期實踐過程之中沉澱下來的陳述性知識，簡言之也就是產品設計是什麼的知識。

（二）參與取向

就現在的研究來看，參與取向主要包含三個方面：其一為普遍所認同的參與是一種行為，參與意味著學生全身心投入教學活動的狀態過程，而

教學效果與學生的參與程度成正比例關係。其二為認為參與是一種心理活動，誠如紐曼（Newmann，1992）強調參與是教學活動中學生理解知識、掌握知識和掌握技能的心理投入情況，也是學生心理的變化情況[3]。其三為認為參與是學生行為、認知、情感和態度的有機統一。費恩（Finn，1989—1993）指出學生參與學習生活有兩種形式：一是指學生軀體的行動參與，二是指學生在情感、態度方面對學校的認同感和歸屬感[4]。從這裡可以看出，需要採用參與取向進行學習的應該是一種行動性的諸如過程方法等知識，這類知識靠符號化後的填充很難對學生的能力有所幫助，需要學生在不斷地參與過程中內化，進而形成自己的能力。簡言之，也就是產品設計怎麼做的知識。

（三）知識創造取向

知識創造取向要求學生將知識和技能內化為具體的能力，同時在企業項目實踐中去體會完成產品設計的過程與方法，進而在內心深處產生對產品設計的偏好或者說是什麼是好的產品的自身判斷。也即是需要學生對已有的知識進行再次加工，經過一定的篩選組合之後形成針對特定產品設計實踐所特有的系統。簡言之，也就是為什麼要這樣設計的知識。

二、基於「獲得・參與・創造」的課程建構

基於產品設計專業培養「厚基礎、寬口徑、種能力」「知識、能力、素質」協調發展的應用型人才的總體教育目標，採用獲得、參與以及知識創造取向對產品設計專業所需要的知識進行梳理分析，以便理清楚我們主要提供哪些課程內容、如何架構這些內容形成培養方案以及如何對我們的課程實施進行評價三個方面的問題。

（一）以獲得取向為主的課程

根據前面的分析，該類課程主要是向學生教授產品設計專業是什麼的課程，也就是能夠或者已經符號化的內容，同時也是可以將其隱喻為某種實體而灌輸入學生頭腦中的內容。這樣的課程內容有以下一些：設計概論、設計表現技法、設計心理學、產品設計史、人體工程學等。對於這樣的課程內容在教學方法上應該主要採用講授法，同時輔以大量的練習來鞏固學生的這種知識獲得，在教學評價方面主要採用考試的方式，來檢測學生頭腦中裝入這些知識的多少以及這些知識被內化的程度。而這類課程的學習，有利於學生從不懂產品設計是什麼到知道產品設計是什麼，從而為產品設計的實踐共同體打下堅實的基礎，也為后續能夠很好地在產品設計實踐項目中進行合法性的邊緣參與打下基礎。

（二）以參與取向為主的課程

這一類課程重點關注如何進行產品設計的問題，強調的是過程與方法，是一種操作性的知識。這一類知識不同於獲得取向的陳述性知識，就算將這些知識灌入了學生的大腦，每個學生在考試中都能取得良好的成績，但是學生仍然有可能不會設計產品，不懂得如何操作。這一類課程主要有：產品設計程序與方法、產品系統設計、產品語意設計、產品開發設計等。對於這一類課程應該引入企業的實際設計項目對課程的實施進行牽引，在授課方式上主要採用探究、自主和合作學習，教師只是平等之中的首席，只有當課程或者說是項目偏離軌道之後才實施積極的干預，而課程的評價也將不是預設的，而是根據實際項目的需要以及在設計團隊中學生的創造力的發展得到的生成性的教學成果來評估。學生在這個過程中學習和體會產品設計的具體過程與方法，逐漸由合法性的邊緣參與走向實踐共同體的核心，初步具備成為一個產品設計師所需要的能力和素養。

（三）以知識創造取向為主的課程

該類課程需要對陳述性的知識和操作性的知識進行整合，培養學生根據實際情況重構知識用以解決實際問題的能力。這樣的課程設置起來相對比較複雜，與其說是一門課程還不如說是一個課程群。比如民族藝術研究、專業考察以及旅遊產品設計這三門課程組成的課程群，在民族藝術研究中用獲得取向，讓學生掌握民族藝術的種類式樣以及如何提取相關元素應用於具體的設計，在專業考察中應用參與取向，師生共同深入到民族地區體驗活態的民族文化生態，體驗其在日常生活中如何被應用、生產以及其背後的符號學意義。然后在旅遊產品開發設計課程中，讓學生根據所學知識以及前期考察所形成的獨有的體會、喜好以及興趣等設定自己所要設計的旅遊紀念品是什麼，採用哪些設計手法來達到自己的目的，用什麼材料以及工藝將其實現等。對於這樣的課程首先應該採用教師組集體授課，讓不同特長的老師講授專門的部分，在教學方法上應該是講授、探究、合作、自主等授課方式相結合和穿插。在課程實施的評價上，將預設性評價和生成性評價相結合，特別是在課程的后期，教師應該積極引導學生的多樣化生成，越是多樣知識創造的效果就越好。

三、基於新課程的培養方案架構

前文已經梳理了課程建設的相關問題，但是人的培養決不可一蹴而就，需要不斷地用課程的養料加以沁潤，而這些課程又應該如何組織起來形成培養方案呢？培養方案不是課程的簡單疊加，而是在一定的思想指導

之下系統地進行架構。在獲得、參與和知識創造三種取向的指導下，本研究提出培養方案的基本架構方式如下：

(一) 大一階段以獲得取向為主

在大一階段為學生打下堅實的基礎，開設設計概論、設計表現等課程，同時在課外要採用參與取向讓學生多讀相關的書籍，組織討論培養起學生對專業的感情。在大一結束時應該採用知識創造取向，初步嘗試設計一個小件物品，比如一把椅子，在椅子的設計過程中引導學生對所學的基本知識和技能進行組合，力求在最終的效果上體現自己獨特的個性。

(二) 大二階段以獲得和參與取向相結合為主

在大二階段除了開設繼續打基礎的設計材料與工藝、設計心理學以及人體工程學等課程以外，還要加入設計程序與方法、產品系統設計、產品語意設計等實踐性課程，這些課程力求與企業合作，將企業相關的能夠與課程相適應的項目引入到課程之中，採用參與取向進行課程實施。同時在課外還應該多組織學生參觀考察相關的企業以及企業的設計部門，讓學生能夠切實地感受到企業的氛圍，能夠激發自身的相關思考，在探究、合作以及自主學習中能夠更好地進行定位。

(三) 大三階段以參與和知識創造取向相結合為主

在大三階段除了繼續進行參與取向的產品開發設計等課程以外，輔助以大量的獲得取向選修課，學生可以根據自身的興趣以及在參與取向課程中根據自身知識結構的缺陷進行選修。同時開設知識創造取向的工作室教學，在其中教師只是負責與企業人員溝通，協調項目進度，學生能夠根據自己所體會和學習到的知識進行個性化的創造，雖然所學知識相同，但是每個人的內化方式以及對於知識的組合方式不同，從而帶來工作室最終結果的多樣性。

(四) 大四階段以知識創造取向為主

大四階段以實習實踐和畢業設計等知識創造取向的課程為主，在此期間要體現「以每一個學生為本」，教師對每一個學生提出的具體問題進行分別的指導，鼓勵學生對知識、技能、過程、方法進行系統的完善與充實，並提供相關的指導和幫助。

四、總結

中國正處於轉變經濟增長方式，提升產品附加值的歷史階段，需要大量文化創意產業方面的高層次創新型人才。以人類學習的三種隱喻為理論指導進行課程以及培養方案的建構能夠很好地促進學生的學習，切實做到

以教為中心向以學為中心的轉換，為新時期經濟轉型培養更多合格的工業設計專業人才。

參考文獻

[1]（美）泰勒·羅康. 課程與教學的基本原理［M］. 張閱, 譯. 北京: 中國輕工業出版社, 2012.

[2] 曾文婕, 柳熙. 獲得·參與·知識創造——論人類學習的三大隱喻［J］. 教育研究, 2013（7）: 88-97.

[3] Newrnann F M. student Engagement and Aehievement in Ameriean Secondary School［M］. New york: Teaehers College Press, 1992: 11.

[4] 孔企平. 數學教學過程中的學生參與［M］. 上海: 華東師範大學出版社, 2003: 19.

地方高校法語專業複合型應用型人才培養模式構建

——以重慶工商大學為例

胡新宇

【重慶工商大學外語學院】

[摘要] 地方高校法語專業複合型培養應用型人才，是專業發展的需要，也是區域經濟發展的必然要求。應以地方經濟發展為導向，明確培養目標，通過優化課程體系、強化實踐教學、開展中法合作辦學等舉措，有效構建複合型應用型法語人才培養模式。

[關鍵詞] 地方高校；法語；複合型；應用型；人才培養模式

自 20 世紀 90 年代以來，隨著中國與法國及其他法語國家在各個領域的合作交流日趨頻繁，人才市場對法語人才的需求不斷增加，隨之而來的是全國高校法語專業的快速發展。據統計數據，截至 2015 年年底全國有近 100 所高校開設有法語專業，學生總數超 1 萬人。全國高校法語專業迅速發展的同時，隨之在人才培養過程中也產生了一些問題，比如專業開辦存在盲目性，同質化現象嚴重等。作為地方高校的重慶工商大學法語專業，面對激烈的競爭，必須尋找具有自身特色的發展道路。

一、地方高校構建複合型應用型法語人才培養模式的意義

地方高校的主要職能是服務地方經濟建設。作為地方高校的重慶工商大學，構建複合型應用型法語人才培養模式具有重要的意義。

（一）地方經濟發展的需要

重慶是國家西部大開發、承接東部沿海產業轉移的橋頭堡，設立了首

個內陸保稅港區，繼浦東新區、濱海新區之後的重慶兩江新區也已獲批，重慶成為內陸地區對外開放的高地，外向型經濟越來越凸顯。隨著中國與法語國家之間文化和經濟交流的日益擴大，重慶對法語應用型高級專門人才的需求也不斷增加。

(二) 地方高校的必然選擇

全國開辦法語專業的高校有百余所，重慶工商大學法語專業創辦於2003年，辦學層次為本科。但總的看來，法語專業辦學歷史短，缺乏累積，師資薄弱，教師團隊無論從人數還是職稱、學歷、教學經驗及國外進修經歷來看，與國內重點綜合性大學和專業外語學院的法語專業相比有較大差距。從生源來看，由於我校法語專業是二本招生，和國內其他的大多是一本招生的法語專業相比有差距。另外在多媒體教材和網路資源等硬件建設及國際交流和科學研究等軟件建設方面的工作都有待加強。由於與國內的重點綜合性大學及專業外語學院在傳統的語言和文學學科領域相比不具優勢，我校法語專業的建設必須依託現有的基礎和條件，辦出自己的特色。我校不能照搬他們的經驗，必須找準定位，結合校情，立足地方經濟，走錯位發展之路，從而形成自身的專業特色，提高專業競爭力。

(三) 符合重慶工商大學的校情

我校定位是地方性高校，以服務地方經濟建設為主要任務；同時學校是經濟學、管理學等多學科協調發展的多科性大學，具有鮮明財經特色。因此我校法語專業的辦學定位也是培養應用型人才，服務重慶的地方經濟建設。

二、法語專業複合型應用型人才培養模式的構建

重慶工商大學法語專業複合型應用型人才培養模式的構建涉及人才培養目標的確立、課程體系的優化、國際合作辦學及實習實踐教學環節等多方面。

(一) 法語專業應用型人才培養目標的確立

結合學校總體辦學目標和定位及法語專業的實際情況，法語專業確立了切合自身的專業人才培養目標，即培養具有國際化視野的複合型應用型法語專門人才，能在外事、經貿、文化、教育、旅遊等部門從事翻譯、教學、管理等工作的法語專門人才。

培養目標中明確提出培養的學生應具有堅實、寬厚的法語語言基礎，具備較高水平的法語聽、說、讀、寫、譯等語言運用能力。同時要求學生擴展國際化視野，深入瞭解西方文化，特別是法語國家和地區的文化特

質,具備中法兩種語言交流所要求的文化素養,為學生以后的發展打下良好的基礎。在語言基礎之上,指導學生跨學科、跨專業發展,特別是將語言與其他應用性學科有機結合,走複合型的發展方向。

專業的發展思路:以本科教學為中心,以教學質量為根本,以提高學生的綜合素質為目標,遵循語言知識、能力培養和素質提高並重的原則,堅持基礎與專業相結合,主修與輔修相結合,利用學校多學科和資源優勢及重慶地區打造內陸開放高地的區位優勢,依據社會經濟發展對法語人才的需求,形成以法語專業為基礎,多方向的法語人才培養模式。同時,積極開展國際合作交流和開放辦學,開闊學生的社會和國際視野,培養厚基礎、寬口徑、人文素質高、實踐能力強、具有創新精神、適合社會發展需要的法語人才。

(二) 課程體系的優化

課程體系的優化首先是壓縮學科基礎課和專業主幹課的課時,用以充實專業選修課。針對法語專業偏重文學歷史的傳統,我們適當縮減了文學課的比重,把以前的 128 學時縮減一半,並且不再作為專業主幹課,而放入專業選修課板塊中;同樣,過去作為專業主幹課的法國歷史,也改為選修課,並且不再作為一門單獨課開設,而與文化相結合成為一門新課程「法國歷史與文化」,所占課時也大大縮減;高級法語課程的學分也適當作了縮減,由原來的 8 周減為 6 周,只開設 5、6 學期。通過以上的調整,在保持總學分不變的前提下,我們將節省出來的學分全部歸入專業選修課板塊。

在專業選修課板塊開設了商務法語、國際貿易、進出口業務、電子商務四門課程,考慮到現代社會經濟與法律的緊密聯繫及增強學生的就業競爭力,特別開設了法律法語及商務英語以供學生選修。同時考慮到學生培養的「厚基礎、寬口徑」,在專業選修課板塊,開設旅遊法語、法語時事研讀、專業用途法語翻譯等課程,以滿足他們未來發展的不同需求。總體來看,法語專業選修課在專業基礎課和學科主幹課學分合理減少的前提下,由以前的 40 學分增加到 60 學分,充分體現出法語+專業複合型及實用能力的培養需求。在此板塊中,學生只需按規定修滿 39.5 學分即可達到畢業要求,學生既可選擇推薦的經貿系列課程,也可結合自己的興趣特長,選擇適合的課程,合理構築自己的知識體系。

除了專業課程體系的優化之外,我校還鼓勵學生依託學校優勢積極輔修第二專業,每年法語專業都有不少學生輔修會計、市場行銷等專業課程,學院為學生提供專業選擇諮詢並在課程安排協調、實習等環節提供

便利。

(三) 強化實踐環節，建設實習基地

興趣是最好的老師，特別是對於外語這種實用技能的學習，不能局限在課堂教學，而應將課堂教學與課外實習、實踐教學相結合，激發學生的學習興趣，提升學生的自主學習能力，在知識傳授的同時，強化能力培養和素質教育。為此，我校法語專業與重慶歐憬法語學校簽訂了合作協議，雙方合作共同開展系列文化活動，每月組織一次不同主題的文化沙龍講座，包括法國咖啡文化、法國紅酒文化、法國禮儀等主題，通過現場感受品鑒並組織學生參與討論。這些文化活動深受學生歡迎並激發了學生學習法語、瞭解法國文化的興趣。同時歐憬法語學校還接受我專業法語學生進行語言教學實習，為學生提供語言考試培訓、招聘面試培訓、跨文化交際培訓及留學諮詢等。另外我們還利用我校法國留學生眾多的優勢，通過國際交流處聯繫，讓法語專業學生與這些留學生結對互幫互學，提高語言應用能力。同時積極鼓勵和支持學生參與各種課外實踐活動，如成都法國領事館舉辦的法語演講、歌曲比賽，重慶法語聯盟、重慶市國資委組織的外語技能比賽及各種文化活動以及為重慶各種涉外交易會、博覽會充當志願者，提供法語翻譯服務等。

(四) 開展中法合作辦學，擴大學生國際視野

開展國際交流合作辦學、培養學生的國際化視野為培養複合型應用型的外語人才提供了新的途徑。我校法語專業一方面利用已有的學校與法國圖盧茲大學和馬賽大學的合作項目，鼓勵學生積極參與，同時與法國拉羅謝爾高等商學院建立了全方位的合作關係，包括學生的「3.5+1」雙學士項目，「4+2」碩士項目及短期實習進修項目等，專業涵蓋旅遊管理、法語教學、工商管理及公共事務管理，擴大了學生的國際視野，為法語專業學生提供了多樣化的選擇。

三、取得的初步成果

通過法語應用型人才模式的構建及相應的教改措施的應用，我校法語專業人才培養取得初步的成績，主要有以下方面：

(一) 法語專業畢業生近年來在人才市場的競爭力顯著提升

用人單位普遍反應我專業畢業生法語基礎較紮實，知識面較廣，綜合素質較好。由於中非經貿合作良好，去非洲從事工程、貿易工作成為法語專業畢業生的主要出路。在阿爾及利亞承包建築工程的中國蓋亞建築有限公司，我校法語專業畢業生擔任首席翻譯，還有其他5名同學從事各部門

的翻譯或業務管理工作；每年都有畢業生通過選拔進入中建公司、中交公司及中鐵公司等大型央企工作；不少學生合理選擇複合專業方向，分別考取翻譯資格證、導遊資格證、會計從業資格證等資格證書，或取得輔修專業如經濟、管理等第二學位，在跨專業就業，如銀行、公務員招考等競爭中表現出不俗的競爭力。

（二）法語專業等級考試及考研出國成績不俗

2013級法語專業畢業生在全國法語專業四級考試中一次通過率達75%，超出全國平均過級率16個百分點，刷新我校法語專業四級過級率紀錄；近幾年，法語專業畢業生多人考取南京大學、外交學院、國際關係學院、四川外國語大學、廈門大學等高校法語專業研究生；每年平均近10%的畢業生成功被法國各類高校錄取，赴法繼續深造。

（三）在各類法語技能比賽中獲得佳績

在2011年、2014年重慶國資委舉辦的外語人才技能大賽中，我校法語專業學生分別獲得一等獎、二等獎；2012年重慶地區法國文化年系列活動中，我校法語專業學生表現突出，囊括法語EXPOSE大賽前兩名。

四、結語

儘管我校法語專業複合型應用型人才培養模式的改革取得了一定的成績，但是仍有較多方面需要改進。例如如何更緊密地結合地方經濟發展對法語人才的需求來制訂法語人才培養方案，這是一個動態的過程，需要適時地修訂。其次，人才培養模式確定之後，根據模式設置優化的課程體系是一個較大的難題。因法語學習的特殊性（從零基礎開始），基礎階段的學習占據著大部分的課時，主要集中在高年級的專業複合，由於師資、學時等條件限制，一些課程無法開設，往往使得這種跨專業的複合難以系統化，從而流於淺表；學生輔修第二專業有時也與本專業的課程相衝突，受時間精力制約很大。還有實踐、實習教學環節，探索如何使第一課堂、第二課程、第三課堂（指假期、雙休日的社會實踐）互相配套、互相融合、又互為補充也遇到諸多難題，比如受學生人數眾多、實踐實習基地接受能力有限等客觀條件限制，專業實踐機會仍然太少，缺乏有效的指導和協調管理等。

參考文獻

[1] 張貴琴，許明. 法語專業建設與高素質法語專業人才的培養 [J]. 中國法語教學研究，2008（2）：403.

［2］曹德明，王文新. 中國高校法語專業發展報告［M］. 北京. 外語教學與研究出版社，2011.

［3］屈社明，梁婷. 地方院校外語應用型人才培養機制研究［J］. 教育評論，2012（1）：30.

「重技重能」時代高校人才培養刍議
——以西南高校傳媒人才培養為例

趙娟娟

【重慶工商大學數學與統計學院】

[摘要]「重技重能」時代，高校人才培養應轉向培養應用技術型人才，傳媒行業尤是如此。全球化3.0時代對傳媒人才提出了更高的要求，同樣也對高校傳媒人才培養提出了更多挑戰。複合型技術人才、知識型專家人才、創新型應用人才成為新時代需要的全媒體人才。因而，在新環境下，高校需要通過樹立創新意識、打造本土特色實現人才培養方式的轉變，並在未來的傳媒人才培養中強化全媒體傳播意識、提升整合傳播能力、加強媒介素養教育。

[關鍵詞] 重技重能；全媒體；新媒介環境；傳媒人才

教育部、發改委、財政部在2015年11月16日印發了《關於引導部分地方普通本科高校向應用型轉變的指導意見》，這標誌著中國高等教育「重技重能」時代即將來臨，標誌著對「手」的教育的理性迴歸。[1]清華大學教育研究院常務副院長史靜寰在接受採訪時說：「當今世界已步入全球化3.0時代。社會對高等教育需求的擴大帶來高等教育功能的拓展，傳統高等教育難以為繼，必須進行系統轉型和功能再造。」[2]而人才培養將是高校系統轉型和功能再造的重要節點。

對於傳媒行業來說，全球化3.0時代各種媒介匯流整合形成了一種新型的傳播環境，即凱文·曼尼所說的「大媒體」[3]環境，也可以稱之為全媒體環境。「大媒體」是以媒介大融合和技術大變革為主要特點的，這種新型的兼容並蓄的媒介形態給整個媒介生態帶來了顛覆性變革。媒介組織需要進行戰略性調整以適應新型的媒介環境，而人才戰略不僅是媒介組織

融入新媒介生態體系的重要一環,更是一個媒體在未來傳媒業占據一席之地的重要因素。因而,全媒體人才成為新媒體時代的寵兒。探索傳媒人才培養的新路徑不僅是「重技重能」大時代背景對高等教育的要求,也是全媒體環境對高校人才培養的要求。

一、全媒體環境下的人才需求

中國人民大學倪寧教授曾概括指出:「隨著媒介融合的深化,特別需要兩類新型人才:一是能夠對多種介質的媒介平臺具有綜合管理能力的高層次管理人才;二是能夠運用多種技術工具、掌握各類傳播技能的全能型記者編輯。」[4]21世紀以來,新媒介環境需要通專結合的全媒體人才,他們一專多能,促進不同媒介融合;他們博學睿智,準確分析媒介事件;他們訓練有素,掌握多方專業技能;他們思維敏銳,洞察社會問題本質;他們有獨當一面的氣魄,積極應對風險社會的突發事件;他們有胸懷天下的理想,時刻關注新聞傳播的前沿動態,這樣的人才才是全媒體時代需要的傳媒人才。

(一) 複合型技術人才

全媒體傳播即時傳輸、全時在線、交互聯動的傳播特點徹底改變了媒體行業的人才需求。一方面,新媒體技術的發展和新媒介形態的出現,使媒介環境進行了重構,人人都成了新媒體時代的「發聲筒」,弱化了專業媒體人才的地位。面對新的生存環境的挑戰,媒體人需要實現集體轉型,逐步走向職業化和專業化。這便要求新聞傳播專業人才能夠掌握集文字、圖片、聲音、視頻、音頻於一體的專業採編技術,成為熟練駕馭採、寫、編、評、攝的全能型人才。另一方面,傳統媒體與新媒體的融合已經成為大媒體時代的發展趨勢,廣播、報紙、電視等傳統媒體依託互聯網技術的傳播優勢迅速實現華麗轉身,數字化轉型發展成為當代傳統媒體的生存選擇,新興媒介技術將成為推動傳媒行業發展的主宰力量。因此,未來的新聞人才不僅要重視知識的累積、思維能力的提升,更要重視對技巧、技術、技能的全面掌握,複合型技術通才是未來傳媒發展對人才培養提出的首要要求。

(二) 知識型專家人才

大媒體時代,社會的變革與傳媒發展息息相關,現代社會在媒介技術的推動下進入了深度媒介化時期。媒體人才正在進行著深刻的職業角色轉變。受眾也期待媒體用鐵肩擔負起社會使命,真正成為社會輿情的引領者和瞭望者。傳媒人才對信息的高效掌握和對知識的全面把握成為信息時代

必不可少的專業品質，現代社會的發展也要求媒體人才對現存的和未知的世界做出解釋和預測，「知識型」「專家型」「融合型」人才成為傳媒行業的新寵。這就需要傳媒人才首先要視野寬闊，廣泛涉獵文、史、哲，甚至理工科領域的知識，成為有「大專業」背景的知識型新聞通才，能夠對社會發展有敏銳的洞察力，對現實的和未來的世界做出權威分析和合理解釋。另外，傳媒人才還需發揮自身專業優勢，成為不僅能熟練掌握消息、評論、通訊、專題等傳統報導方式，更能精確製作數據新聞、解釋性報導、圖解新聞等的「融合」人才。這是傳媒人才適應媒介環境大變革的需要，也是大媒體時代對傳媒人才的更高要求。

(三) 創新型應用人才

隨著媒介發展日新月異，媒體行業競爭也日趨激烈，傳媒人才需要及時補充新知識、培養新思維才能在競爭激烈的傳媒界站穩腳跟。傳媒人才在掌握了高新技術和全能知識的前提下，還需要有獨立的創新精神和強烈的批判思維。在未來的發展中，創新型新聞人才將是媒體行業激烈爭奪的重要戰略資源。作為媒體人，有創新意識才能隨機應變，積極應對新時代的媒介風險；有創新精神才能開拓進取，努力提升自我的綜合素質；有批判視野才能高瞻遠矚，揭示社會發展的假、醜、惡；有批判思維才能獨樹一幟，在輿論引導中始終把持正確的方向。時代呼籲創新型人才，創新型新聞人才需要有「獨立之精神，自由之思想」，面對信息時代的海量化、碎片化信息，他們應該有獨特的視角和獨立的思考能力，能在信息海洋中準確提煉有價值、有意義的新聞選題。傳媒人只有將創新意識和批判思維運用在新聞生產和傳播中，才能成為真正的應用型人才，這是大媒體傳播的現實語境對傳媒人才的深層次要求。

二、全媒體人才培養的新路徑

(一) 創新培養模式：實現教學與實踐的強強聯合

適應全媒體傳播的新聞教育模式應該加強新聞教學和新聞實踐的強強聯合，更新教學方式，變報紙、廣播、電視等媒體技能分類培養為融合媒體技能綜合培養；拓展教學眼界，將封閉的教學向鮮活、生動的傳媒現場敞開，將媒體實戰納入常規教學當中。[5] 2012 年 6 月重慶工商大學與重慶廣播電視集團（總臺）聯合打造了首家「傳媒發展協同創新中心」，中心建有 500 平方米的高清演播室和 700 平方米的編輯配套用房。重慶廣播電視集團（總臺）100 多位專業記者、編輯、主持人與重慶工商大學傳媒專業學生共同生產錄製節目，形成了產、學、研一體的協同創新中心。

西南大學新聞傳媒學院近年來也在已有實踐平臺的基礎上，建構了課上學習、課外活動、校內實踐、校外實習「四位一體」的教學平臺，通過多樣化互補的實踐途徑，提高學生的實踐操作技能。積極探索實驗教學模式，變課堂為實驗室，將新聞實務更多地引進實驗課堂，打造模擬仿真媒體作業環境，在實驗課堂設置節目製作、現場主持、即興評論等交流環節，使學生身臨其境，感受媒體環境，培養實戰能力。學院創設的「傳媒視點」工作室和「全媒體實戰課程」備受歡迎。對於學生學習模式，西南高校也在積極探索，努力建構多功能、跨媒體、可融合的網路教學平臺，實現課堂學習與在線學習、集體學習與獨立學習、生生互動學習與師生互動學習的有效結合，整合學習資源，提高學習效率，消除年級界限，實現個性化教育。

(二) 革新培養機制：搭建多方教育的堅實平臺

高校全媒體人才培養還需要為學生搭建一個繼續發展的堅實技術平臺，提高學生繼續學習的能力和更新知識的願望，並有一個知識融合和技能融合方面的培養機制。西南大學新聞專業本科生教育實行三個負責制：導師負責制、班主任負責制、輔導員負責制。導師著重提升學生的基礎知識，強化其專業技能，一、二年級強調學生英語能力的提高，開闊視野，瞭解多元文化。三、四年級注重專業技能的培訓，獲得豐富的社會實踐，累積傳媒經驗。班主任負責班級學生的全面協調發展，通過「幫扶」政策，帶動班級氛圍，提升學生的整體素質和集體意識。輔導員負責學生的思想教育，促使其提高政治意識，強化新聞敏感度，培養良好的綜合素養。三者結合使新聞傳播專業學生成為視野廣闊、專業厚實、全面發展、思想先進的立體人才。

對於新聞專業研究生的教育和培養可以實行「雙導師制」和「交叉導師制」，學術導師和業務導師相結合，實行互管互動培養模式，雙向提高研究生的綜合實力，同時培養學術型和業務型碩士人才。「固定導師制」逐漸向「交叉導師制」轉化，把「一對多」的培養機制轉變為「多對一」，實現對研究生新聞人才的多方教育和全面培養，打造高學歷、高素質、高人文的新型人才。重慶大學新聞學院在積極推進專業碩士雙導師制上做了諸多嘗試，以市場為導向，整合學界與業界的有效資源，聘任業界精英擔任碩導，共同培育優質人才。

三、全媒體人才培養的本土特色

(一) 立足西南，適應人才培養需求

歷史環境和文化氛圍對人才的孕育起著潛移默化的熏陶作用。近年

來，國家對西部地區的政策傾斜及西部地區自身發展實力的提高為新聞人才的培養創造了良好的契機。作為西南地區的重要人才培養基地，西南高校在新聞專業人才的培養中注重立足西南，適應西部人才培養需求，堅持「面向西南媒體，服務地方事業，發揮區域優勢，打造特色人才」的培養原則，為華西都市報、成都商報、重慶日報、重慶晚報、重慶商報、重慶電視臺等多家媒體輸送了大批專業人才。

為適應西南地區媒體行業發展需求，四川大學、重慶大學、西南大學等高校迅速實現與西部媒體行業的接軌，通過「名師系列講座」平臺邀請學界和業界精英講學，有針對性地、點對點地輸出傳媒專業人才。近幾年，隨著西部高校新聞教學的辦學規模不斷擴大，招生人數不斷增加，學科外延不斷擴展，四川大學文學與新聞學院、重慶大學新聞學院、西南大學新聞傳媒學院等新聞人才培養機構實現了合作共贏，通過交換學習、定期訪學、師資共享等途徑聯合培養人才，二本學校本科生畢業後選擇到四川大學、重慶大學、西南大學繼續攻讀碩士學位，進行二次新聞教育，為西部媒體打造特色傳媒人才。

（二）面向市場，注重人才培養質量

隨著全球化、市場化程度的加深，對新聞專業學生的市場化教育必不可少。以往高校培養的大多數新聞人才在進入媒體後必須進行回爐和再造，這是由新聞人才無法適應市場化的媒體需求，個人知識體系與現實需求相脫節造成的。2013年由中宣部、教育部啓動的卓越新聞傳播人才教育培養計劃系列講座在重慶大學舉行，時任重慶日報副總編輯的夏長勇以「我們需要什麼樣的新聞人才」為題提出了高校新聞人才存在的缺乏黨性意識、新聞理想、學術修養、宏觀視野、市場意識等問題。在此背景下，近兩年西南高校對新聞人才的培養更加重視「融合」視野，著重處理好理論與實踐、課堂與市場的關係。

西南大學近兩年增開了市場行銷、新聞事業經營與管理、廣告學、公共關係等跨專業課程；重慶大學則更加注重通過電視攝像與編輯、電視欄目策劃與編排、電視節目現場製作等實戰課程，提高學生的實踐能力；重慶工商大學也新開了禮儀傳播課程，加強對學生個人修養和傳媒素養的培養。西部媒體雖然市場化程度不及東部沿海地區，但傳媒未來的發展必定是走向高度市場化經營的。高等教育應把課堂和市場很好地融合在一起，努力做到以市場為導向，既把握課堂教育，又面向社會實踐，培養適應市場的高質量人才。

（三）多元建構，拓展人才培養空間

西南大學新聞傳媒學院作為近年來新成立的專業學院，在新聞專業人

才的培養教育方面已取得了明顯成就，累積了豐富的經驗。學院充分利用西南大學學科門類齊全、整體實力雄厚的綜合大學優勢，通過新聞傳播學與其他相關學科（如教育學、社會學、心理學等）的交叉融合，提高了學院的文化軟實力，培養了大批有多元文化知識體系、多項實踐操作技能的全媒體人才。

四川大學、重慶大學、重慶工商大學也積極加強院企合作，開展了「媒體進課堂」項目，學習復旦大學、上海交通大學、華東師範大學等高校的新型人才培養方式，使西南媒體知名記者、編輯、資深媒體人成為新聞人才培養的重要力量。並將人才培養與地域文化特色、實踐價值相結合，搭建掛職鍛煉、主編助理、校園記者站、傳媒講壇等新型平臺，培養了一大批優質新聞人才。

因此，全媒體時代的人才培養應立足本土、開闊視野、學習西方先進的新聞教學理念，實現專業知識的多元建構，努力拓展人才培養空間，在充分調研國內外新聞傳播專業人才培養模式的基礎上，找準自身的發展定位，抓住時代機遇，服務地方建設，打造獨具地方特色的專業新聞人才培養基地。

四、全媒體人才培養的未來趨勢

（一）強化全媒體傳播意識

全媒體時代新聞事業的發展需要傳媒人才強化全媒體傳播意識。未來傳媒人才的培養將不僅要強化學生的專業技能訓練，更要強化學生的思想意識鍛煉。一是用戶意識，全媒體轉型時代，媒體與受眾之間的關係已由「大眾」傳播轉向「小眾」傳播，傳媒人必須注重「用戶中心」意識，挖掘特色新聞信息的深度，把握不同媒介新聞產品特長，靈活轉換新聞產品形式，更好地滿足用戶需求。二是深度意識，在「人人皆記者」的時代，傳媒人才的專業優勢體現在其對新聞事實的深刻認識、對社會輿論的深度解讀，因而新聞專業人才培養要強調提升學生的「深度」意識，做到「人無我有，人有我新」，始終在觀念上、認識上、思想上體現傳媒人的深度。三是主流意識，在眾聲喧嘩的互聯網社會，傳媒人才更需要堅定新聞理想、堅持專業主義，以健康積極的主流報導引導網民理性參與公共事件，傳遞社會正能量，這是社會轉型發展時期對傳媒人才的特殊要求，也是高校實現培養優質人才目標的重要舉措。

（二）提升整合傳播能力

在不久的將來，一家媒體想要躋身於一流媒體的地位，需要有強大的

整體影響力，包括品牌影響力、話語權、輿論引導力、強大的營運能力、信息生產能力和覆蓋能力。為了適應未來傳媒發展的需要，培養具有良好的整合傳播能力的新聞專業人才將是高校新聞人才培養面臨的重大任務。未來人才培養的趨勢是為媒體打造以技術為依託，以專業為優勢，以協調合作、跨類兼容、整合傳播為主調的具有核心競爭力的職業人才團隊。未來幾年高校應加大對新聞教育的投資力度，加強對學生信息搜集與處理能力、發現與應用能力、創新思維能力的培養，挖掘學生個體的特質，各個擊破，實行人才分流培養計劃。在複合型人才培養方面，通過跨學科專業的本科+研究生教育實現垂直層面的複合，通過推行主輔修制、雙學位雙專業制實現水平層面的複合，爭取為媒體行業輸送能將人際傳播、組織傳播、大眾傳播有機結合，也能將新聞、消息、資訊、視頻有效連結，進而實現渠道和內容的雙重整合傳播的高水平人才。

（三）加強媒介素養教育

媒介素養是媒體人的職業要求，加強媒介素養教育是新聞學專業人才培養的出發點和歸宿。未來高校應將媒介素養教育納入全媒體人才培養體系中，立足於培養德、智、體、美全面發展的，具有良好職業道德、掌握紮實新聞理論、具備寬廣文化知識、熟悉新聞法規政策的多面人才。在日常教學中，教師應該積極利用各種資源豐富自身的知識、提高自己的素養和修養，並成為學生的典範，給予學生道德情操、社會責任感、人文關懷的薰陶和引導，有效引導學生加強道德修養，全面發展自我。在未來的新聞教學中，高校新聞學院也應大力開展「第二課堂」教育，使學生在實踐課堂中認識媒介、瞭解媒介、正確使用媒介，利用媒介推動社會發展。在豐富大眾傳媒業務常識的基礎上，加深對「新聞專業主義」理念的理解，建構起媒體人長期的媒介倫理道德體系。全媒體人才只有具備良好的媒介素養才能成為真正意義上的高素質的信息傳播者，才能在構建和諧的媒介生態環境中發揮中堅力量，才能成為在信息時代擔負起整個國家和社會責任的職業傳媒人。因而，加強媒介素養教育將成為高校未來培養全媒體人才的重要突破口。

古語雲：「不大其棟，不能任重。」這句話的意思是，只有好的棟樑，才能承擔重量，建起宏偉的屋宇。我們探討全媒體時代的人才培養問題，其實就是在尋找「大其棟」的途徑和方法。當「單型媒體」轉向「全媒體型」，媒體就業風向標指向媒介融合發展的現實需求時，培養基本功紮實、技術過硬、個性鮮明、思想獨特的全媒體人才已經是大勢所趨。對高校來說，重技重能，鍛造滿足時代需求的人才任重道遠。

參考文獻

[1] 部分地方本科高校將向應用型轉變 [N].山西晚報,2015-11-17 (14).

[2] 高等教育走進「重技重能」時代——專家解讀《關於引導部分地方普通本科高校向應用型轉變的指導意見》[N].中國教育報,2015-11-17 (3).

[3] 林琳.大媒體時代——當今世界媒體新潮 [J].新聞大學,1998 (3):27-29.

[4] 倪寧.面對媒介融合的新聞教育創新 [J].中國記者,2011 (5):55-57.

[5] 劉丹凌.全媒體語境下高等傳媒教育「共建」現象探析 [J].編輯之友,2014 (7):57-59.

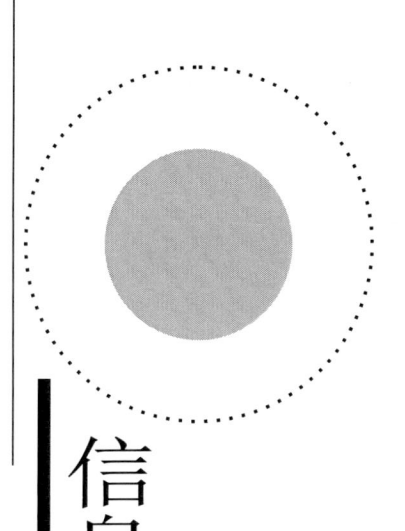

【第三篇】信息化教学模式改革

論信息時代高等教育教學模式的變革

劉加林

【重慶工商大學旅遊與國土資源學院】

[摘要] 教學手段數字化、教學組織形式多元化、學生學習主體化等成為信息時代的高等教育教學的主要特徵。中國高等教育正在經歷一場以教學模式創新和技術創新為基礎的深刻變革，這必然要求高等教育教學由以教師為中心向以學生為中心的轉變，學習方式由團體化向個別化、個性化的方式轉變。在自主性學習需求推動下，高等學校教育將由「前半生學習制度」向「終身學習制度」轉變。

[關鍵詞] 信息時代；高等教育；教學模式；存在問題；變革

信息時代，學習和知識傳承正在經歷一場以高等教育教學模式創新以及知識技術創新為基礎的深刻變革，教學中以計算機和網路作為載體，運用多媒體、教學軟件、課件等先進的教學手段，改變了傳統的教學環境，打破了傳統「黑板+粉筆」的教學方式。信息時代高等教育教學模式如何發展演變，有何特點和規律？這都是需要認真思考和討論的重要問題。

一、信息時代的高等教育教學特徵

（一）教學手段的數字化

信息時代，大量的教學資源快速傳遞、快速更新和快速存儲，給高等教育教學帶來的是即時便捷性的、可延續性的數字化教學方法和技術。教學媒體的革命也使學校形成依託校園網路的數字化校園環境，包括教學資源和教學信息的收集、製作、記錄、網路教學、網路學習的開展和進行教學管理等。

（二）教學組織形式多元化

信息時代，計算機、網路和多媒體載體技術，提供了學生利用網上教學信息資源的互聯網教學、遠程網路教學等多種教學組織形式，打破了傳統的「班級授課制」的單一而又單調的教學組織模式。學生通過網路以及各種多媒體設備獲得信息、處理信息和交流信息，在一種自主的、輕鬆的環境中進行學習和思考。

（三）學生學習的主體化

多元的網路學習資料與豐富的學習資料正在成為學生自主化學習的主體，學習知識或獲取信息不再受時空限制，網上選擇課程和互聯網慕課成為信息時代的產物。在「教」與「學」的互動過程中，學生的學習活動是以自主化學習為主的對知識的理解和對自我的認識過程，循序漸進學習、跳躍式學習和選擇性學習都是學習的方式方法；教師的教學活動更多的是引導學生進行信息選擇和幫助指導學生的學習。

二、高等教育現行教學模式及其弊端

（一）高等教育現行教學模式的形成

教學是把人類認識成果轉化為學生個體認識的過程，教學要解決的根本問題是通過教師、學生與教學目標、教學內容、教與學的方式的交互作用而使學生在知識能力、情感態度、創新精神等方面得到主動發展的一種有組織有計劃的育人活動。這些過程的不同實現方式就是不同的教育模式。17世紀的歐洲，封建社會內部資本主義生產關係正在孕育成長，西歐各國的政治、經濟和社會文化不斷發展，在這樣的歷史背景下，各種新思想不斷湧現。捷克著名的教育家楊·阿姆司·誇美紐斯（Johann · Aoms · Comenius）的《大教學論》闡述了教育目的、教學過程、教學方法以及教學組織形式等內容，建構了班級課堂教學方式[1]。誇美紐斯創立的班級授課方式已有300多年的歷史，這種教學的模式延續至今，被各國的高等教育所採用，成為高等教育教學的基本模式。

中國高等教育有兩個特點：首先，高等教育是建立在普通教育基礎之上的專門教育，以培養專門人才為目的；其次，一般全日制大學學生的年齡為20歲左右，身心發展趨於成熟[2]。而中國高等教育教學方面沒有現成的、完備的高等教育教學模式，現行高等教育教學模式不是自身演進的邏輯結果，而是借鑑國外高等教育教學模式，採用分科教學法，教學工作採用循序漸進的課堂傳授方式。中國學者的主體性教學理論認為教學的本質是人類一般認識與教學特殊認識的統一，教學中的主體只能是教師，學

生則成為教學的對象，教師工作的目的是促進學生身心的全面發展[3]。

（二）高等教育現行教學模式的特點

高等教育教學的借鑑模式和課堂教學成為中國高等教育教學模式發展歷程中的突出特點。而課堂教學最大的特點是突出了教師、教材和課堂的中心地位和教師的主體地位。儘管，課堂教學模式能有秩序、有效率地組織知識的系統傳遞，但是，教學實踐表明，這種千篇一律的、呆板的課堂教學方式不利於培養學生的學習興趣、創新能力和創造性思維。

（三）高等教育現行教學模式的弊端

教師以傳授的態度對待純科學知識的教學，其關注重點是與自己專業相關的有限信息、理論和數據，這種教學方式常常導致五種不足：①教學受到教師自身知識結構和長期固有的思維方式的制約，學生知識邊界明顯；②不能把知識應用於社會實踐，解決社會問題；③對以前習得的知識缺乏保持力[4]；④「傳授」「灌輸」的方法，忽視學生個體差異和對知識興趣的需求；⑤缺乏教師和學生之間的多向信息的交流。這些不足又正是妨礙高等院校學生不能把課堂學到的知識在實踐中進行廣泛而靈活地應用，出現「理論與實踐相脫節」「高分低能」等深層次人才缺失問題的主要原因。因此，傳統教學與所倡導的引導學生「主動參與、樂於探究、勤於動手，培養學生收集和處理信息的能力、獲取新知識的能力、分析和解決問題的能力，以及交流與合作的能力」相去甚遠[5]。

脫胎於勞動密集型生產方式的高等教育教學模式，其弊端是顯著的。實踐證明，運用千篇一律教材的班級授課，學生服從命令似的聽課，培養出的學生創新能力和獨立思考能力都很弱。現代科學和生產的發展，是以系統化、集約化為基本特徵的，要求高等教育教學思想發生轉變、培養學生的自主學習精神，跳出專業觀念加強學科間的相互交融滲透。

三、高等教育教學模式的變革方向

著名教育家潘懋元教授在《走向21世紀的中國高等教育》一文中指出：「信息高速公路進入高等學校的教學過程，教學模式必須變革。信息社會的到來，借助以光纖技術和多媒體為標誌的電子信息網路，將能充分開發人的大腦，極大地提高教學的效率與水平，使教學的個別化、個性化、自主性成為可能。」[5]當每一個家庭、每個學校被互聯網所連結，教學內容作為一種網路信息在師生之間傳遞，教師與學生、學生與學生之間在任何地方、在任何時候都可以溝通對話、詢問討論時，教學的概念必須進行新的詮釋。教學要符合客觀實踐的要求發揮其應有的作用，高等教育教

學也將從過去「學校選擇適合教育的學生」向「學生選擇適合自己教育的學校」轉變。這些無疑對中國現行高等教育教學模式和學校教師提出了新的要求。因此，要跟上時代的變化，唯有直面現實問題，轉變固有的思維定式，尋求高等教育教學新的發展模式。

（一）教師成為學生的引導者、組織者和指導者

學生不僅是信息資源的消費者，還是信息資源的生產者和提供者。互聯網改變了人類的思考方式和知識獲取的途徑，同時也催生了大容量的學習內容和種類，使學習者在互聯網上構成學習共同體。開放的作業和同伴的交流互動與學習互評，使學生學習的主動性和思維的創造性能夠得以充分發揮，這必然要求教師以引導者、組織者和指導者的身分出現。

首先，教師成為學習的引導者。信息時代教師通過大數據分析，及時、準確地發現學生學習上的問題，並從思維方式、基礎知識、學習方法、答題技巧等方面進行全面的反思、總結，找到問題出現的原因，引導學生學習，糾正學生學習中的錯誤。眾所周知，授之以魚，不如授之以漁。有效傳授信息採集方法不僅能讓學生由問題解答、掌握結論的廣度向探究緣由和解決問題的深度轉變，而且是學生自學能力、自覺能力和自我發展能力成形與定型的重要因素，同時也是鍛煉思維，發展能力，激發衝動，主動尋求和發現新的問題，實現人才可持續發展的先決條件[6]。

其次，教師應當成為學習的組織者。教學是教與學的互動過程，信息時代，學生所面對的是如何運用各種各樣的學習資源進行學習，有的知識是學習需要的，有的知識則是不需要的。因此，要求教師不是直接以知識傳授者的身分出現，而是作為學習的組織者，針對學生學習內容、學習狀況和學習興趣進行教學內容的選擇與安排，使學生的學習過程就像在參與一場比賽，既有學習興趣又充滿競爭精神。在興趣的調動之下，學生思維更加活躍，參與程度更高，能夠在教學中形成高效、競爭、有序和有趣的學習環境，使學生在注意力高度集中的狀態中進行學習，形成一種以「學」為主的教學形式。

最後，教師應當成為學習的指導者。網路信息紛繁複雜，認知水平正在發展的學生，辨析能力不高，教師的作用是與學生進行平等交流與對話的「學習指導」，在尊重學生的前提下，提高學生辨別和分析問題的能力，讓學生學會獨立思考和反思選擇。學生在學習過程中也必然會遇到各種各樣的學習問題，教師要學會傾聽和解釋，以學生的學習狀況確定對學生的教學指導，以學生的差異性確定對不同學生的教學指導，構建旨在培養學生創新精神和實踐能力的教學指導方式。

（二）個別化、個性化成為學習的主要形式

1. 不同學生的學習智力能力不同

不同的學生由於智力差異、成長環境差異，因而具有不同的學習能力。班級教學中的統一教學方式，會使一些學習基礎好或者智力好，又能比較快速掌握知識的學生等待班級裡其餘學生一起進步，這種狀況是對學習好的學生的不尊重。同樣，如果老師照顧學習好的學生進入下一個學習階段，又會對還沒有掌握現階段知識的學生的學習造成學習上的困難，讓他們失去對學習的積極性。

2. 不同學生的學習習慣和興趣不同

隨著信息時代的來臨，信息社會比起工業社會更加複雜多變，要求培養擁有更多專業知識的交叉複合型人。由於不同的學生學習習慣不同，有些喜歡白天學習，有些喜歡晚上學習，有些專注度時間長，有些專注度時間短，因此需要採用多時段和多樣化的教學，以教學多樣化實現學生學習成就的多樣化。還由於不同的學生興趣不同，因此，高等教育教學必須做到因材施教，根據學生的興趣和能力幫助他們掌握不同的東西，從而擁有不同的造詣[7]，幫助他們以不同的方式和速度學習。

3. 學習資源豐富與個性化的學習方式

信息時代，互聯網路中學習資源豐富多樣，不受時空限制，從根本上滿足了個性化學習的需求。每個人根據自己的興趣愛好制定學習目標，選擇學習課程和學習資料，根據自己的學習基礎和學習能力選擇教學內容和學習進度，同時根據自己的精力習慣選擇學習時間。具有不同文化背景、不同學習能力、不同學習習慣的人們利用各種資源，以任何一種適合自己的方式來進行學習，改變了「教師教什麼就學什麼」的統一學習方式；教師與學生之間也可以通過網路環境的支持，在任何時間、任何地點進行信息交流。互聯網使得教育在更高的意義上迴歸到個別化的學習方式，並且能夠以更加豐富、更加生動、更富有個性化的形式來進行。

（三）自主性成為推動終身學習的主要動力

1. 自主性促進學生學習的主動性

理解學習目標和具有學習積極性的自主性學習的教學活動，立足於學生認識的主動性建構，把「要我學」變為「我要學」，學生們帶著深深的渴望走向知識。

2. 自主性促進學生學習的探索性

自主性學習的學生具有學習的興趣和熱情，當在學習中遇到問題和困難時，肯不斷思考、不斷查閱文獻資料、尋求學習合作和學習幫助。在這

樣的學習過程中，培養了學生發現問題、提出問題、分析問題和解決問題的能力；學生的學習實踐過程也是創新精神的培養過程；積極觀察、勤於實踐的意識和習慣使學生獨特的人格個性得到充分和更好地展現。自主性學習作為一種手段，是實現學生學習能力提高的有效途徑[8]。

3. 自主性促進學生學習的終身性

建立在滿足社會需求和成為社會有用人才基礎上的動機成為自主性學習的起點和動因，信息時代，技術和知識變化更新速率非常快，而且知識門類多樣，每個人必須在不斷的學習和創新中適應社會的需求。這要求人們由被動學習者轉變為主動學習者、由依賴性學習者轉變為獨立性學習者，並最終成為終身學習者。具有不同學習需求的人們在互聯網上選擇和決策學習什麼，通過自由選擇學習而成長起來的學生，是整個學習行為的主導者和實踐者。自主性學習成為推動學生終身學習的主要動力。高等教育的教學要不斷地更新知識內容，滿足學生對新知識的需求，使學生不斷地掌握最新的社會科學和自然科學知識，掌握那些對個人最有用的技能或主題，包括高層次思維技能和決策能力。

四、結語

信息時代，計算機、網路和多媒體載體技術，使學生利用網上教學信息與資源的互聯網教學、遠程網路教學以及開放式教學等多種教學組織形式在高等教育教學中得以應用，使高等教育教學模式從教學理念、教學手段、教學內容、教學組織形式和師生關係等方面都發生了重大變革。破除中國高等教育教學傳統的思維定式，其意義不僅使教學模式自身有了更全面、更深刻的變化，而且使教育在社會發展中的地位大大提高，教育由社會發展舞臺上的偏僻角落轉向中心地位，成為信息經濟時代社會發展的基礎和根本動力[9]。

參考文獻

[1]（捷克）誇美紐斯. 大教學論[M]. 傅任敢, 譯. 北京：教育科學出版社, 1999：11.

[2] 潘懋元. 潘懋元高等教育文集[M]. 北京：新華出版社, 1991：2.

[3] 王守恒, 等. 教育學新論[M]. 合肥：中國科學技術大學出版社, 2005：136.

[4] 毛齊明. 認知彈性理論及其對教師培訓的啟示[J]. 外國教育研

究，2006（1）：37.

［5］潘懋元. 高等教育學講座［M］. 北京：人民教育出版社，1993.

［6］張永飈. 教什麼——信息時代的教學追問［J］. 中國校外教育下旬刊，2008（11）：85.

［7］盛群力. 等面向時代需求 實現範式轉變［J］. 當代教師教育，2010（1）：47-51.

［8］範建芬. 人本化教育思潮引導下自主性學習模式［D］. 蘇州：蘇州大學，2008：8.

［9］鄭永柏. 教學系統設計理論與方法研究——教學處理理論和ISD-EPPS的設計與開發［D］. 北京：北京師範大學，1998：84.

論「互聯網+傳統教學」模式在高校的應用

崔 颾

【重慶工商大學會計學院】

[摘要]「互聯網+」代表一種先進的生產力,將為改革、創新和發展提供廣闊的網路平臺。本文通過對高校傳統教學模式現狀分析,提出了「互聯網+傳統教學」模式,然後分析了「互聯網+傳統教學」模式的主要特徵和在高校普遍應用的必要性,最後探討了應用新模式帶來的一系列挑戰,並從學校、教師和學生三個角度提出了應用新模式的應對策略,以期進一步提高教學質量。

[關鍵詞] 高校;互聯網+;教學模式;特徵;挑戰;應用

隨著經濟的發展、科技的進步,「互聯網+」熱潮洶湧而來。諸多傳統產業受「互聯網+」的影響正在悄然發生改變,與互聯網技術融合形成新的格局和業態。教育行業同樣深受「互聯網+」的影響,迎來改革發展的新契機。中國傳統教學模式的最大特點是「重理論、重知識、輕技能、輕實踐」,這已不能滿足創新人才培養的要求,不能適應大眾創業、萬眾創新的需要。高校是培養各類專業人才的重要基地,必須適應社會的需求,進行教育教學思想大討論,改革傳統教學模式,探尋新型教學模式。由於傳統教學模式和互聯網教學模式各有優劣,我們應充分發揮兩者的優點,取長補短、改革創新,以便形成一種更加完善的教學模式,達到更好的教學效果,這種教學模式便是「互聯網+傳統教育」模式。

一、「互聯網+傳統教學」模式的主要特徵

「互聯網+傳統教學」模式,是指在傳統教學模式基礎上,充分利用互

聯網資源服務於教學，以進一步提高教學質量新模式。這種教學模式與傳統教學模式相比具有很多新的特徵，主要表現為：

（一）教與學不受時空限制

傳統教學一般以課堂教學為主，而課堂教學必須在規定的時間和規定的教室才能進行，在有限的時間和空間內，教師講授的知識有限，學生學習的內容也有限。但「互聯網+傳統教學」模式可以突破課程時間表的限制，擺脫時間和空間的約束，可以隨時隨地學習。

（二）教學資源愈加豐富

在「互聯網+傳統教學」模式下，教師可以利用互聯網儲存和獲取海量的教學資源，以便教師備課，讓教學內容與時俱進、教學形式豐富多彩。同時，學生通過互聯網可以自主學習，根據自身偏好和社會需求不斷豐富自身的知識，提高相應的能力。

（三）學生主體地位得以突出，利於教學互長

在傳統教學模式中，教師處於主導地位，教師講學生聽是常態，學生動口、動手、動腦的機會少（特別是在這個信息爆炸的時代），不利於發揮學生學習的主動性和提高學生綜合能力。在「互聯網+傳統教學」模式下，學生處於主體地位，教師處於主導地位，出現了諸如微課、慕課、仿真課堂、在線課堂、翻轉教學等新的凸顯學生學習主動性的一系列教學形式，能夠大幅提高教學效果。

（四）互動延長，利於學生終生學習

傳統教學模式一般是以班集體的形式組織教學，師生面對面，可以直接交流互動，利於師生之間的情感交流及學生合作精神和競爭意識的培養，但時間有限，不主動和膽小的同學的互動機會很少。互聯網教學模式把互動延伸到課堂之外，可以讓膽小的學生在虛擬空間互動，可以讓所有的學生與教師隨時互動、實現終身學習。

（五）教學方式靈活多樣

傳統教學以課堂講授為主，學生的自主性被壓制；互聯網教學可以在課堂內進行，也可以在課堂外進行，學生可以根據自己的情況自主學習。傳統教學離不開教師、教室、學生，三者必須聚齊，才能進行；互聯網教學可以利用互聯網手段，進行豐富多彩的教學活動。比如：通過百度和谷歌等查詢和閱讀在線數據庫中的信息，通過 E-mail、BBS 站（電子公告）、微信、QQ 等與教師實現 24 小時互動，可以採用郵件、留言、視頻、錄像播放等豐富多彩的形式進行教學活動。

總之，互聯網教學的主要優點體現在：高度的互動性，資源的共享

性，服務的及時性，教學方式的多元性，總體社會資源的節約性等。

二、高校應用「互聯網+傳統教學」模式的必要性

「互聯網+傳統教育」模式是對傳統教學模式和互聯網教學模式的有機整合，是充分發揮了「互聯網+」和傳統教育各自的優點而形成的一種更加完善的教學模式。這種教學模式具有以上五大優點，有利於進一步提升教學效果，是「互聯網+」時代的產物。因此，高校應該普遍應用「互聯網+傳統教學」模式，其必要性具體表現為：

（一）是培育21世紀創新人才的需要

「互聯網+傳統教學」模式創建了一個新的教學環境和新的溝通體系，有利於實現資源共享，便於即時交流與協作。該模式既要求發揮教師的主導作用，又強調保證學生學習的主體地位和培養學生自主探索、獨立解決問題的能力，能夠促進教學思想與教學理念的深層變革，利於教學內容和教學形式的創新，特別有利於培育21世紀需要的創新人才。

（二）是迎接信息爆炸時代挑戰和突破時空限制的需要

21世紀是信息爆炸的時代，知識豐富變化快，僅憑傳統教學，已經滿足不了要求。我們通過「互聯網+傳統教學」模式的應用，可以突破時空限制，可以解決信息爆炸時代教學面臨的一系列問題。在「互聯網+傳統教學」模式下，教師可以利用騰訊課堂、微信雨點課堂、藍魔雲等網路工具，把教學課件、教案、教學要求、教學實況錄像等各類教學資源及時傳遞給學生，實現隨時隨地學習交流互動，而不受時空地域影響。

（三）是個性化教學的要求

「互聯網+傳統教學」模式便於因材施教，滿足個性化教學的要求。具體表現為：①「互聯網+傳統教育」模式下，教學管理部門可以依據學生和社會的需求安排不同的課程；②學生可以依照自身的學習基礎、興趣和方法進行個性化學習；③教師一方面根據互聯網信息及時更新教學內容、彌補教材不足，另一方面依據學生的實際情況和學習具體表現對教學設計進行與時俱進的修訂，從而滿足不同層次學生的需求。

（四）是提高學生自主學習積極性的需要

「互聯網+傳統教學」模式的優勢主要體現在於：把傳統干癟無味的知識以生動形象、豐富多彩的形式傳授給學生，從而提高學生的學習興趣，激發學生的求知慾望，有效提高學生自主學習的積極性和教學效果。

三、高校應用「互聯網+傳統教學」模式必將面臨的挑戰

「互聯網+傳統教育」模式是時代的呼喚，是高校教改的必經之路。但

是作為一個新事物，也必定帶來一些挑戰，既包括學校的硬件建設、管理要求，也包括教師的發展，還包括學生的成長。

（一）「互聯網+傳統教學」模式對學生的挑戰

「互聯網+傳統教學」模式中，學生要取得較好的學習效果，就必須適應新教學模式帶來的挑戰，滿足學習過程中的出現的諸多新要求。比如：①學生首先要學會主動交流。主動與各科教師交流，主動與同學進行交流。②認真學習網路技術，掌握獲取有用資源的方法，充分利用網路資源。③互聯網下的信息非常豐富，而且真假混雜，學生要逐漸學會辨別有用信息、真假信息、新舊信息的能力。④學生應學會通過電子郵件、網路平臺、微信、QQ等手段在網上及時查看、提交作業。⑤學生的主動性、自覺性需要進一步提高。⑥在網路時代特別強調師生交流，交流形式豐富多彩，學生應主動適應和積極利用。比如，案例討論、主題辯論、項目合作等，時間夠，就可以在課堂上完成，時間不夠，則可以利用微信、QQ、在線或離線平臺留言等方式完成。

（二）「互聯網+傳統教學」模式對教師的挑戰

「互聯網+傳統教學」模式，應該是教師為主導，學生為主體。「互聯網+傳統教學」模式應用的成功與否，關鍵在於教師，對教師挑戰最大。教師將成為各種教學舞臺的總導演，教學質量的好壞主要取決於教師自身素質的高低。因此，教師必須不斷提高自身素質和改變教學模式、創新教學方法。「互聯網+傳統教學」模式對教師的挑戰，主要表現為：①工作量變大、工作時間延長。教師要先於學生收集信息、整理信息、課前布置任務、課堂講解，課后根據學生的反饋，及時解決各類問題，正常情況下，「互聯網+傳統教學」模式比傳統教學模式的工作量至少翻一倍；從工作時間上看，傳統的教學，基本以課本為主，擴充不多，課堂教授完后僅有少量的作業，學生與教師基本很少交流，也就是說課堂之後，教師基本就下班了，如果應用新的教學模式，教師的備課量和備課時間會大幅增加，與學生的交流就變成了24小時。②工作難度大、工作壓力大。首先要在學生之前解決新教學模式給自己帶來的挑戰，掌握互聯網相關技術；其次，要即時更新教學內容、創新教學方法；再次，要及時應對學生隨時遇到的知識、方法、能力等一系列問題，教師應該要具備全能型的教學素質；最后，要正確引導各類學生，滿足各類學生學習需求。儘管網路教學的特點是鼓勵學生主動學習，但教師的引導作用也非常重要。在「互聯網+傳統教學」模式下，教師應該不斷探索各類學習活動，引導學生積極思考問題和解決問題，以便提高學生的綜合能力。正確引導和滿足各類學生學習需

求本身難度就大，因此必將給教師帶來巨大壓力。

（三）「互聯網+傳統教學」模式對學校的挑戰

「互聯網+傳統教學」模式是在傳統教學模式基礎上升級而來，主要凸顯互聯網的應用價值。因此，要求學校必須為「互聯網+傳統教學」模式的運行提供支持，加快互聯網教學資源建設。比如局域網、無線網、終端設備的購買安裝，數據庫、課程資源（精品課程、視頻課程、仿真課程等）、教學軟件的購買安裝，相關網站、平臺建設等。

四、高校應用「互聯網+傳統教學」模式的策略

「互聯網+傳統教學」模式在高校的應用勢在必行，為了取得更好的應用效果，應該從學校、教師和學生三個方面採取相應的對策。

（一）學校應加快網路建設，為「互聯網+傳統教學」模式的應用提供硬件支持

學校管理層是「互聯網+傳統教學」模式應用的服務者和管理者，應該確保硬件建設滿足「互聯網+傳統教學」模式應用的需要。具體措施可以包括：①加大校園有線網路建設投資力度。可以與中國電信、中國移動和中國聯通合作，簽署戰略合作協議，建立校園網高速公路，提高終端的入網速度，實現校園內隨時可上網，且不塞網。②推動自主品牌的無線校園建設，實現無線網基本覆蓋校園的各個角落，並確保搭載安卓、IOS等操作系統的主流設備能隨地上網。③加大數據庫、教學資源庫和教學軟件的購買力度。④加強網路教學輔助平臺的構建。⑤制定相應的政策鼓勵網路課程資源、優質教學資源的開發和教學方式的創新。

（二）教師應不斷提升自身綜合素質、豐富教學資源、創新教學方式

學校負責的是平臺、硬件建設，給予的是政策和資金支持，而教師則是「互聯網+傳統教學」模式應用中關鍵，教師是主導者、引路人和內容建設者。「互聯網+傳統教學」模式下，教師的工作量加大、工作時間延長、工作壓力和風險變大。為了更好地發揮自身主導者、引路人的作用，教師應該不斷提升自身綜合素質、豐富教學資源、創新教學方式。具體措施包括：①注重身體鍛煉，注重心態修煉，讓自己成為一個真正能夠承擔「互聯網+傳統教學」模式下主導者、引路人應盡的責任和相應的壓力。②不斷學習「互聯網+」的相關理論，熟練掌握各類網路工具的操作技術，比如微信、QQ、騰訊課堂、藍魔雲直播等，以便充分運用網路工具實現即時無限交流。③加強自身專業知識及相關知識的學習，掌握本專業的前沿理論。④學習網路課程資源建設技術，不斷豐富自己的課程教學資源。

⑤利用「互聯網+」創新教學方式和教學方法，以提高學生的學習興趣。比如與學生進行視頻互動、與其他學校相同課程進行視頻討論、請課堂外專家點評等。⑥注重資源共享，注重團隊建設、協同教學。「互聯網+傳統教學」模式給學生提供了兩個交流空間——現實空間和虛擬空間，能夠實現師生的充分交流。虛擬空間更容易激發學生交流的興趣和理解潛力，可能那些膽小的學生都會主動參與，如果學生所提問題涉及知識面比較廣而且複雜，一個教師單獨難以應對，就需要多個教師利用互聯網優勢實現協同教學。

（三）學生應自覺利用互聯網教學資源自主學習，成為教學活動中的主體

「互聯網+傳統教學」模式給學生帶來的既是機遇又是挑戰，自覺性強的學生將在此快速成長，自覺性差的學生則會在此墮落。學生是選擇成長為強者還是選擇墮落為弱者，雖然離不開學校及教師的監督，但最重要的是靠自己。學生要成長為強者，必須從以下幾個方面著手：①轉變觀念和心態。「互聯網+傳統教學」模式下學習的知識內容多、渠道多、形式多、任務多、作業多，這就使得學生比以前傳統教學模式下辛苦得多。因此，學生應該有心理準備，緊跟教師的腳步，認真完成每一個環節，願意吃得苦中苦，才能成為強者。②積極主動學習「互聯網+」的相關理論，熟練掌握各類網路工具的操作技術，比如微信、QQ、騰訊課堂、藍魔雲直播等，以便充分運用網路工具實現即時無限交流。③提高學習主動性，注重交流。大學是「師傅領進門，修行在各人」，「互聯網+傳統教學」模式下有很多門，學生應走進每一扇門，吸取相應的知識，鍛煉不同的能力，讓自己的綜合能力得到提升；「互聯網+傳統教學」模式最大的優點是把有限交流變成了無限交流，這有助於學生與學生、學生與教師、教師與教師即時交流，及時解決問題，共同提高。④養成自主學習的習慣，提高自身的學習能力。有人說大學是半個社會，要靠自己。「互聯網+傳統教學」模式則把大多教學活動融入了社會，因此更加需要自覺，更應該養成自主學習的習慣。由於「互聯網+傳統教學」模式信息多、知識更新快，學習渠道多、形式多、任務多，學生應該講究學習方法，提高學習能力。

參考文獻

［1］唐愛國，楊剛.「互聯網+」環境下高校網路教學平臺的構建研究［J］.電腦知識與技術，2015，11（20）：122-124.

［2］尹合棟，陳軍.「互聯網+」環境下新建應用型本科院校教育信息

化建設構想[J].重慶高教研究,2015,3(6):87-94.

[3]馬鴻雁.基於移動互聯網的高校教學方法創新探討[J].長春師範大學學報(人文社會科學版),2014,33(6):169-170.

[4]楊莎.網路環境下的教學模式探討[J].考試周刊,2007(27):114-115.

[5]雷靂,楊洋,柳銘心.互聯網在學習不良干預中的作用[J].心理科學進展,2005,13(5):557-562.

MOOC學習者個性化交互學習模型構建研究

趙 明

【重慶工商大學黨政辦公室】

[摘要] 要實現MOOC的可持續發展，就應該尊重和滿足學習者的個性化需求，支持學習者的個性化學習。本文通過大數據分析，在深入瞭解MOOC學習者的學習行為，MOOC的本質、特點、發展方向等要素的基礎上，嘗試構建MOOC學習者個性化交互學習模型，並對模型組成部分及實現路徑進行詳細論述，以期促進MOOC的進一步探索和實踐。

[關鍵詞] MOOC；個性化；交互學習；模型構建

MOOC即大規模在線開放課程（Massive Open Online Course），是一種基於課程與教學論及現代網路技術發展起來的一種新的知識獲取渠道和學習模式。幾年來，MOOC已經發展到「井噴」階段，並且極大地擴大了受教育的機會，促進了教育公平化的實現，其發展速度超過了人們的認識速度和認識深度。MOOC雖然是我們多年追求的教育形態，但其完善和成熟需要過程，成長過程中也將不斷出現問題和矛盾。目前，MOOC的教學效果與人們的預期相差甚遠，要改善MOOC的教學效果，提高學習者學習效率，就應尊重和滿足學習者個性化需求，支持學習者個性化學習，建立學習者個性化交互學習模式。

國內對於MOOC的研究多從技術視角切入，對MOOC本土化之后的個性化學習研究較少。本文嘗試在大數據分析的基礎上，結合相關理論，從MOOC學習者行為、MOOC課程完成情況、MOOC優越性等視角闡述MOOC學習的特點、本質、發展方向，進而對個性化交互學習、技術支持、交互學習環境構建、教學補充（師生、生生互動）深入分析，構建MOOC

學習者個性化交互學習模型，並詳細論述模型的要素、條件等。

二、MOOC 大數據分析

MOOC 將在線教學、社交服務、大數據分析、移動互聯網等理念集成起來，可以把教育過程數據化，為促進教育研究、提高教學效果提供堅實而科學的基礎。基於百度指數對海量數據的分析，我們可以瞭解 MOOC 學習者的地域、職業分佈、學習者關注的重點、熱點內容等情況。

對MOOC關注度的年齡分布

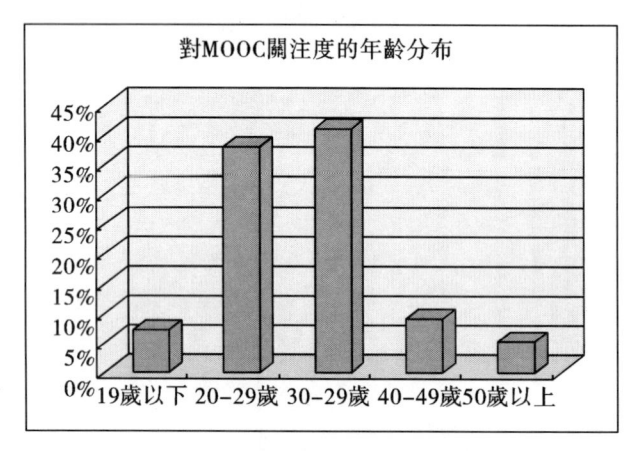

圖 1　MOOC 關注者年齡分佈情況

從百度指數統計可知（圖1），中國學習者對 MOOC 的關注度在逐年增長，其潛在需求是巨大的，潛在學習者主要集中在 20～40 歲。根據統計數據推測，中國 MOOC 學習者數量將會不斷上升。

表 1　北京大學 40 門 MOOC 課程基礎數據統計情況（每門情況）

課平均周數	每週平均視頻段數（個）	每週視頻總時長	平均客觀習題總數（每週平均）	平均同伴互評題數	平均考試題目數
10.4	6.88	1 小時 24 分	98（9.7）	2.1	39.5

平均結課時註冊數	平均考試人數	平均通過人數	平均通過率	在Coursera平臺課程的平均活躍用戶比例	在 edx 平臺課程平均活躍用戶比例
5,619	180	116	2.06%	59.80%	26.60%

數據來源：中國大學教育官方微信「北京大學 40 門 MOOC 課程基本數據統計」（摘編自《中國大學教學》2015 年第 10 期文章：「在實踐中探索 MOOC 評價體系」）

從對北京大學40門MOOC課程基礎數據統計發現（表1），平均每門課程同伴互評題數不多，只占平均總題數的2.14%，說明學習過程的互動還不充分；雖然結課時的平均課程註冊人數有5,619人，但是參加考試的平均人數僅為180人，占平均註冊人數的3.20%，考試平均通過人數116人，平均通過率僅為2.06%。由此可見，MOOC學習者的前期參與度很高，但是註冊人數不能代表實際完成學習人數，能夠堅持到最後並通過考試的人數占比很低。MOOC的學習效率和效果有待進一步提高。

表2 MOOC與傳統課程比較

	課堂內	課堂外
傳統課程	新課導入	課外學習
	知識講解	
	布置作業	
MOOC	協作交流	自定進度
	個性化指導	自主學習
	反思評價	整合知識
	完成測試	提出問題
	布置作業	

從表2可以看出，傳統課程強調「先教后練」，MOOC強調「先學后練」，提倡在學習過程中整合所學知識，提出問題，進行師生（生生）互動，在交互中探究與創新。由此可見，MOOC為人們提供了一種更為人性化的學習方式，學習者自定義掌握學習進度，提高了學習者自主學習的能力，豐富了情感體驗，更容易樹立學習信心；依託現代信息技術，MOOC教學過程可以密切關注學習者學習情況，並永久保存，教師在學生最需要的時候介入，為學生提供個性化指導服務，根據大數據分析，對課程進行更新和改進；使學習環境發生根本性的變化。總而言之，MOOC教學模式的優越性體現在以下幾個方面（見表3）：

表3 MOOC教學模式的優越性

1. 師生、生生之間互動和個性化溝通機會增多
2. 學習者擁有自主學習的環境
3. 教學內容被永久保存、可供查閱，並隨時補學、復習
4. 學習者獲得個性化指導教育

表3(續)

| 5. 教師的角色是學習者身邊的導師，進行答疑解惑 |
| 6. 所有學生都可以參與交互學習 |

綜上所述，MOOC 教學模式，打破了傳統的教學結構，開闢了一種不受時間、空間和地域限制的學習方式，注重學習上的交流和協作，強調學習計劃和過程管理自主化，也由此重新定位了老師在教學過程中的角色。因此，如何更好地支持學習者個性化交互學習是眾多學習者受益的關鍵所在。

三、MOOC 學習者個性化交互學習模型構建

（一）理論基礎

個性化學習不僅僅是對學習者的個別化指導，更重要的是在學習過程中，學習者的個性得到充分發展，潛能得到全面挖掘，學習能力、思辨能力和創新能力得到提高。

1. 聯結主義學習理論

西門思於 2005 年提出「聯結主義」學習理論，其基本思想是：知識是網路化連接的，學習是連接專門節點和信息源的過程[1]。聯結主義學習理論認為「把大家的想法連結在一起以獲得更多的知識」[2]。這一理念在 MOOC 教學中被實現和延續，交互是聯結主義學習理論的核心，也是 MOOC 學習的靈魂所在，MOOC 學習始終以交互為媒介，貫穿整個學習過程。除了吸收知識，尋找節點外，還強調將節點連接起來，通過討論、互評等交互行為，實現合作學習，分享學習資源和學習成果，促進知識的更新和協同創新。與此同時，MOOC 為學習者提供充分的交互環境和技術支持，比如 email、wiki、blog 等，使交互學習更易發生。

2. 多元智力理論

多元智力理論由美國哈佛大學心理學家加德納教授提出，該理論認為人的智力是多元的，倡導學生主動參與、探究發現、交流合作的學習方式。[3]多元智力觀尊重學習者個性化特徵，強調學習者的個體化差異性，為 MOOC 學習者個性化交互學習模型的構建提供了堅實的理論基礎。在 MOOC 學習環境下，學習者背景各異，參與路徑多樣化，根據自己的需求制訂學習計劃和步驟。與此同時，MOOC 平臺可以通過現代網路技術記載學習者個性化學習檔案和學習行為，通過大數據的分析為 MOOC 學習者提供更優質的學習資源。

(二) 個性化交互學習模型設計

MOOC 環境下，資源獲取的開放性、學習者參與的規模性、學習過程的自主性等特點，將學習者置於交互學習環境中。本文嘗試在其他學者對 MOOC 學習者個性化學習研究的基礎上，構建 MOOC 學習者個性化交互學習模型（見圖2），模型以學習者的個性化交互學習為核心，主要包括個性化交互學習、技術支持、交互學習環境構建、教學補充［師生（生生）互動］四個部分。

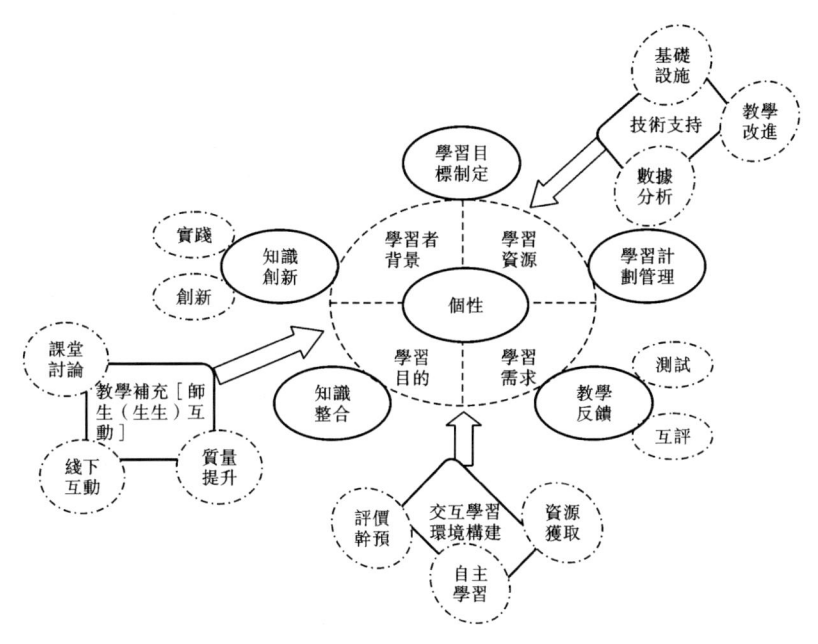

圖2　MOOC 學習者個性化交互學習模型

1. MOOC 學習者個性化交互學習

學習目標制定：學習者根據自己的個別化需求，設計學習路徑，制定學習目標。

學習計劃管理：學習者根據自己的興趣和學習目標，自主選擇課程，確定學習時間、學習進程，制訂學習計劃等。

教學反饋：測試和同伴互評，幫助學習者鞏固所學知識，能夠創造更多交互合作的機會，從而提高學習者的糾錯能力和學習主動性，培養學習者深度理解能力和高階思維能力，同時可以增進同伴交流和情感。教師通過測試和同伴互評，可以清晰地看到學生的反饋信息，通過大數據瞭解教學過程和學生的課堂體驗。

知識整合：學習者將學到的知識、獲取的信息進行篩選和重構，並借助測試和互評等功能與其他學習者和教師進行交流、分享，把知識有機融合起來。

知識創新：在交互學習和協作學習過程中，不斷激發學習者豐富的創新意識、創新精神和創新潛能，將學到的知識用於實踐，真正實現學習成果的轉化和知識的創新。

2. 技術支持

MOOC 與以往在線視頻教育不同，它可以提供學習支持服務，有強大的數據捕捉和分析功能。通過大數據隨時掌握學生的學習軌跡、學習頻次、學習提問等，幫助老師進行教學改進，合理設計課程內容和教學環節，根據數據分析推薦學習資源。同時，也可以為 MOOC 研究者們提供數據支持。

3. 交互學習環境構建

交互學習環境的構建為個性化交互學習的實現提供重要支撐。這一部分包括資源獲取、自主學習和評價干預等要素。在 MOOC 學習中，學習者的背景不會成為阻礙學習者學習的外在因素，其優質的教育資源是開放性的，學習者處於較大的學習共同體中，在課程討論平臺上自由討論，共建知識，在龐大的社會網路中形成交互學習的環境。除此之外，MOOC 教學可以對學習者學習過程進行良性干預，鞏固所學知識，從中發現問題，共同探討，實現有效而持續的互動，為交互學習環境的構建提供有力支持。

4. 教學補充（師生、生生互動）

MOOC 有非常豐富的討論區，所有學習同一門課程的學習者可以通過 MOOC 平臺互相學習、相互幫助，教師可以隨時接受學習者的學習反饋，瞭解教學環節的現實效果，不斷優化課程設置，提升教學質量；並可以通過線下互動支持和鼓勵學習者提出問題，產生創新的源頭。

MOOC 學習者個性化交互學習模型的設計，是為了讓不同層次、不同背景的學生受益，實現因材施教的教育目標，培養創新型人才。模型中的四個部分相輔相成，學習者個性化交互學習是模型的核心部分；交互學習環境構建是個性化交互學習的土壤，也是最基本條件之一；技術支持為個性化交互學習提供環境保障，離開現代通信技術，大數據的獲取和分析，學習過程的交流、互動、協作和教師的個性化指導就無從談起；教學補充是教學質量提升的重要組成要素。MOOC 環境下，個性化交互學習能否實現，取決於這些部分之間的相互影響和協同工作。

四、結束語

MOOC實現了教學模式的創新與變革，更有望實現教育優質資源的共享，擴大受教育的機會，促進教育公平的實現。本文嘗試對MOOC學習者個性化交互學習模型進行構建，以期為實現個性化學習提供理論支持。筆者認為，在現有研究基礎上，還可以對以下方面進行深入研究和探索來支持MOOC的發展與創新：①學習者在線學習行為分析。通過對在線學習數據挖掘，檢測並預測學習者學習行為，我們可以盡早發現問題並實施干預。②大數據挖掘與管理。MOOC的大數據分析為教育科學研究累積了寶貴的財富，準確數據的傳輸是研究得以持續發展的必要條件，目前教育領域的數據挖掘和管理人才奇缺，對未來教育研究人才的培養提出了新的要求。

參考文獻

[1] 郝丹. 國內MOOC研究現狀的文獻分析 [J]. 中國電化教育, 2013 (11)：42-45.

[2] 任秀華. 基於TAM和TTF模型的教師信息技術接受模型研究 [J]. 中國遠程教育, 2009 (9)：64-67.

[3] Brooks D. The campus tsunami [N]. The New York Times, 2012-05-03 (A29).

[4] 韓錫斌, 葛文雙, 周潛, 等. MOOC平臺與典型網路教學平臺的比較研究 [J]. 中國電化教育, 2014 (1)：61-68.

[5] 王志軍, 陳麗. 聯通主義學習理論及其最新進展 [J]. 開放教育研究, 2014 (5)：11-28.

[6] 郭良璞. 個性化教學理論的探索 [D]. 長春：東北師範大學, 2006.

[7] 陳仕品, 張劍平. 適應性學習支持系統的學生模型研究 [J]. 中國電化教育, 2010 (5)：112-117.

[8] 劉楊, 黃振中. 中國MOOCS學習者參與情況調查報告 [J]. 清華大學教育研究, 2013, 34 (4).

[9] 陳莉. MOOC發展現狀及其對中國高等教育的其實 [D]. 武漢：華中師範大學, 2014.

[10] 王敏. 國外不同MOOC的教學設計比較研究 [D]. 西安：陝西師範大學, 2014.

[11] Daniel J. Making Sense of MOOCS: Musings in A Maze of Myth, Paradox and Possibility [12]. Journal of Interactive Media in Education, 2012 (3): 1-20.

[13] Garrison D. Online Community of Inquiry Review: Social, Cognitive, and Teaching Presence Issues [J]. Journal of Asynchronous Learning Networks, 2007, 11 (1): 61-72.

[14] 曾明星, 周清平, 蔡國民, 王曉波, 陳生萍, 黃雲, 董堅峰. 基於MOOC的翻轉課堂教學模式研究 [J]. 教學實踐與教師專業發展, 2015 (4): 102-108.

[15] 楊元元. MOOC時代的教學模式革新 [J]. 大學教育, 2014 (7): 49-51.

[16] 趙阿娜, 閆星辰. 當學習「基於互聯網」「數字海嘯」席捲高等教育界——「慕課」來襲, 中國大學如何應對 [N]. 人民日報, 2013-08-08 (018).

[17] 鄭雲翔. 信息技術環境下大學生個性化學習的研究 [J]. 教學實踐與教師專業發展, 2014 (7) 126-132.

[18] 孫力, 鐘斯陶. MOOC評價系統中同伴互評概率模型研究 [J]. 開放教育研究, 2014 (10): 83-90.

網路資源與教學過程整合的教學模式研究與實踐[①]

楊 藝 劉 波

【重慶工商大學計算機科學與信息工程學院】

[摘要] 在網路信息技術向高等教育教學領域不斷滲透的背景下，本文分析了國內高校網路資源與教學過程整合不到位的問題，以及網路資源和教學過程的相互關係及其影響；提出了將網路資源貫穿課前準備、課中運用和課后鞏固整個教學過程的教學模式，並以數據庫原理課程為例，分析整合、運用網路資源的具體方法以及如何對教學中各個環節的要素統籌安排，以期為中國高校網路資源和教學整合提供實踐依據。

[關鍵詞] 網路資源；教學過程；整合；教學模式；信息技術

隨著數字化、信息化時代的到來，多媒體技術和網路信息技術不斷融入教育領域，已經成為高等教育發展中必不可少的內容[1]。在國內許多高校中，多媒體課件已經成為教學內容的重要組成部分，同時高校也持續在進行網路基礎平臺和網路資源的投入和建設。但是，由於長期受到傳統教學思維的影響，在高校專業課程教學中沒有將整個教學過程和信息技術有效結合，課堂教學仍然是教師單向傳遞知識、學生平時松懈期末緊張、重一次性考試結果輕過程的教學狀態，而且這還是目前主流的教學模式。信息化教學方法一直遊離在教學核心之外。教學中如何選擇和利用網路資源？這些資源如何有效地運用於教學過程？如何依託信息技術提供可信的教學質量？這些問題應該作為普通高等教育教學改革的重要內容並得到解決。可以說，網路資源與教學過程整合是高等學校教育教學革新的思路和

---

① 基金項目：2015 年重慶市教育委員會高等教育教學改革研究項目（項目編號：153092）

方向,是提高效能的重要途徑[2]。本文結合筆者講授數據庫原理課程的教學實踐,依託具體的課堂教學實例,剖析整合、運用網路教學資源的途徑和方法,以期為同類課程的教學提供實踐參考。

一、當前高校網路資源與教學過程整合面臨的問題

全國各大高校教育信息化建設工作已經開展了十多年,基礎網路環境已基本成型,無論是自建的還是外購第三方的網路輔助教學系統也上線運行多年,網路教學資源在學校經年累月的信息化運行過程中日漸豐富。然而,在這樣的教育教學信息化背景下,高校的教學過程卻沒能很好地結合這些網路資源,總結起來,主要有以下兩方面的問題。

(一)學校管理層重視不夠

其一,在高校的專業教學領域鮮有學者對網路資源的應用及其與教學過程的整合進行系統研究,大部分的管理者仍然按照傳統慣性教育教學思維和個人偏好制定教學管理制度政策;其二,對學校投入大量財力、人力打造的信息化環境及資源發揮的價值認識不到位,覺得它只是一個「備選項」,擺在那裡可以用也可以不用,沒有從管理層面主動引導和大力推行網路資源與教學過程整合的教學要求。

(二)教師自身懶於嘗試

第一,實踐中幾乎沒有網路資源同教學過程合理結合的具體方法,也沒有成型的模式可以為教師借鑑;第二,一些教師認為採用網路資源參與教學過程會增加工作量而不願意「麻煩」;第三,很多非信息技術專業的教師主觀上有畏難情緒,怕學習新技術,習慣傳統教法不願意嘗新。

二、網路資源與教學過程的合理整合

隨著高校持續對教育信息化的投入和建設,如上網環境、多媒體配套設施、電腦中心等網路教學硬件資源基本配置到位;同時,像校園網站、各種網路教學平臺及其存儲的課程教學大綱、多媒體課件和課堂錄像等網路信息資源也日趨豐富完善;另外,高校的遠程(網路)教學中心也在大力協助學校進行教學資源的引進、維護和教學輔助系統的使用培訓。這些現狀表明網路資源與教學過程整合的生態已經具備,高校管理者和教師有必要嚴肅考量來自網路信息技術的強大衝擊,化被動為主動,積極開發利用網路資源寶庫,從課前、課中、課後整合運用這一龐大的網路教學資源,為教學過程服務,最終實現教學目標,這將是高等學校教學改革的必經之路。

（一）網路資源與教學過程的相互關係及其影響

網路資源是指利用網路設備和技術為輔助教學提供的網路教學硬件資源和網路信息資源的統稱。網路教學硬件資源涉及計算機、移動終端、其他網路設備等硬件。網路信息資源包含文字、音像、電子信息、數據庫等多種媒介和形式的信息素材，具體表現為多媒體課件、視頻影像、電子案例、試題庫等[2]。教學過程是指教學活動的展開過程，是教師根據一定的社會要求和學生身心發展的特點，借助一定的教學媒介，指導學生與課程、計劃或其他教學參與者所進行的交互活動的過程。它可以發生在傳統的學習環境（如學校、教室、實驗室）及非傳統的學習環境（如校外、室外）中，也可以發生在傳統的教學互動情境（如教師和學生的直接教學活動）或非傳統的教學互動情境中（如學生通過游戲、交互應用進行學習）[3]。

網路資源是教學過程中所需設備、素材的集成，也是實現教學效果的重要平臺；而教學過程是實現網路資源價值的路徑和渠道。因此，網路資源與教學過程的整合即為合理配置和利用網路資源，使其更有效地輔助教學過程，實現教學目標，保證教學質量。網路教學資源對教學過程產生了教學內容多元化、教學過程個性化、教學形式多樣化和教學手段開放化的影響[4]。

（二）網路資源與教學過程整合模式分析

筆者通過對教學所有環節的梳理，深入剖析了網路教學資源與教學過程相互作用機理，創新性地提出了網路資源貫穿課前準備、課中運用和課後鞏固整個教學過程的教學模式，如圖1所示。

1. 課前提供教學相關資料和學習資源

授課教師應該在課前將準備好的教學大綱、課程介紹等相關教學資料上傳到網路教學平臺上，供選課學生瀏覽或下載查閱，讓其對課程有一個大致的瞭解和認識。除此之外，還應該上傳教學內容的前期學習資源，供學生在課前下載預習，師生共同做好課前準備，這樣課堂上教師就可少講解甚至不講解書上簡單的內容，而是專注於知識難點和重點的分析，便於提綱挈領地抓住講授線索和思路，並對教學內容進行擴展和深化。

2. 課中綜合運用多媒體網路資源，豐富教學內容

目前，高校幾乎所有教室都配備了多媒體教學設施，在課堂上除了採用已經準備好的多媒體課件講授，還可以根據教學需要，運用與課堂教學內容相匹配的網路傳輸的文圖、音像等資源豐富教學內容，突出現場感，增強時效性，並作為電子文檔供學生課後閱讀。從教學效果來看，這種即

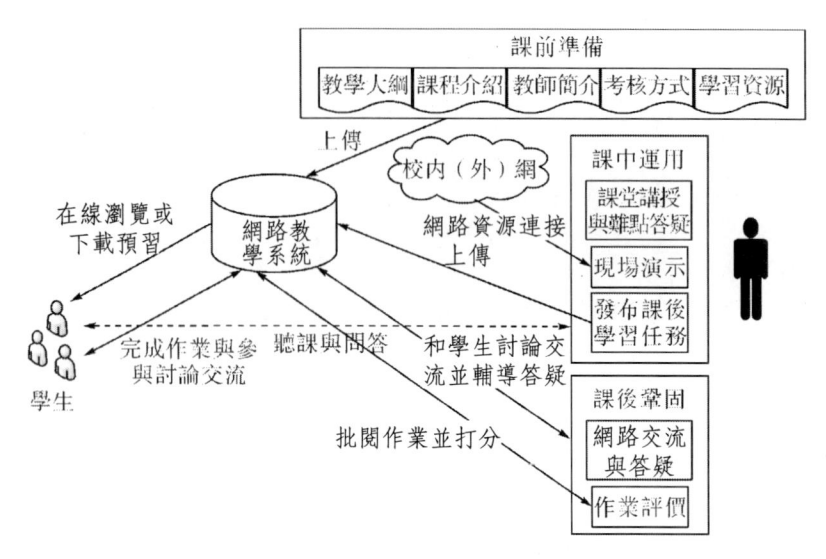

圖1　網路資源貫穿課前、課中和課後整個教學過程的教學模式

時的資源能對課堂所學理論進行結合實踐的理解和闡釋，有益於學生反饋、印證所學知識和理論。

其次，對一些理工科專業，有些教學內容需要在部署複雜的軟硬體系統上進行演示講解，這在教室的設施上幾乎做不到，那麼也可以利用網路連接到遠端系統上實現，極大地方便了教師的授課。

課堂教學結束後，教師可以通過網路發布課後學習任務到網路教學平臺，減少了學生由於下課時間緊來不及抄記的不便，同時也方便了教師對於課後學習任務的記錄[5]。

3. 課后延伸對網路資源的使用，鞏固教學

一個完整的教學過程應該延伸到課后，布置學生在課后通過網路繼續瀏覽相關專業網站、閱讀專業文獻、收看專業網路音視頻等資源，並引導學生積極參與網路討論和自主完成作業，把上述這些活動作為學習的必要環節，予以考核。教師通過這樣的訓練，可以建立學生課外擴展性學習、研究性學習的良好習慣。

在教學過程中，教師依託網路環境、網路教學系統及校內外網站的並行支撐，實現教學過程中理論與實踐並行的教學方式，學生和教師之間信息溝通及時、順暢，從而提高學生知識內化的效率和準確率。這樣，在網路資源與教學過程整合中，教與學兩種活動以網路資源為媒介互動、靈活地結合在一起，形成網路資源支撐、理論實踐並行、信息透明溝通的教學

過程模式[6]。

三、網路資源與教學過程的整合應用分析

根據前文提出的網路資源與教學過程整合模式，作者就「數據庫原理」課程從課前、課中、課后整合運用網路資源為例，詳細分析其應用過程。

（一）傳統數據庫原理課程教學模式

傳統數據庫原理課程教學過程中，學生幾乎在課前得不到有關課程的任何消息，一般只有等到第一次上課，才能瞭解該門課程的相關情況，新知識的學習主要在於課堂上教師的講解。課堂中，教師一般會按照準備好的課件按部就班講授，但是教學內容中有些知識點需要現實案例做支撐，有些知識點無法用黑板粉筆靜態呈現，有些知識點僅用講、寫等單通道輸入，不僅教師難為，學生理解也非常困難。課后，教師缺乏和學生溝通交流的平臺，學生各種課后學習活動無法記錄、跟蹤，作業成績人工批閱、登記、統計也耗費時間。

（二）整合后的數據庫原理課程教學模式

1. 課前準備好教學相關資料和學習資源，督促學生預習

利用學校購買的清華大學「學堂在線」網路教學平臺，授課者在開課前將有關數據庫原理課程的教學大綱、課程介紹、教師簡介、考核方式等資料上傳，然后從選課系統中下載選課學生名冊，通過輔導員查到班長或學習委員的電話或者加入該班QQ群或微信群，通知該班學生在課前一定閱覽或下載相關課程資料。最好在第一次上課前，將第一次講課內容的學習資料同時上傳，要求學生進行預習。以後每個教學周，都如法炮製，在前一週末將下一週要講內容的學習資料上傳，並通知學生預習，循序漸進地培養學生的預習習慣。

2. 課中綜合運用多媒體網路資源，豐富教學內容，開展混合式教學

由於在課前已經將學習資源上傳到網路教學平臺，也要求學生下載預習，所以一些陳述性的、概念性的內容就一句話帶過，將主要精力用於講解重點難點，還可以就一些知識點進行討論問答，既可以從側面檢測學生是否預習，也可以培養學生自主思考探究問題的能力，改變課堂成為教師「一言堂」的傳統教學模式。在講解數據庫原理課的「數據庫系統」概念時，為了讓學生瞭解當下很多行業都在用數據庫系統，通過多媒體教學系統的網路連接，現場給學生演示了12306火車票網上訂票系統、網上銀行系統、學生選課系統等，讓學生一下就有了感性認識。其次，數據庫原理

這門課是一門實踐性很強的課程，在講解「SQL 語言的使用」小節時，一個重點內容就是將查詢請求轉換為 SQL 語句並得到結果，這需要在實際的 DBMS 軟件環境中運行，而目前的教室多媒體計算機上一般不會部署這樣專業的軟件環境，就只能通過「遠程桌面連接」功能連接到遠端已經部署好環境的服務器上，這樣就解決了單靠寫黑板無法呈現代碼動態運行過程的弊端，學生也能立即理解其用法和含義。還有個例子，在講解到數據庫的「並發控制」知識重點時，現有的課件素材單一，通過搜索查找各類開放教學網站和專業論壇，找到了匹配的音視頻素材，由於是成型的聲像資料，製作精煉，短短幾分鐘就將授課者需要講十來分鐘的內容概括總結到位，對師生都起到了事半功倍的效果。

3. 課后利用網路教學平臺和學生交流溝通，鞏固學習效果

學生在課堂有限的時間內要消化教師所講的學習內容是不太可能的，因此課后也要重視對學生學習的跟蹤交流。數據庫原理課程每章都在網路教學平臺布置作業，根據需要同步或延遲上傳作業答案，有的作業需要同學們各自獨立完成，教師批閱打分；有的作業可以在平臺上生成一個問題討論，師生在規定時間集中討論答疑，這樣可以利用平臺的記錄統計功能進行分數和學生參與交流次數的自動統計。除此之外，還可以利用平臺發布問卷，徵詢學生對於課程教學方法、手段、內容等的意見和建議。一次，有相當一部分學生在回答問卷時提出「存儲過程和函數」這部分聽不懂，希望老師再講詳細些的建議，授課者在下次課的開頭就這個問題又講解了一遍，學生們對於老師的這種及時反應都很滿意。

四、網路資源與教學過程整合的應用意義

網路資源一方面可以給教學過程帶來前所未有的方便；另一方面，隨著教學過程的推進，包括教學課件、各種多媒體教輔聲像素材、作業成績等客觀內容數據和網路資源使用情況、討論參與度等主觀行為數據也在不斷增加更新，這些累積下來的數據慢慢會成為教育大數據分析的「寶貝」。分析結果可以應用於管理者、教師及學生，讓其瞭解當前現狀及其影響，以優化教學過程，這是有很大現實意義的。對於教學管理者，他們可以根據分析結果瞭解某個辦學機構的整體教學情況，當前教學計劃的進展情況以及是否出現偏離「軌道」的意外狀況等，以便從宏觀上對整體教學秩序和教學模式進行掌控和調整；對於教師而言，他們可以從自己承擔的教學任務開展教學分析，通過分析可以瞭解學生學習的現狀，從而有助於掌握學生的學習習慣和規律，據此及時調整教學方案和課程設計；對於學生而

言，網路教學平臺的「統計報表」功能可以讓學生瞭解自己的學習行為表現及與他人的差距，通過對比調動學生相互競爭的學習激情[7][8]。

五、結束語

在網路信息時代，中國高校網路資源與教學過程彼此滲透，合理整合非常必要。這種整合能夠提高教師的教學效率，改善學生的學習效果，使其更好地實現教師的教學期望，完成既定教學目標；這種整合能夠讓教學管理者體驗到教學過程的量化描述，從而制定更加精準的教學管理策略，增強競爭力，唯有如此，高校教學改革才不是一句空話。

參考文獻

[1] 林君芬. 網路課堂環境下的差異教學模式與策略研究 [J]. 電化教育研究，2010（5）：91-97.

[2] 舒波. 托利多大學工商管理本科專業網路資源與教學過程的整合與啟示 [J]. 中國電化教育，2011（12）：73-77.

[3] Glossary of Education Reform（2013）. Learning Experience [EB/OL]. [2014-08-15]. http://edglossary.org/learning-experience/.

[4] 王佑鎂. 信息技術與課程整合教學效能影響因素的結構模型研究 [J]. 電化教育研究，2010（3）：63-67.

[5] 田立中. 在金融學教學過程中整合網路資源——以「金融市場與機構」英語課程為例 [J]. 中國大學教學，2013（1）：79-81.

[6] 張立國，劉曉琳. 重構中國普通高校網路教學模式的關鍵：辦學模式、教育觀念和教學結構的再調整 [J]. 電化教育研究，2010（12）：36-41，46.

[7] 王亮. 學習分析技術建立學習預測模型 [J]. 實驗室研究與探索，2015（1）：215-218.

[8] 魏順平. 學習分析技術：挖掘大數據時代下教育數據的價值 [J]. 現代教育技術，2013（2）：5-11.

SPOC啟示下的混合式教學經驗總結

——基於本校在線學習平臺網路課程「新媒體導論」項目建設的個人思考

張玉霞

【重慶工商大學文學與新聞學院】

[摘要]「新媒體導論」是2015年立項並完成的重慶工商大學在線學習平臺網路課程建設項目。本項目以師生互動、共同建設並使用在線學習平臺，線上（在線作業、討論區自主學習、教學資源庫分享、研究型學習等）線下（課堂教學）混合式教學和參與性學習，引入「對分課堂」理念和組織「課堂討論」為主的教學法改革等為主要特色。基於項目建設的具體經驗和課堂教學改革實踐，積極思考後MOOC時代SPOC——小規模限制性在線課程發展啟示中的混合式教學經驗是論文的核心內容。

[關鍵詞] SPOC；混合式教學；在線學習平臺；教學改革

眾所周知，當代互聯網技術的發展深刻地改變著我們的生活方式，教育首當其衝。從「網癮」「手機依賴症」、碎片化閱讀、注意力分散等現象普遍盛行的重災區，到「互聯網+」思維推動一系列從理念到實踐卓有成效的教育改革進程，如全球MOOC潮流中的翻轉課堂和後MOOC時代SPOC的混合式教學等。可以說，一場偉大的教育變革正在進行著，我們每個人身在其中。本文正是基於對這場教育變革的理念考察和課程實踐，而展開的個人思考和經驗總結。

一、教育理念考察

讓我們先從幾個時間點來簡單梳理下，近幾年來全球範圍內湧動的這場教育變革運動。2012年，公認的MOOC（Massive Open Online Courses

元年，Coursera、edX、Udacity 等三大平臺興起，美國哈佛等頂尖大學率先掀起 MOOC 潮流。2013 年，2 月新加坡國立大學與 Coursera 合作，加入 MOOC 大潮；5 月，中國清華大學加盟 edX，10 月推出 MOOC 平臺「學堂在線」（http://www.xuetangx.com/），引領中國大學進入 MOOC 時代；同年，美國學者提出 SPOC（Small Private Online Courses）作為 MOOC 的有益補充[1]。國際教育界關於 MOOC 模式、效用和改進等方面的研究進入縱深階段，有研究者稱后 MOOC 時代到來[2]。

2014 年，清華大學推進 SPOC 實踐；5 月，中國教育部所屬、高等教育出版社開發建設的愛課程網（http://www.icourses.cn/home/）和網易公司合作，推出了擁有中國自主知識產權的 MOOC 平臺——中國大學 MOOC（http://www.icourse163.org/）。其后，上海交通大學的「好大學在線」（http://www.cnmooc.org/home/index.mooc）、深圳大學牽頭的中國地方高校慕課聯盟——「優課聯盟」（http://uooc.org.cn/）等高校教育體制內的 MOOC 平臺相繼推出。中國式 MOOC 發展階段正式啟動。此外，民間力量推出的「果殼網 Mooc 學院」（http://mooc.guokr.com/）、「拍電影網慕課」（http://mooc.pmovie.com/）等平臺也紛紛湧現。中國 MOOC 發展出現專業化、民間性、多元化等趨勢，並在課程分享和盈利模式上進行多種探索。與此同時，中國教育界關於 MOOC 的討論和研究也達到「井噴」狀態，以知網 CNKI 上的資料統計為例：分別以 MOOC、SPOC 為關鍵詞進行查詢，2012 年有 3 篇（MOOC），2013 年有 49 篇（MOOC），2014 年有 331 篇（MOOC）、10 篇（SPOC），2015 年有 22 篇（MOOC）、3 篇（SPOC）。

概而言之，MOOC 是基於網路技術的普及，更是植根於網路文化的平等、共享、互動等精神理念。因此，MOOC 積極推動了這樣一種教育觀念的變革：學習中心從教師向學生轉移，課堂性質從「以教為中心」向「以學為中心」轉變，教學設計從強調「如何教」轉向設計「如何學」等[3]。在這場由 MOOC 掀起的席捲全球的教育變革潮流中，中國高等教育界是積極參與並迅速做出本土化探索和反饋的。一方面，說明了新世紀以來中國網路技術與應用的迅猛發展，中國已經成為網路大國，「互聯網+教育」已是社會發展的必然趨勢。另一方面，也顯示了中國高等教育面臨著亟須變革的現實壓力，如何解決教育資源區域化不平等格局下的教育公平和教育效率問題成為焦點。

2015 年 4 月，中國教育部發布指導性文件《教育部關於加強高等學校在線開放課程建設應用與管理的意見》（教高〔2015〕3 號）。按照文件精神的指示：2015 年起，中國高等教育要深化教育教學改革，建設在線開放

課程和公共服務平臺，推動信息技術與教育教學深度融合，促進優質教育資源應用與共享，全面提高教育教學質量[4]。為具體落實這一文件，2015年全國各種高校教改會議紛紛舉辦。筆者有幸參加了其中的2場。其一是2015年5月杭州的「高校在線課程『校本化』案例展示研討會」，由上海交通大學慕課研究院、浙江外國語學院教師發展中心聯合主辦。其二是2015年11月騰衝的「中國式慕課之旅，2015高校共享課程實踐研討會」，由東西部高校課程共享聯盟舉辦。這兩次會議都有很好的跨地區、跨學科、多專業、多平臺的教學改革經驗分享。

通過以上的學習，筆者獲得的啟示是：如何以課程建設為中心，利用在線平臺推進「混合式教學」是高校教改目前的重點；清華大學推廣的SPOC實踐經驗，有利於「混合式教學」的個人探索——在已有平臺基礎上，教師可以根據自己的偏好和學生的需求，自由設置和調控課程的進度、節奏和評分系統，充分發揮學生的自覺學習主動性，注重學習過程的監測和評價，使在線學習成為課堂教學的有益補充和重要組成部分。

而在課堂教學改革方面，「課堂討論」必然是教學法改革的中心。改變教師「一言堂」「滿堂灌」的單一教學模式，通過有效的課堂討論發動學生積極參與，教與學互動，探索高能的學習氛圍和學習方法，既是教學法的改革，也是教育理念的一次重大變革。2014年，復旦大學張學新教授提出「對分課堂」理念，並率先推行教學改革實踐。對分課堂的核心理念是：把一半課堂時間分給教師進行講授，另一半分配給學生以討論的形式進行交互式學習，形成師生「對分」課堂的格局，充分調動學生的學習積極性，注重學習的過程性評價[5]。2015年8月，復旦大學以「走向主動學習」為主題舉辦了「全國高校教師教學創新研討會」，針對「對分課堂」的理論與實踐進行研討[6]。

本校教師發展中心安排專人參加了此次研討會，並在2015年10月的主題分享會上介紹、推廣了「對分課堂」的教學經驗，尤其是課堂討論組織模式和操作範例。本人在會議討論中深受啟發，很認同「對分課堂」在時間對分基礎上強調責權對分的教育理念，這與成人學習的心理學規律是吻合的，也與近年來本人致力於推進的參與性教學法改革的理念很接近[7]；而「對分課堂」的課堂討論模式，有很強的操作性，恰好解決了本人大班授課過程中互動問題的困惑。分享會後，本人便積極加入了對分課堂教學研討群，並持續關注對分課堂網站的動態。「對分課堂」不僅在高等教育界引起很大反響，各地中小學老師也紛紛加入這一教學法改革實踐中來[8]。

正是在這樣的背景下，2015年本人完成了重慶工商大學在線學習平臺網路課程「新媒體導論」項目。下文將對該項目建設過程中的具體經驗和課堂教學改革實踐進行認真梳理和積極思考，以期為本人今后的教學改革理清思路，有望給致力教學改革的同行們提供一些有益的借鑑。

二、教學實踐經驗

重慶工商大學在線學習平臺（http://eol.ctbu.edu.cn/meol/homepage/common/）是在清華大學教育技術研究所的技術支持下建成的，2006年年初投入運行，2014年全面升級。2015年5月，回應教育部文件精神，第一批校級在線學習平臺網路課程13門正式立項。到2015年年底，這批課程初步建設完成。基本上採用了邊建設邊運行的方式，課程建設與教學過程同步開展，學校在線平臺的熟悉運用和教學法改革實踐是中心任務。2016年這批課程進入鞏固深化與推廣應用階段。本人主持的新媒體導論課程是其中之一。

這門課是新聞傳播學的學科基礎課，具有綜合性、交叉性、實踐性等特色，課程的主要內容包括兩個部分：一是對當前全球媒體發展的熱點「新媒體」進行現狀梳理和理論分析，以幫助學生全面認識和瞭解新媒體現象，掌握新媒體的特徵、規律，把握其發展脈絡和現狀。二是著眼於新媒體發展前沿的話題討論和案例分析，將新媒體置於傳媒生態之中，從「技術—傳媒—社會」三維視角考察新媒體動態，培養學生對新媒體的認知能力和使用能力，進而熟悉新媒體的內容創意思維和業界運作動向。本課程的授課對象是新聞學、廣告學、廣播電視新聞學、網路與新媒體等幾個專業方向的大二學生。根據專業方向的不同，在具體授課內容上側重點有所不同，比如案例選擇和動態分析方面。本人主要承擔新聞學專業本課程的教學任務。

新媒體導論是作為新聞系教學改革示範課程來推進的，採用了SPOC的混合式教學模式，即「課堂授課+線上學習」的方式。引導學生依託在線平臺進行自主學習，把課程考核重點從期末考試前移到對整個學習過程的評價，利用平臺的數據統計動態監測和評估學習過程，並在課堂授課中及時反饋和溝通，既有助於師生間有效互動和瞭解，也在學習方法和能力建設方面積極介入。因此，在教學設計環節，開課之初就公布詳細的課程考核細則，把線上學習的具體項目、要求和考核方法都明晰化、過程化、標準化。作為學習指南，上傳課程通告區，供學生隨時閱讀並自行掌握。規則一旦明確，學習方向和目標就落實了，加上課堂上的及時引導，學生

在開課3周左右便熟悉這一學習流程並很快上手。

由於新媒體技術與新媒體產業發展迅速，新的現象、熱點和話題層出不窮，採用最新出版的教材也會與急遽變化的現實之間有時間差。如何及時梳理和回應現實熱點，是本課程學習中很重要的一部分。在課堂教學環節，每次課都是由「本周話題」導入，把一週內的網路新聞熱點、典型案例、業界動態等做新聞簡報式評點、梳理，而詳細的背景資料和分析評論等深度學習材料傳到平臺的教學資源庫內分享，由學生自主學習。最初3周課是老師示範並主導這個教學環節。很快，學習能力強的學生便自覺在課程討論區進行本周熱點話題分享或提問。「本周話題」的導入，就以瀏覽討論區的發帖為主線來點評，既有教學內容的完成，也有在線學習的反饋，這個10分鐘左右的教學環節起到一舉兩得的功效。在紛繁的信息爆炸語境中，學會從專業視角梳理熱點並進行個人評析，這是重要的思維能力、專業素養和實踐操作等方面的綜合訓練。授之以魚不如授之以漁。無疑，混合式教學模式比傳統課堂更有利於這一教學目標的實現。

學生的積極主動性一旦發掘出來，教學的樂趣是無窮的。師生共建，充分挖掘在線學習平臺功能，就成了教學設計很重要的一環。除了固定的「課程作業」這一模塊，將討論區的發貼與回貼、線上資源瀏覽和分享、研究型教學的參與等模塊都同時用起來，作為線上學習過程的考評點，營造班級內互相學習和對話交流的高能氛圍。在線學習過程中，老師是協助者的角色。通過設置問卷和作業提交時限、課程作業加精華、討論區帖子置頂或熱帖等細部的技術化操作，老師能很有效地引導和督促學生積極參與，建構良好的學習習慣和學習方法。同時，利用平臺動態數據監測，隨時發現學習狀態不好的學生，精準定位到每個人，及時對之進行反饋，以教學郵件、回帖、作業點評等在線方式互動交流，也作為學習個案在課堂上點評。而基於小組協作的研究型教學模塊，也一改傳統的小組作業難於落實到每個人的缺憾，讓學習的過程顯現，讓每個人的努力可見，讓問題和效果同時呈現。

這種過程化管理的效果是很明顯的，全班整體的學習狀態良好，兩極分化現象不突出。面對這一現狀，作為老師是很欣慰的。眾所周知，導致最終學習效果（不一定是學習成績）兩極分化的，往往不是學習能力差異，而是學習態度和方法。當然，在這種混合式教學模式中，老師付出的時間、精力是遠遠超出傳統課堂講授的。教學環節設計，在線平臺監測，批改作業，評估學習效果，師生多方式互動和交流等，課堂之餘的工作量很大。但是，這種辛苦是完全值得的，因為你的努力和效果都是可見的。

教育說到底是農業活兒，陽光、水分、土壤等各種條件都具備了，剩下的工作便交給時間，靜待花開。

　　接下來，想圍繞「課程作業」的布置來談談課堂討論環節的設計。本課程教學方法設計的基本理念，是把「對分課堂」引入混合式教學模式中，最終形成「授課+課堂討論+線上作業」這樣一個完整的教學流程。開課之初，在公布課程考核細則時，先導入在線學習的理念和方案，明確本課程的課外自主學習方法；同時介紹「對分課堂」的責權對分理念和課堂討論組織模式，指出課堂教學環節中分組討論是主要的教學法，小組討論的成果除了選取代表課堂匯報這個環節外，每個人還要記錄整理以完成每次的線上作業。課程作業的模版是老師事先設定好的：記錄討論話題、小組成員、討論的主要內容（按照「對分課堂」提出的「亮、考、幫」邏輯框架整理）、課後反思與個人體會。同一組4個成員的作業，第一部分記錄內容可以大體一致，但是第二部分課後反思則體現每個人獨立的思考和觀點，課堂學習效果、課后學習態度等個體差異在這一部分彰顯。而對於缺課的學生來說，課程作業是引導其自覺補課的重要途徑。

　　需要說明的是，本課程的課堂討論不是嚴格意義上的「對分課堂」。首先是時間上沒有完全「對分」，課堂討論只占每次課的三分之一；其次是形式上沒有嚴格採用「隔堂討論」的方式，期中前基本是「當堂討論」，之後逐步過渡到「隔堂討論」。之所以這樣做，主要是考慮到二年級的學生還沒有形成課堂討論和課後自學的習慣，半期前的教學重心在學習方法的引導和培養上。課後自學習慣是通過在線學習督促，而課堂討論就由每次課堂教學積極引導。起初學生不習慣課堂討論，分組是由老師指定完成的，對給出的話題打不開思路，四人坐在一起沒太多話可說，最終勉強按照「亮、考、幫」的邏輯框架完成課堂匯報。3次討論後，學生逐漸熟悉這個流程並有了表達熱情和對話需求。為了強化課堂討論的習慣養成，連續的當堂討論是必要的選擇。期中以後，大多數學生開始不滿足於課堂討論的時長和質量，並要求師生之間有深度的對話和交流。這樣，對分課堂的「隔堂討論」方式順利導入。

　　要組織課堂討論必然要壓縮講課時間，這就要求老師在備課時要認真設計教學環節，以10分鐘為一個單元來組織教學內容，授課時概要精講，側重知識框架整合及思維方法導入，課前精心挑選討論話題和導入材料，同時結合課堂實際情況，觀察學生的反應和效果，不斷改進討論方式。只有這樣，課堂討論才真正起到鍛煉能力、拓展思維的作用，而不是流於形式。基於這樣的思考，在導入材料上我會選擇10分鐘以內的短視頻，既形

象生動又輕鬆有趣。視頻看完後，簡單進行話題引入，讓學生有了思考方向後再分組討論。在話題選擇上，以貼近現實的熱點為主，如「媒體融合」「網路的社會影響」「手機依賴症」「人工智能」等，與個人生活和業界動態有密切關聯。分組討論前，反復強調和引導對於話題的思考和討論的起點，應該是個人體驗或經歷的總結和分享。在課堂討論中訓練思維能力和表達能力，同時也學會不斷總結自己的生命成長歷程。這批學生是在互聯網語境下成長起來的一代，網路使用軌跡就是他們的生命成長印痕，不希望這個過程那麼輕易就如沙灘上的痕跡轉眼抹去。只有他們自己不斷總結和整理，生命的意義和成長的過程才能不斷清晰和強化。

當然，隨著對話的深入和思想的碰撞，課堂討論的時間再延長也是不夠用的，畢竟課時有限。這樣遺憾就用線上交流來彌補。通過在線學習平臺的答疑討論區，大家可以就課堂討論話題進行發散思考和多元對話。

綜上，新媒體導論課程以師生互動、共同建設並使用在線學習平臺，線上（在線作業、討論區自主學習、教學資源庫分享、研究型學習等）線下（課堂教學）混合式教學和參與性學習，引入「對分課堂」理念和組織「課堂討論」為主的教學法改革等為主要特色。這只是初步的經驗總結，還有待後續的深化和不斷完善。由衷的感謝14級新聞1、2班85位同學的積極參與和認真配合，我們一起收穫了很多。

參考文獻

[1] 徐葳，賈永政，（美）阿曼多·福克斯，（美）戴維·帕特森．從MOOC到SPOC——基於加州大學伯克利分校和清華大學MOOC實踐的學術對話[J]．現代遠程教育研究，2014（4）：13-22．

[2] 申靈靈，韓錫斌，程建鋼．「後MOOC時代」終極迴歸開放在線教育——2008—2014年國際文獻研究特點分析與趨勢思考[J]．現代遠程教育研究，2014（3）：17-26．

[3] 祝智庭，劉名卓．「後MOOC」時期的在線學習新樣式[J]．開放教育研究，2014（6）：36-43．

[4] 中華人民共和國教育部官網，2015年4月網頁，教高[2015]3號文件，全文電子版[EB/OL]．http://www.moe.edu.cn/publicfiles/business/htmlfiles/moe/s7056/201504/186490.html．

[5] 張學新．對分課堂：大學課堂教學改革的新探索[J]．復旦教育論壇，2014（5）：6-10．

[6] 杜豔飛，張學新．「對分課堂」：高校課堂教學模式改革實踐與思

考[J]. 繼續教育研究, 2016 (3): 116-118.

[7] 張玉霞. 參與式研究方法及其實踐與思考[J]. 四川省幹部函授學院學報, 2011 (2): 108-110.

[8] 復旦大學對分課堂 Pad Class/基於心理學的教學創新方法網站, 對分資料[EB/OL]. http://duifen.org.

基於 SPOC 的現代通信技術課程教學改革初探

晏 力

【重慶工商大學計算機科學與信息工程學院】

[摘要] 本文對 MOOC 和 SPOC 做了簡單介紹，闡述了基於 SPOC 的現代通信技術課程教學改革的必要性，詳細探討了現代通信技術線上與線下相結合的教學改革初步實施情況及反饋評價。實踐證明，實施現代通信技術課程 SPOC 教學改革激發了學生的學習興趣，加強了教師與學生間的互動，有效提高了課程教學質量。

[關鍵詞] 現代通信技術；MOOC；SPOC

在信息技術迅速發展的當下，MOOC（Massive Open Online Course）和 SPOC（Small Private On-line Course）正改變著人們的學習方式，它給高校課堂教學帶來了日益明顯的衝擊和影響。2015 年 4 月教育部發布的《關於加強高等學校在線開放課程建設應用與管理的意見》重點指出：鼓勵高校結合本校人才培養目標和需求，通過在線學習、在線學習與課堂教學相結合等多種方式應用在線開放課程，不斷創新校內、校際課程共享與應用模式。這為高等教育的教學改革和未來發展指明了方向。

一、MOOC 和 SPOC

MOOC 即大規模網路開放課程，它突破了傳統課程時間、空間的限制，依託信息技術與互聯網技術將著名高校課程推送到世界各地的學習者手上。它突破了傳統課程的人數限制，能夠滿足大規模課程學習者學習。2012 年，美國的頂尖大學陸續設立網路學習平臺，在網上提供免費課程，Coursera、Udacity、edX 三大課程提供商的興起，給更多學生提供了系統學

習的可能。近年來MOOC實踐在國內眾多高校也紛紛展開。借助MOOC平臺實現優質課程共享資源，這無疑極大地推動了高校的教學改革。

但隨著MOOC平臺的廣泛應用，MOOC在教學方面也凸顯出來不少問題。雖然MOOC課程對學習者是免費開放的，但學習者要完成課程學習內容必須具有較強的自主學習能力才行。在申請MOOC的學習者中，超過50%的學習者因為投入的時間有限、缺乏毅力和語言障礙等原因而無法完成課程，同時還有超過25%的學習者由於不具備的課程學習需要的基礎，知識跟不上進度而放棄，這導致MOOC課程雖然註冊率高，但是完成率低。

SPOC即小規模限制性在線課程，最早是由美國加州大學伯克利分校的福克斯教授提出，它是將MOOC技術和與傳統校園教學的有機結合，面向在校學生進行授課的在線課程。SPOC運用MOOC的在線視頻、在線互動等功能，採用面對面的課堂教學，將線上教學與線下課堂教學相結合，從而實現翻轉課堂。SPOC的實施方案要求教師準備10分鐘左右的在線視頻上傳MOOC平臺，讓學生在課前預習和自學，然後在課堂上老師瞭解學生自學的情況，講解課程的重點和難點，組織學生進行分組討論，解決學生學習中所遇到的疑問，指導學生完成作業。SPOC翻轉學生的學習習慣，改變教師在教學過程中的角色，增加更多的課堂討論、答疑等環節，進而培養學生解決問題、表達觀點等綜合能力，激發學術興趣，增進學生的學習主動性。這種教學模式正越來越多地獲得教師和學生的認可。

二、開展現代通信技術課程SPOC教學改革的必要性

現代通信技術是信息類專業繼通信原理課程後的又一門重要的本科生必修的專業方向課。學生通過此課程的學習可以為進一步深入學習後續通信類專業課程並為以後從事專業工作奠定堅實的基礎。現代通信技術這門課程內容廣泛，知識點眾多，但現在教學課程只開了48個課時，教師既要在課時量有限的情況下講授盡可能多的知識章節以使學生學好這門課，為後續課程的學習打好基礎，又要保證學生確實理解和掌握了所學的知識，這給該門課程的教學帶來了很大的挑戰。SPOC教學模式為我們解決上述問題提供了重要手段和方法。

三、SPOC在現代通信技術課程中的應用

2015年春季學期，筆者將授課的2013屆電子信息工程本科班作為試點班級，開展了基於SPOC的教學內容和教學方式改革。利用重慶工商大

學「在線學習平臺」對現代通信技術課程進行了 SPOC 教學實踐。

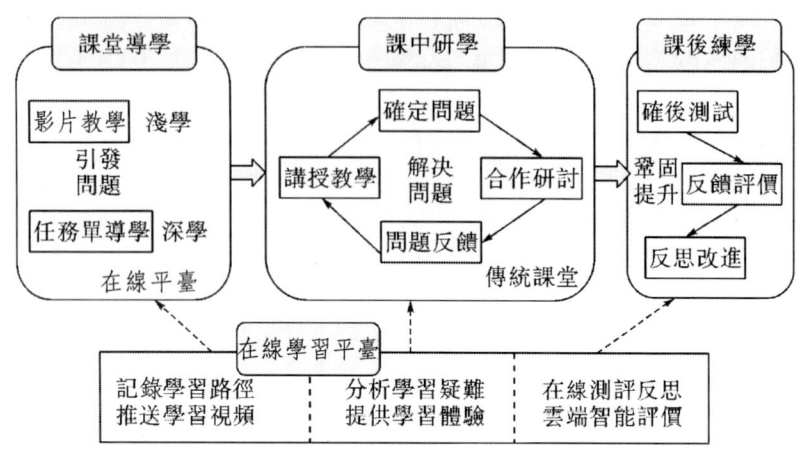

圖 1　SPOC 教學模式流程圖

（一）課前導學

首先，教師在「在線學習平臺」上發布教學大綱並確定教學計劃，教學目標和成績考評方法。借助「在線學習平臺」推送學習視頻，並且記錄學生學習路徑。在現代通信技術課程中移動通信部分的第二章「最小頻移鍵控 MSK」是重點和難點，我將此部分作為實施 SPOC 教學的內容。筆者根據教學的需要，整合教學大綱，利用視頻錄製工具將學習內容錄製成 10 分鐘左右的視頻文件上傳至「在線學習平臺」，提供給學生作基礎學習，瞭解「MSK」的基本原理。「MSK」部分原理推算的內容相對比較抽象，因而在視頻文件中加入了動畫演示並配解說，讓學生能夠更好地理解其計算方法，如學生理解不了還可以反復觀看學習。同時在「在線學習平臺」上還給出「MSK」部分電子教材並畫出重點，提供此部分的知識點學習任務單幫助引導學生學習。通過基礎自學，學生將自學中遇到的問題通過「在線學習平臺」反饋給老師，老師將此作為課堂討論的重點。

（二）課中研學

在傳統課堂教學環節，SPOC 最主要是老師和學生間進行的深度互動。因此，課程開始時，教師應先用 20 分鐘左右的時間講解「MSK」部分的重點及學生自學遇到問題最多的知識點，然後剩下的時間將學生進行分組並開展課堂合作研討。課堂討論針對「MSK」部分重點和疑難問題，每組提出自己遺留的疑問由我進行現場解答。接下來學生完成課堂知識點測試，教師將學生討論發言、小組合作及測試結果共同作為學生的個人平時成績。最后在課程結束前進行經驗分享和歸納分析總結。課后教師在「在

線學習平臺」提供「MSK」部分的疑難問題供學生選擇，分析學生學習疑難從而調整課堂講授內容。

(三) 課后練學

課後教師上傳課堂教學課件，供學生再學。學生在「在線學習平臺」上查看課程作業列表，完成「MSK」部分的練習作業。同時「在線學習平臺」提供此部分的在線測試題，檢查學生學習效果，鞏固加深學生對知識的理解。教師在平臺上批改學生作業寫評語上傳，通過平臺還可以瞭解學生自主學習狀況，知識點的掌握，測試成績及班級排名等，全方位掌握學生的學習情況。對容易出錯的問題，教師會在討論區和學生發起在線討論。「在線學習平臺」課後發布調查問卷反饋課程情況評價學習效果，根據反饋情況反思課程教學過程並做出及時的調整改進。

在 2015 年春季學期的現代通信技術課程中，筆者將課程四章內容的重難點採用 SPOC 教學模式進行了嘗試，學生反應效果良好。針對 SPOC 教學筆者做了一個學生問卷調查，結果如下：

1. SPOC 教學模式是否有效

其中，有 94% 的學生認為有效，有 6% 的學生認為某些方面有效。SPOC 教學模式學習時間更加靈活，不再受到課時和環境的限制，可以根據自己的需求和愛好選擇相應的資源進行學習，更強調個性化學習體驗，並且可以根據自己的情況重複收看學習，能激發學生的學習興趣，課堂討論更能加深對知識的理解。事實證明，學生對課程的參與積極性和喜愛程度都有較大提高，課程教學質量得到提升。

2. 實體課堂是否需要

其中，有 89% 的學生認為需要，因為面對面的交流是加深印象的最好方式。大部分的學生認為在線教學不能完全替代實體課堂，實體課堂在學生的能力培養、知識的進一步拓展和知識的牢固掌握及理解方面具有非常重要的作用。

3. 老師的作用是否發生變化

其中，有 91% 的學生認為教師的角色發生了轉變，由以授業為主，轉為傳道、授業、解惑相對均衡。課前，教師成為教學資源的整合者，根據教學大綱和學生的具體需求教師要整合各種學習資料，親自錄製課程視頻或借用網路平臺的視頻供學生學習。課堂上，教師由講授者轉變為解惑者，課堂不再需要講概論、科普類的知識，減少了教師在課堂中講授的時間，教師更多的是組織學生進行分組討論，對重點、難點詳細分析，解答學生的疑問，梳理、完善知識點，將學習的方法和解決問題的思路教給學

生。這對教師提出了更高的要求，也激發了教師的教學熱情，教師從知識傳授者轉變為教會學生如何主動進行學習的引導者和推動者。

4. 面臨的問題

SPOC 教學模式要求學生在課前課后要對知識進行學習，帶著問題在課堂中和老師進行討論，這對學生提出更高的要求，學生覺得學習壓力加大，要付出更多的精力和時間完成學習。同時隨著課程的推進，學生學習的興趣會淡化，學習的熱情逐漸會降低。

四、總結

通過一學期的 SPOC 教學實踐，證明開展線上與線下教學相結合的翻轉課堂教學是一項非常有意義的教學改革工作，它正改變著傳統的教育觀念和教育模式。SPOC 激發和提高了學生的學習興趣，加強了教師與學生間的互動，更有利於促進高校教學的全面改革，提高教學質量。這項工作才剛剛起步，往后結合 SPOC 的特點，如何調整教學大綱，設計教學方案，調整課程考核方式，開發 SPOC 課程資源，保持學生學習的興趣和熱情持續將是我們研究的重點。

參考文獻

[1] 徐葳，賈永政，（美）阿曼多·福克斯，等. 從 MOOC 到 SPOC——基於加州大學伯克利分校和清華大學 MOOC 實踐的學術對話 [J]. 現代遠程教育研究，2014（4）：13-22.

[2] 康葉欽. 在線教育的「后 MOOC 時代」——SPOC 解析 [J]. 清華大學教育研究，2014，35（1）：85-93.

[3] 羅九同，孫夢，顧小清. 混合學習視角下 MOOC 的創新研究：SPOC 案例分析 [J]. 現代教育技術，2014，24（7）：18-25.

[4] 鄭奇，楊竹筠. SPOC 結合高校教學的融合創新 [J]. 物理與工程，2014，24（1）：15-18.

Seminar和翻轉課堂教學法相結合的教學模式在培養人力資源管理專業學生中的運用探析

張明濤

【重慶工商大學管理學院】

[摘要] 信息化環境下的大學需要進行教學方法的改革來適應時代發展和要求。Seminar和翻轉課堂皆是打破傳統的輸入式教學方法，適應時代要求的教學方法，能夠滿足學生學習需要，引發學生學習動機，提高學生積極性和主動性。本文嘗試將兩者結合起來並探討運用在培養人力資源管理專業學生中的可行性及其教學環節設計，最后指出了在運用過程中應注意的問題。

[關鍵詞] 信息化；Seminar；翻轉課堂；教學模式；人力資源管理專業

一、信息化環境下教學方法改革的必要性

通信、互聯網、數據庫、智能終端等技術的發展加大了信息化的進程和應用，與過去相比，人們可以不受時間、空間的限制更加容易地獲取自己所需要的信息、知識，提高人們在生活、工作、學習等各種行為的效率，推動社會的進步和發展。

過去學生獲取知識的渠道和手段相對比較少，相比之下教師除了掌握豐富的專業知識外，在見識及知識的廣度和深度上占優勢，學生與教師之間產生的信息不對稱程度大，所以傳統的課堂教學相對比較容易組織和實施，教學效果也比較顯著。當今，由於網路和智能終端的迅速普及，學生獲取知識的渠道和手段多樣化，學生和教師之間的信息不對稱程度越來越

小，甚至趨於對稱，導致傳統的教學模式和教師逐漸失去優勢。現在很多大學課堂上的學生聽老師講課的少、玩手機的多，聽課率低。換言之就是玩手機才是正事，聽課却成了玩手機后的休息娛樂。

在這種信息化的環境下，大學必須進行教學改革，與時俱進，提高教育質量。近年來，大學做了大量的改革和措施來提高教學質量，也取得了一定的效果。但是為什麼還是會出現很多學生上課玩手機不聽講的現象呢？這值得我們深思。

現在大多數大學的課堂教學中，雖然增加了多媒體設備（投影儀等），但是與過去的教學方法相比基本上沒有質的區別和變化，還是屬於輸入式、填鴨式的教學方法。也就是說，大部分時間都是教師在講述，學生在聽，還是一種單純的知識傳授方法。斯坦福大學一項調查結果表明，採用這種教學方法的學生聽課率不到15%。

這種輸入式、填鴨式教學方法最根本的缺點在於忽視學生的興趣和好奇心，也就是忽略了學生的學習需要。從心理學角度來講，需要是產生動機的基礎，學生缺少學習需要必然會降低學習動機，消減學習積極性和主動性，從而使學生處於一種被動的狀態。可想而知，處於這種被動狀態的學生又有多少人會去認真聽課、更談不上課前課後的預習與復習了。

所以在信息化環境下，要提高教學質量，唯有對大學教學方法進行改革，方能與時俱進，順應時代發展和要求。

二、Seminar 和翻轉課堂教學法適應信息化環境的要求

在信息化環境下想要適應時代要求、提高教學質量，就必須以學生為中心使其從被動地位轉為主動地位，充分瞭解他們的學習需要，這樣才能提高其學習動機從而提高學生學習的主動性和積極性。Seminar 教學法和翻轉課堂（Flipped Classroom）教學法就是打破輸入式、填鴨式教學方法，瞭解學生需要，提高學生主動性和積極性的新教學方法。

Seminar 教學法產生於 19 世紀洪堡創立的柏林大學，它將教學與科研相結合的思想相互滲透融合，成為貫徹「教學與科研相統一原則」的主要操作工具，最終被發展成為一種基本的教學模式與制度，隨後相繼被歐美日等國家和地區的大學引入。Seminar 在中國諧音譯為習明納，意譯為研討課。簡言之，這種教學模式就是學生在某一課程教師的指導下，就某一課題結成小組，在大量調查研究的基礎上與教師自由地進行學術探討[1]，其核心是充分挖掘課程參與者（學生和教師）的學理潛能，最大限度地進行多角度、多層次的認識互動，從而深化對某一主題的認識，實現學術交流

的最佳效果，真正達到「學有所獲、教學相長、日學日進」的教育目的[2]。因為 Seminar 教學方法明顯地區別於傳統教學方法[3]（表1），所以 Seminar 在大學教學中的價值意蘊在於：人本意蘊，以學生的需要為本；和諧意蘊，能夠促進教學與科研關係和諧；創新意蘊，提高學生的知識與能力創新；可持續意蘊，追求學習能力的可持續發展[1]。

表1　Seminar 教學法與傳統教學法的區別

傳統教學模式	Seminar 教學模式
學習事實	解決問題
個人作為	小組取向
通過考試	學會學習
獲得畢業	不斷繼續學習
有限的學科知識	跨學科知識
接受信息	互動學習

翻轉課堂教學是近幾年來歐美國家越來越多的學校接受和實施的一種教育教學改革方式。在2007年，翻轉課堂教學方法剛開始僅僅是美國科羅拉多州林地公園高中教師喬納森·伯爾曼（Jon Bergmann）和亞倫·薩姆斯（Aaron Sams）採用的一種嘗試性教學方法。他們將屏幕捕捉軟件錄製的 PowerPoint 演示文稿的播放和講解傳到網路上以便幫助因各種原因缺課的學生進行補課。由於效果顯著，翻轉課堂被眾多教師所熟知，並引起全球教育界的廣泛關注。

這種教學方法重新調整課堂內外時間，將學習的決定權從教師轉移給學生，學生能夠更專注研究解決某個共同關注的問題，從而獲得更深層次的理解。教師不占用課堂中的時間來講授知識，這些知識需要學生在課前自主完成學習，他們可以看視頻，還可以在網路上與同學們討論，可以在任何時候去查閱所需要的資料。教師也能有更多的時間與每個人進行交流；在課中教師可以進行快速少量的測評，解決問題，促使知識內在化，然后再進行總結和反饋。我們可以用羅伯特·塔爾伯特（Robert Talbert）總結的翻轉課堂實施結構模型來簡單地瞭解翻轉課堂教學方法（見圖1）。

我們可以通過以下內容來瞭解翻轉課堂與傳統課堂的區別[4]（見表2），在此就不一一解釋說明。

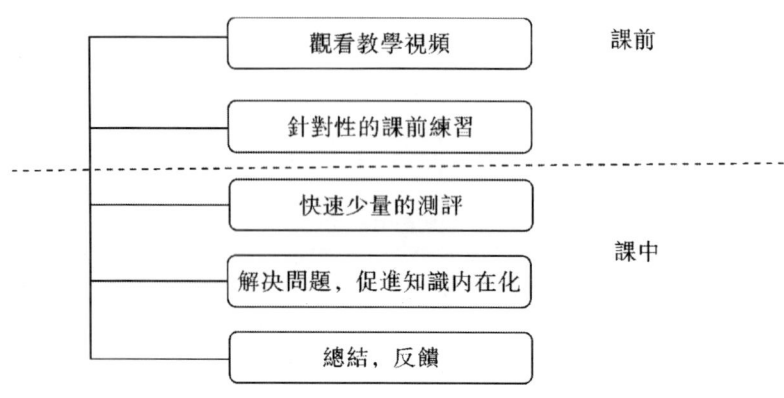

```
         ┌─── 觀看教學視頻
         │                          課前
         ├─── 針對性的課前練習
    ─ ─ ─┼─ ─ ─ ─ ─ ─ ─ ─ ─ ─ ─ ─ ─ ─ ─
         ├─── 快速少量的測評
         │
         ├─── 解決問題，促進知識內在化    課中
         │
         └─── 總結，反饋
```

圖1　Robert Talbert 的翻轉課堂結構圖

資料來源：Robert Talbert. Inverting the Linear Algebra Classroom. http://prezi.com/dz0rbkpy6tam/inverting-the-linear-algebra-classroom

表2　傳統課堂與翻轉課堂中各要素的對比表

	傳統課堂	翻轉課堂
教師	知識傳授者、課堂管理者	學習指導者、促使者
學生	被動接受者	主動研究者
教學形式	課堂講解+課後作業	課前學習+課堂探究
課堂內容	知識講解傳授	問題探究
技術應用	內容展示	自主學習、交流反思、協作討論工具
評價方式	傳統紙質測試	多角度、多方式

　　簡而言之，翻轉課堂實現了知識傳授和知識內化的顛倒，將傳統課堂中知識的傳授轉移至課外完成，知識的內化則由原先主要集中在課外作業的活動轉移至課堂中的學習活動[5]。翻轉課堂模式是混合式學習、探究性學習。其雖然與其他教學方法和工具在含義上有所重疊，但都是為了讓學習方法更加靈活、主動，讓學生的參與度更強。翻轉課堂教學模式體現了「以學生為中心」的教育理念[5]。

　　通過以上對 Seminar 和翻轉課堂教學方法的闡述，我們可以總結 Seminar 和翻轉課堂教學法兩者的異同點（見表3）。

表 3　翻轉課堂教學模式和 Seminar 教學模式的異同點

		翻轉課堂教學模式	Seminar 教學模式
相同點	教師	教師指導	
	學生	學生主動	
	教學形式	課堂討論	
	課堂內容	問題探究	
	評價方式	多角度、多方式	
	學習方式	自主、交流互動學習、不斷繼續學習	
不同點	分組與否	集團取向	小組取向
	探究問題	共同（1 個）	每小組一個話題（多個）

　　Seminar 和翻轉課堂教學方法有優於傳統教學方法的特點，已被證明是能夠取得良好教學效果的方法，被國內外很多大學所採用，是能夠適應當前信息化環境下對學生培養的要求的。

　　既然 Seminar 和翻轉課堂教學方法能夠適應當前信息化環境下對學生教育的要求，兩者既有共同點又有不同點，那麼我們是否可以將兩者綜合起來運用在具體學科專業教學中發揮兩者的優點呢？下面就以人力資源管理（Human Resource Management，HRM）專業為例來探討將兩者結合起來運用的可行性及教學環節設計說明。

三、兩者結合在 HRM 專業學生培養中可行性及教學環節設計

（一）人力資源管理專業特點

　　人力資源管理是一門經濟學、管理學、社會學、心理學、法律學等多個學科交叉的新興管理學科。它不僅培養管理的理念，更要培養較強的實踐能力，它是一門由理論知識和實務技術兩大模塊構成的應用性學科，專業的性質要求突出實踐教學[6]。人力資源管理專業要求學生既要學習基本理論和基本知識，又要掌握處理、分析和解決人力資源管理問題的實踐能力，因此在培養人力資源管理專業學生的過程中，在注重理論教學的同時又要加強實踐環節的教學。

（二）可行性分析和教學環節設計

　　結合本人所在學校的人力資源管理本科專業來探討 Seminar 和翻轉課堂教學方法實施的可行性。在本校人力資源管理本科專業三年級上學期時要求每一位專業課老師帶領一定數量的學生到企業中參觀學習，開展認知

活動，讓學生們親身體驗瞭解企業是什麼、怎麼運作等，認知活動結束後學生需要提交一份親身體會的認知學習報告。大三下學期的暑假結束後還要求學生就專業中的某一話題或問題寫一份學年報告。在大四的上學期的期中開始到第二學期的4月底為畢業論文撰寫修改時期，5月份學院組織進行學生畢業論文答辯。在認知活動、認知學習報告、學年報告、畢業論文題目選定及論文撰寫和修改的整個過程中都是在一位專業教師的指導下進行的，每一位指導老師負責10名左右的學生。在這裡需要注意的是，這10名學生是隨機分配給每位教師的，教師和學生沒有選擇權。

　　本人認為在每一位專業教師負責10名學生的做法基礎上，完全可以實施Seminar教學法。在這裡可能引起誤會，Seminar教學法不是在一門課程中將一個班級分為幾個討論小組進行教學活動的嗎？怎麼變為由多位教師負責一個小組呢？這是本文的創意點之一。

　　每一個專業的任課教師都是精通於某一個領域或研究方向的專業人士，比如在人力資源管理專業中，有的教師精通員工薪酬管理與設計、有的教師精通員工培訓與開發、有的教師精通員工職業生涯管理等。而我們人力資源管理專業的學生呢？他們除了要紮實學習本專業的基礎理論知識外，每個人也會有自己喜愛的某一方向（招聘、薪酬設計、培訓等），也就是學習需要、學習動機的所在，所以我們完全可以加以引導來提高學生學習的積極性和主動性。

　　具體的做法，我們可以讓學生在大三上學期，甚至是大二下學期開始選擇自己感興趣的學習研究方向的教師作為自己的指導老師（需要公開老師詳細的研究領域或方向等信息），選擇教師的過程體現了以學生為中心的教育理念，賦予了學生選擇權。根據本校人力資源管理專業教師數量和學生的數量，每一小組的學生人數為10名左右；超出了人數範圍的情況下，教師本人可以用面試方法來選拔學生；沒被選到的同學可以再選其他教師，或者學院與同學進行協商，保證每一位學生都能找到理想的指導老師。在以後的認知活動到畢業論文的完成都是可以在這位老師的指導下進行。這與之前的做法在結果上是一樣的，但是在形式上却完全不一樣，充分體現了以學生為中心，瞭解學生的學習需要，提高其學習動機和積極性及主動性。

　　翻轉課堂也是一門專業課程中就某一或幾個話題、問題進行研討的教學活動。那麼翻轉課堂是否也可以在本文剛才講的把一個學級的學生分為不同指導老師的學生小組（Seminar）中實施呢？這是本文的第二個創意點。具體做法如下：

（1）我們可以把這 10 名同學（首批大三學生小組）視為一個小班，像傳統的翻轉課堂做法一樣就某個問題或話題展開研討（上課頻率可以定為一週一次）。

（2）次年第 2 批小組（新大三學生）成立后可以與首批小組（變為大四學生）共同上課，在這裡需要注意的是不要將 2 個小組合併為 1 個小組，還是保持 2 個小組形式。具體的上課過程：在每週一次的教學活動中（課堂中）可以分為前后 2 段，前段為大四小組，后段為大三小組，或者每小組隔周一次；在課中，當輪到大四小組研討問題時，大三小組可以傾聽學習也可以隨時提問題發言（還是以當事小組為主）；當輪到大三小組研討問題時，大四小組因為在基礎知識等方面優於大三小組，大三小組提出的問題可以由大四小組回答，教師起到修正、補充、總結的作用。

（3）緊扣學生的學年論文及畢業論文可再將每一小組的 10 名同學根據不同的研討話題、問題等分為 2~3 個研討小組（Seminar），上課過程與上面第（1）點和第（2）點的過程一樣。

（4）也可以從大二學生開始就進行分組，參加到大三、大四的教學活動中。讓其通過一學期的傾聽為進入大三正式的教育活動做準備。

關於以上 Seminar 和翻轉課堂兩種方法相結合的做法，簡單概括就是突破傳統的由一位教師通過 Seminar 方法將一門課程中的班級分為幾個小組的做法，而是一個學級的學生根據其學習興趣或研究方向通過自主選擇的方法來選擇自己的指導教師，2~3 個不同學級的學生在共同的指導教師指導下通過翻轉課堂教學方法一起上課，相互討論、學習。

另外，人力資源管理專業不僅要求學生掌握紮實的理論知識，更要培養學生較強的實踐能力，專業的性質要求突出實踐教學，所以在選擇研討問題上，教師可以引導學生緊扣學年論文、畢業論文的主題進行，具體做法：從大三認知活動伊始，教師或學院可以跟被參觀企業（公司）協商好（也可以由學生自己聯繫），例如根據需要可以多次拜訪調查，通過學生對其企業的研究分析找出企業的優缺點或存在的問題及對策（鍛煉學生的實踐能力），圍繞著這些問題和改進對策學生就可以寫成自己的學年論文甚至畢業論文。在這些學年論文考核及畢業論文的答辯中，學院也可以邀請企業相關人員參與其中，因為當事企業人員更加瞭解自己公司，所以對學生的學年論文或畢業論文的評價上更加公正客觀。

根據以上內容的闡述，我們可以描繪出 Seminar 和翻轉課堂教學法相結合的教學設計圖及教學過程（見圖 2）。

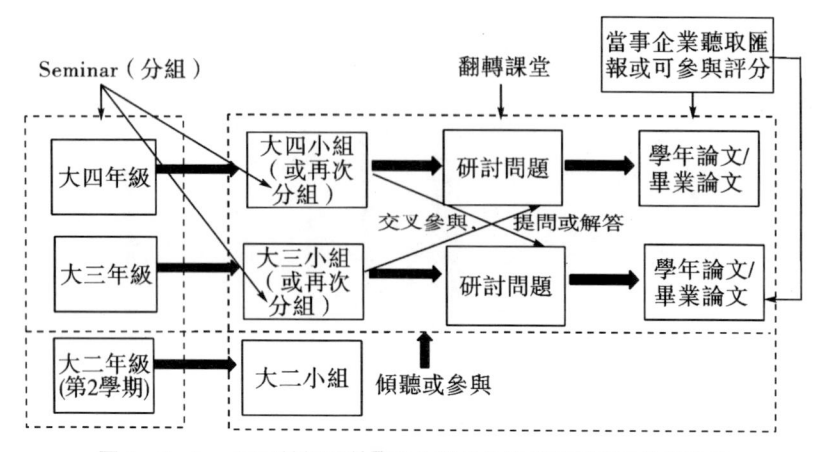

图 2 Seminar 和翻轉課堂教學法相結合的教學設計圖及教學過程

四、兩者結合教學法在 HRM 專業人才培養過程中應注意的問題

Seminar 和翻轉課堂教學法，特別是翻轉課堂教學法畢竟是一種新型的師生互動的教學方法，雖然多數院校的師生對此瞭解一些，但是相對來講還是比較陌生；採用這種教學方法的教學活動比傳統的課題教學更加複雜且高級，因此對學校、教師和學生的要求都比較高。在實施過程中還需要注意幾個問題：

（1）充分讓學生和教師瞭解 Seminar 和翻轉課堂教學法的理念和操作過程（方法），讓他們有個逐步適應的過程。傳統的教學活動一直使學生處於被動的地位，導致學生過分依賴教師，如果突然由被動轉變為主動地位，學生有可能不適應，達不到理想的效果。這就需要教師引導學生敢想敢說，尊重學生的想法，多鼓勵並提高學生的積極性和主動性。

（2）在學生分組過程中一定不能走形式，要讓學生知道自己的學習興趣或者研究方向在哪裡，然后再選擇自己的指導老師，減少其從眾心理和行為。如果在教學活動中出現學生發現自己的興趣與指導老師不相符的情況，無論是否更換指導老師都不利於學生的學習。

（3）指導老師一定要慎重、認真地幫學生選取符合其學習需要的研討問題或課題，只有這樣才能激發學生的學習動機，保證以后學生學年論文或畢業論文的質量。

（4）此教學活動應該被納入正式的教學課程中，通過合理的方式和考核基準測評成績並給予學分，例如：全學年 2~4 學分（根據學校規定）。因為大四學生下學期有企業實習要求，所以在實習期間大四學生可以不參

加教學活動。

（5）要採取相應的激勵措施調動教師工作積極性。例如，以上第（4）項中將這種教學活動納入正式的教學課程中給予學生學分的同時，也要計入教師工作量考核當中，以充分調動教師工作積極性。

五、結束語

Seminar 和翻轉課堂教學法都是適應信息化環境要求的教學方法，本文創新性地將兩者綜合起來探討如何將它們運用到人力資源管理本科專業教學中，是對原來做法的一次嘗試性創新，根據需要還可以運用到其他專業中。在具體的操作過程中還需要學校政策和技術上的支持、需要提高教師綜合素質等，同時在實際教學過程中還需要不斷地探索和研究。

參考文獻

[1] 林培錦. Seminar 在大學本科教學中的價值及應用 [J]. 寧波大學學報（教育科學版），2010，32（14301）：32-36.

[2] 方徵. Seminar 教學法在教育類課程中的應用研究 [J]. 湖南科技學院學報，2007（11807）：144-145.

[3] 李其龍. 習明納課模式——一種值得關注的研究性學習模式 [J]. 全球教育展望，2003，32（19511）：20-25.

[4] 張金磊，王穎，張寶輝. 翻轉課堂教學模式研究 [J]. 遠程教育雜誌，2012，30（21104）：46-51.

[5] 董黎明，焦寶聰. 基於翻轉課堂理念的教學應用模型研究 [J]. 電化教育研究，2014，35（25507）：108-113.

[6] 谷洪波，廖和平，張笑秋，周志強，王文濤. 人力資源管理專業實踐教學體系的建構 [J]. 當代教育理論與實踐，2011，3（1503）：102-104.

基於微課的翻轉課堂教學探索
——以財務報表分析課程為例

張婉君

【重慶工商大學會計學院】

[摘要] 本文引入「翻轉課堂」的理念，在財務報表分析課程改革方面進行有益的嘗試，針對目前該課程的教學現狀及存在的主要問題，探討了課程教學與翻轉課堂的契合性後，構建了財務報表分析教學翻轉課堂的教學模式。同時，考慮到微課教學能夠促進學生自主學習的特點，在實施翻轉課堂的過程中，積極探索應用微課的學習框架，以期提高財務報表課程的教學質量，為高校專業課程的教學改革提供借鑑。

[關鍵詞] 翻轉課堂；微課；財務報表分析

一、翻轉課堂的起源與發展

近年來，翻轉課堂（Flipped Classroom 或 Inverted Classroom）成為全球教育界關注的熱點。這一新興的教育技術變革起源於美國科羅拉多州落基山林地公園高中的兩位化學教師2007年的創新。為了給病中落下課程的學生補課，教師們將課程製作成教學視頻供學生在家中自學，以供其跟上學習進度。結果無心插柳柳成蔭，這些教學視頻非常受廣大學生而不僅僅是生病學生的歡迎，反而激發了學生的學習興趣。從而產生了與傳統課堂「課上教師教授知識，課下復習並完成作業」的流程完全不同的「課前跟著教學視頻自學，課上討論並提問、完成作業」的新興教學模式。之後，翻轉課堂的教學模式隨著可汗學院的發展壯大，逐漸在美國及北美得到推廣並受到熱捧。之後隨著「微課」「慕課」的出現，翻轉課堂不斷地在教學內容與教學方式上加以拓展。翻轉課堂所提倡的自主學習，能加強教師

與學生、學生與學生互動的混合式學習理念日益盛行。

在中國教學實踐中，與「翻轉課堂」理念不謀而合的教學方式是存在已久的，也有過如江蘇木瀆高級中學的教學改革以及山西運城新絳中學的中國式翻轉課堂。實際上廣播電視大學的教學就具有翻轉課堂的性質，只是在中國的教育研究中這兩年剛起步，還沒有得到廣泛地應用。

二、翻轉課堂的含義及特點

（二）翻轉課堂的內涵

2014年美國新媒體聯盟（New Media Consortium，NMC）發布的《地平線報告》對翻轉課堂進行如下定義：翻轉課堂是指為了將學習主動權由教師轉移到學生手中而重新定義課內外時間安排的一種教學模式。中國學者劉豔斐等（2015）認為「翻轉課堂」是一種新型教學手段，即教師將傳統課堂需要講授的資料提前讓學生觀看，學生根據教師的教學設計在課外進行自主的學習，在課堂中教師和學生相互探討並解決問題。王秋月（2014）指出「翻轉課堂」是指學生在家裡觀看教師事先錄制好的或從網上下載的講課視頻，在課堂上師生面對面交流和完成作業的一種教學形態。

翻轉課堂的基本流程與傳統的教學課堂相反，通過顛倒課堂教師講授知識，教師布置作業，課下學生完成練習、實驗、實訓等這一流程，來實施教學，實現學生自主學習的目的。成功的翻轉課堂案例一般遵循這樣的流程：教師製作教學視頻及相關資源並上傳網路——學生課前自主學習教學視頻並完成相關練習——課堂上實施教學活動（教師解答學生學習中的問題、學生間交流學習心得、課堂上討論、學習並練習，對所學知識進一步加深理解）——教學效果評價及反思。

（二）翻轉課堂的特點

與傳統課堂相比，翻轉課堂因有著明顯的特點從而受到推崇。翻轉課堂的教學模式在授課以前提供了教學視頻和練習材料等教學資源，學生可以根據自己的時間安排，以及自己的學習進度翻看，並完成相關練習。學生內在的學習動力比傳統課堂上強，變被動學習為主動學習，而且可以反覆觀看教學視頻，加強理解教學內容，有助於提高學習效率。因此翻轉課堂第一個特點是促進學生的自主學習。與此同時，翻轉課堂中教師注重學生與學生之間的學習討論，注重學習中的小組討論以及課堂上教師對學生的答疑以及對重點和難點問題的探討，在這種教學模式中，教師與學生以及學生之間的專業討論比較充分，能夠加強對專業理論和知識的學習，有

助於提高學生的交際能力和形成良好的新型師生關係。

三、引入翻轉課堂的課程背景

(一) 財務報表分析課程特徵

財務報表分析課程是會計及財務管理等財會類專業的必修課，教學目的是使學生加深對財務報表的理解，掌握運用財務報表分析和評價企業經營成果和財務狀況的方法，從理論、政策與實務三個基本面上，系統地掌握公司財務報表主要項目以及企業整體的財務狀況分析方法，並基本具備通過財務報表評價過去和預測未來的能力，以及幫助利益關係集團改善決策的能力。

(二) 財務報表分析課程的教學中存在的問題分析

財務報表分析課程是會計專業和財務管理專業大三學生的專業必修課，是在學生學習了財務會計、財務管理、管理會計以後的專業課程，理論性和實踐性都很強。筆者給會計專業及財務管理專業學生講授過多年的財務報表分析課程，教學中師生均感受到教學目標沒有實現，而學生學習的效果也不太好。在教學中主要存在以下問題：

1. 教學內容繁雜，教材質量良莠不齊

從教學內容來看，財務報表分析內容非常豐富，講授主要以比率分析為主的各種財務分析方法，分析對象包括資產負債表、利潤表和現金流量表、股東權益變動表及會計報表附註；同時關注了企業的償債能力、營運能力、獲利能力以及發展能力等各種財務能力分析。在此基礎上，還包括採用杜邦分析體系及沃爾評分法的綜合分析。內容非常繁雜，而不同版本的教材質量良莠不齊。有的教材僅僅介紹比率分析，將財務分析簡單地等同於指標計算；有的教材採用的案例沒有系統性，僅看到了指標的計算過程和單個指標的含義，無法整體地把握企業的財務狀況、現金流量等實質。同時，教材往往滯后於經濟實踐，採用的案例過時落后，不能引起學生的興趣，也造成學生學習的不便。

2. 教學方法陳舊，無法激發學生的學習興趣

隨著科學技術日新月異地發展，財務報表分析課堂如果還是採取傳統的課堂講授，用幻燈片加粉筆板書的方式教學，那就很難激發學生學習的興趣了。一方面，學生早已把課堂作為昏昏欲睡的場所或者是心不在焉的地方；另一方面，老師們也覺得鬱鬱不得志，認為自己的心血白費沒有收效。如此惡性循環之下，教學效率低下，教師的工作滿意度日益降低。

3. 理論與實踐脫節，學生無法真正展開財務分析

傳統課堂上，大量的教學集中教授財務指標，學生並沒有真正接觸到

實際的案例，而且被動地聽老師講，而不是自己自主學習、實踐獲得真知，並不能真正掌握財務分析的知識並加以靈活應用。儘管老師布置作業希望同學們課堂下能夠閱讀上市公司年度報告或臨時公告等分析資料，並展開討論，把握公司的償債能力、營運能力、獲利能力和發展能力等，但由於搭便車現象以及大課堂學生人數過多，無法追蹤到學生的學習進度和理解掌握情況，導致學生的實踐能力無法在傳統課堂上得以提升。

4. 考核方式單一，不能客觀評價學生的學習效果

現有的考核方式仍然以期末閉卷考試為主，通過單選題、多選題、簡答題、計算分析題等評價學生的學習效果。這種方法無法反饋學生日常的學習情況和理解掌握狀況，而且會導致理論與實踐脫節。學生會做試卷會考試但是拿到公司財務報表後無從下手展開財務分析的現實非常普遍。如何通過科學合理的考核方式引導學生在平時學習，使成績能夠真正反應學生日常學習的積極主動性以及學習效果，這是值得研討的課題。

四、基於微課的翻轉課堂教學模式在財務報表分析課程中的探索

筆者擬借助於網路教學平臺在財務報表分析課程中探索基於微課的翻轉課堂教學模式，改革傳統的財務報表分析課堂，構築開放式課堂，力爭推進學生的自主性學習，改善教學效果。

(一) 重新建設基於網路教學平臺的教學資源體系

根據財務報表分析的教學目標、學科特點、學生認知規律及教學方式，科學規劃在線學習資源，課程設計和內容呈現以學習者為中心，符合學習者移動學習和混合學習的需求。整理出包括教師簡介、課程簡介、教學大綱、教學課件、教學視頻、在線作業、在線題庫和答疑討論等在內的教學資源體系。教師應充分利用網路教學平臺，圍繞教學目標精心設計教學活動，開展在線學習與課堂教學相結合，線上線下融合的混合學習實踐。

首先教師應該做個課程簡介，包括課程簡介視頻、教學大綱、教學日曆、學習要求等，然后製作教師簡介的微視頻，也就是教師的自我介紹視頻，2分鐘以內即可。

完成財務報表分析課程簡介視頻，5分鐘即可，旨在闡明課程內容框架、學習要求、學習的意義等。這個內容要言簡意賅，能夠迅速吊起學生的學習胃口。課前要明確學習要求：課程考核要求；平時成績與期末成績的占比；平時成績的計算依據和標準。

在教學資源中，要提交課程完整的教學課件；錄製重複性的教學微視

頻比如財務指標的計算等，各種報表的分析框架和要點等。這需要錄制一系列的基於知識點的微課供學生學習，拓展學習資源。同時，要積極準備與課程學習相關的學習資源，包括文本、圖形圖像、音頻、視頻、動畫等各類資源。為了讓學生檢驗學習的效果，每個單元應有相應的作業，需要在平臺上設立試題庫，應包含各種題型。

（二）教師設計教學活動

教師立足教學資源、學習內容及教學策略，積極開展教學活動。基於微視頻，以學生為中心，有計劃有步驟地開放教學資源，要求學生在計劃學習時間內，完成視頻觀看以及交互式練習。教師需要根據教學內容組織學生參與課堂討論，通過課堂積極解答學生學習中的困惑及疑問，並促進學生課堂下的學習經驗交流與討論，並借助於網路教學平臺追蹤學生的學習進度並進行作業批改以把握學生的學習效果和存在的問題。

（三）學生在線學習

在教師和學生溝通好後，學生能夠充分利用網路教學平臺開展自主學習，比如通過微視頻學習財務指標的含義、計算公式和適用範圍，然後完成相關的作業，並且積極翻閱上市公司年度報告，熟悉年報的格式以及各項內容，通過學生之間的交流、討論達到知識內化的目的。

（四）課堂教學

根據財務報表分析課程的特點，課堂教學一部分在課堂完成，一部分課程實驗在機房完成，學生有更多時間自己動手分析具體行業具體上市公司的財務報表分析，也可以觀摩上市公司研究報告，以增強實際操作能力。教師首先要針對學生在課前觀看微視頻、做練習中反應的問題進行答疑，對操作性問題比如應用 EXCEL 軟件採用比較資產負債表百分比法、比較利潤表百分比法分析資產、負債以及利潤的增減變動及結構變動情況等進行現場示範並解決。再根據微單元的知識目標如短期償債能力指標的計算及含義，組織獨立或合作完成練習、開展協作探究問題、成果展示與交流等課堂活動。在成果展示中，老師可以結合課程實驗把資產負債表和利潤表、現金流量表、綜合分析部分交給學生完成，並作為考核的依據之一。

參考文獻

[1] 金燕. 基於微課的翻轉課堂教學模式實踐研究——以計算機應用基礎課程為例 [J]. 職教論壇, 2014, 23: 55-58.

[2] 劉豔斐, 屯勇. 「翻轉課堂」教學設計研究 [J]. 現代教育技術,

2015, 25（2）：61-66.

［3］王春暉，劉志國，俞宗佐，張麗萍，王娜. 基於 MOOC 平臺的混合式教學模式探索［J］. 內蒙古師範大學學報，2015，28（7）：144-146.

基於微課的翻轉課堂教學模式實踐

彭燕妮

【重慶工商大學計算機科學與信息工程學院】

[摘要] 對翻轉課堂的教學模式研究和探索是近年來教育界的熱點，翻轉課堂顛倒傳統教學模式，有利於實現個性化學習。決定翻轉課堂學習效果的主要因素之一是提供給學習者的視頻學習資料，利用短小靈活的微課程作為學習材料，能滿足學生自主學習、個性化學習的需要。

[關鍵詞] 微課；翻轉課堂；教學模式；碎片學習；自主學習

在傳統教學模式中，學生先「學」於課上、后「習」於課下，存在老師滿堂灌、學生接受情況不好、學生容易失去學習興趣等問題，忽略了學生的個性化學習。翻轉課堂是「因材施教」的最新實現形式，顛覆了傳統的教學模式，知識講授在課下，吸收內化在課堂，變教師主導為引導，促學生被動為主動。

一、翻轉課堂的研究現狀

「翻轉課堂」起源於美國，從 2000 年正式提出這一概念，到 2007 年美國一中學老師的教學實踐，再到現在成為全球化大教育運動的熱點，國內外的各級各類學校爭相實踐探索，與其具有的尊重個性、方便靈活、高效快捷等特點密切相關。

總結國內外學者對翻轉課堂的研究成果，一般將翻轉課堂實施模型劃分為「課前」「課中」及「課後」三個階段。「課前階段」為知識傳授階段：學習者根據教師所提供的視頻和其他學習資料有針對性地學習相關知識、理解相關概念、定義等，發現難點、提出問題。「課中階段」：展開師—生、生—生討論，高效利用課堂時間解決難題、明確學習重點，教師在這個階段起學習過程的引導作用。「課後階段」：學生對學習過程進行總

結、整理，完成一個學習週期。其中，「課中」和「課后」階段對應於傳統教學模式下的知識內化階段。

二、微課的特點

「微課」（Microlecture）的概念在 2008 年由美國聖胡安學院的高級教學設計師戴維·彭羅斯（David Penrose）正式提出。在中國，2011 年胡鐵生老師將「優秀課例片段」演化為「微課」並將成果發表於《電化教育研究》，標誌著微課研究的興起，從對微課的爭論到為人們所認同再到不斷完善發展，微課現在已經具有了微網路課程的定義，而現代通信技術和互聯網技術的快速發展，又為網路教育提供了技術保證，新型的面向 web2.0 時代的新型微課，是當前滿足學生自主學習、個性化學習、按需學習、移動學習、遠程學習及泛在學習等需求的有效資源。

相比傳統課程，微課的主要特點體現在：

1. 教學內容之「微」

與傳統教學講究教學過程的起承轉合，講求知識的來龍去脈和相互聯繫、由此及彼不同，微課內容單一、主題突出，往往就是針對某一個知識點進行講解、討論，內容濃縮、短小精悍。

2. 教學時長之「微」

微視頻是組成微課的核心部分，與傳統課堂一節課 45 分鐘不同，一個微視頻一般只有 5~10 分鐘，甚至更短，有利於學生注意力由始至終的集中，學習效率更高。

3. 教學資源之「微」

微課所包含的微視頻和其他配套輔助資源都放在網路上供學習者觀看、下載，滿足學習者使用各類用戶終端進行移動學習的需求，資源文件大小一般都比較小，滿足學習者下載、觀看時快捷、流暢的要求，否則容易影響學習興趣。

4. 開發創作者之「微」

與「出身名門」的 MOOC 不同，每位教師都可以根據本學校的教學條件、學生水平，開發適應自己教學實際的微課資源，沒有大師，不一定做不出受學生歡迎的微課。

三、基於微課的翻轉課堂實踐

（一）微課與翻轉課堂融合

翻轉課堂實施效果的決定性因素有兩點：一是課前階段向學習者提供

的學習素材,主要包括學習視頻、學習任務清單等,視頻是學生獲取知識內容的主要載體,任務清單則是引導學生對重難點的把握;二是科學合理地設計課堂活動及環節,使學生能高效地掌握所學知識,充分發揮出翻轉課堂的優勢。

在信息技術高度發達的現在,網路上的教學資源非常容易獲取,依託各名校開發的 MOOC 資源也非常豐富,但却不一定最適合本校學生,因此,授課教師應該立足本校學生實際情況開發適應自身培養定位、專業特色的教學視頻及其他資源,利用現有學校網路資源展開翻轉課堂。

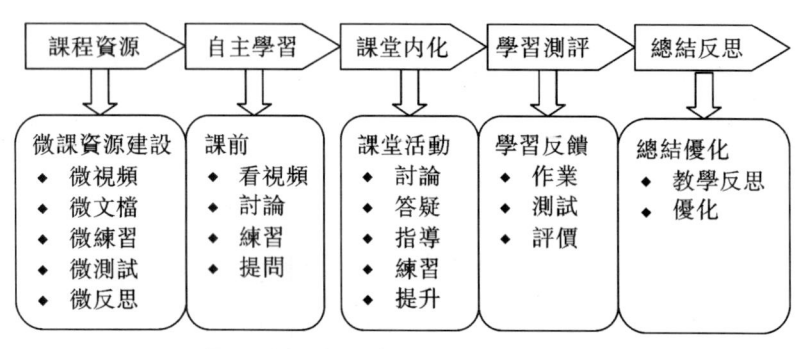

```
課程資源 → 自主學習 → 課堂內化 → 學習測評 → 總結反思
    ↓           ↓          ↓          ↓          ↓
微課資源建設    課前      課堂活動    學習反饋    總結優化
• 微視頻      • 看視頻   • 討論     • 作業     • 教學反思
• 微文檔      • 討論     • 答疑     • 測試     • 優化
• 微練習      • 練習     • 指導     • 評價
• 微測試      • 提問     • 練習
• 微反思                • 提升
```

圖 1　微課與翻轉課堂相結合的教學模式

(二) 教學模式設計

1. 課程準備

依託學校在線教學平臺註冊課程,完成課程介紹、教學大綱、教學目標及要求等課程基本信息,設計授課進程、教學計劃等,對課程整體進行學時劃分和進度安排,科學合理地安排教學內容。

2. 微課資源設計與製作

微課資源除包括以講授獨立知識點為主的微視頻外,還包括微教案、微課件及微練習等教學資源,以及利用在線教學平臺構建的在線答疑、在線討論、教學郵箱、在線調查等學生自主學習的活動的學習反饋。

在微視頻的製作時,首先根據課程的教學目標將課程內容進行碎片化處理,選擇合適的內容製作視頻,注意視頻內容短小精悍,具有超「濃縮性」,並不是所有的教學內容都適合做成視頻。

3. 課堂環節設計與組織

課堂翻轉後,學生在課堂內的活動是實現知識吸收內化的關鍵,翻轉課堂提高學習效率的關鍵在於如何通過課堂活動設計完成知識內化的最大化。

教師在翻轉後的課堂上,作用主要體現在三個方面:一是「解疑難」,

針對學生在課前的視頻學習中存在的問題、難點進行分析和解釋，解決學習的細節性問題；二是「建體系」，由於知識碎片化後，學生學習到的都是孤立、獨立的單個知識點，好比顆顆珍珠散亂地擺放在一起，缺乏對整個課程的全面認識和有機融合，教師應該用線索串起「珍珠」，形成統一的整體；三是「促提升」，在基本的應知應會要求完成後，通過提出挑戰性、創造性的問題引導學生做深層次的思考和探討，達到深度學習的目的。

在具體的實施過程中，將學生分成學習小組，鼓勵分工協作共同完成學習任務，促進學生學習主動性，生—生、師—生兩個層面的討論能快速、準確、有效地解決問題，提高學習效率。

4. 課后反思

利用在線教學平臺的各種交流工具，對課堂上沒能完成的學習任務或者提出的新問題繼續展開討論，提升學習效果。教師通過總結和及時評價，提高學生的學習興趣和成就感，讓學生有繼續學習的動力，不易感到壓力和疲倦。

四、翻轉課堂實踐后的體會

（一）翻轉課堂能有效調動學生學習興趣和主動性

翻轉課堂將原來站在講臺上的教師拉到了學生中間，而將原來靜坐著聽的學生推到了前面，成為教學過程的主體。尊重個性的學習方式、師生互動接近的師生距離都讓學生對學習本身增加了認同感，極大地激發了學生的主觀能動性。分析對比筆者同一門課程採用翻轉課堂前後的兩個年級的學生難度相當的兩套考題的成績可以發現，不及格率、平均分及優秀率等數據均有明顯改善，見表1。

表1 成績對比表

	平均分	不及格率	優秀率
未採用翻轉課堂	72	20%	4%
採用翻轉課堂	83.7	4%	10%

（二）教學資源製作考驗教師水平

「微教案」不是對傳統教案簡單「劃分段落」而成，「微課件」也不是將平時上課時的課件「打散」就行，而是從一門課程的教學基本綱領性文件，即該課程的教學大綱出發進行重新組織與綜合設計，堅持「原有課程課時化，課時教學教程化」的理念。「微視頻」解決的應是相對獨立、

有難度或重要的知識點，老師在課堂中的教學任務就是用線索把微視頻所呈現的內容串聯起來，從而形成一個完整的知識體系，教學資源製作合理是教學取得良好效果的根本保證。

（三）翻轉課堂不是萬能的

在進行教學設計時，均假設學生有學習意願這一前提，但實際上，確實存在有個別學生沒有學習興趣的情況。在筆者開展翻轉課堂前所做的問卷調查中，有一題目是「你更喜歡以老師講授為主的傳統教學方式還是更喜歡以你們主動學習、老師作引導討論的新教學方式」，有部分學生選擇的是前者，在他們看來，傳統的教學方式讓他們更容易應付，只需要坐在那裡聽就行了，不需要主動去想什麼，因此，對這類型的學生如何調動他們的學習主動性仍需探索，而各級各類學校應根據本校學生的具體情況決定如何開設翻轉課堂。

五、結語

翻轉課堂實際上是將「先教后學」變為「先學后教」，利用信息化技術實現了教學環節的前移，讓學生按自己的節奏和習慣學習，而老師利用微課等教學資源實現了事實上的一對一指導，學生的學習主體地位得到凸顯，強調學生自主學習、個性化學習及自我評測，能以切實的手段提升教學質量。當然，翻轉課堂如何具體實施，應具體問題具體分析，沒有統一的模式和版本，其根本目的是服務於教學工作。

參考文獻

［1］曾明星，周清平，等. 基於MOOC的翻轉課堂教學模式研究［J］. 中國電化教育，2015（339）：102-108.

［2］Martin F G. Will. Massive Open Online Course Change How We Teach?［J］. Communication of the ACM, 2012, 55（8）: 26-28.

［3］Coursera［EB/OL］. https://www.coursera.org/, 2012-12-05.

［4］劉小晶. 教學視頻微型化改造與應用的新探索［J］. 中國電化教育，2013（3）：101-105.

［5］姚正東. 微課程設計策略探微［J］. 中國信息技術教育，2012（11）：25-26.

［6］張金磊，王穎，等. 翻轉課堂教學模式研究［J］. 遠程教育雜誌，2012（4）：46-51.

討論式教學在世界貿易組織法雙語教學實踐中的運用[①]

彭 霞

【重慶工商大學法學院】

[摘要] 討論式教學作為一種教學模式，貫穿於課堂前的準備工作，課堂上討論的組織以及課后的評價與檢測。其中最重要的環節就是討論問題的設計、討論的組織和課后檢測的方式。討論問題的設計是討論式教學的前提，應該考慮課程目標、學生的水平和課程本身的重點難點。課堂討論的方式應靈活運用分組式討論、課堂陳述、角色扮演、案例討論等多種形式。課后也應及時檢測學生的學習成果以鞏固所學的知識。

Abstract: Discussion method, as one kind of teaching mode includes preparation before class, organization in class and assessment after class. The most important steps among these are design of syllabus, methods of discussion and methods of assessment. When syllabus is designed, we should focus on the goal and key point of curriculum itself and the standard of students. The way to organize discuss in class includes in group, presentation, role-play, case-study and etc. We should assess the students after class to evaluate the outcomes of studies.

[關鍵詞] 討論式教學；教案；討論；檢測

Keywords: discussion method; syllabus; discussion; assessment

討論式教學是以學生為中心，教師為指導，課前充分準備，課堂上通過設問、發言、討論、相互評價、總結等步驟充分發揮學生主觀能動性，學生相互達成信息溝通與交流，思維上相互啟發，共同探討，課后總結，

[①] 說明：本文受 2013 年重慶工商大學教育教學改革與研究項目「世界貿易組織法雙語課程討論式教學的研究與實踐」（項目編號：130221）的資助。

貫穿課前準備、課堂討論、課後總結考核整個教學環節的一種教學模式。筆者根據本人授課的法學院本科大三學生的世界貿易組織法雙語課的教學實踐，根據教師和學生的任務，從課前、課堂上、課後三個時間段重點關注討論問題的設計、課堂討論的方式和課後檢測三個方面，進而探討討論式教學在實踐中如何能夠有效地運用。

一、課前準備——討論問題的設計

（一）考慮的因素

1. 要考慮世界貿易組織法雙語課的課程目標

世界貿易組織法雙語課程的目標既包括讓學生掌握基礎法學知識，還要進一步提高他們法律專業英語的聽說讀寫的綜合能力。因此筆者認為，課堂討論要和課堂講授相結合，其中最基礎的知識部分採用教師講授的方法，另外要設計一些適合學生討論的問題鍛煉他們思考問題的能力和英語聽說能力。筆者授課的世界貿易組織法雙語課行課16周，每週三節課，講授和討論的比例各占一半，也就是說除去第一週和最後一週，每星期每次課大概有一節半課是用來課堂討論的。

2. 討論問題的設計要考慮課程的重點和難點

教師要在充分瞭解課程的主要內容和最新發展動向的基礎上，精心設計討論的問題。難易要適度，具有針對性、導向性和新穎性。過易或過難，缺少思維梯度或問題過於籠統、過於含混、過於零碎都會影響課堂的效益。[1]比如，討論題目設為世界貿易組織法的組織機構，這樣的題目就過於簡單，不適合討論，因為組織機構是最基本的知識點，各個機構都是事先設定好的，機構的組成、功能和作用沒有很大的爭議性，無法引導學生深入討論，這樣的知識點就適合通過圖表的形式給學生講解。又如請談談多哈談判對中國的影響。世界貿易組織最新的多哈談判，時間長過程艱難，結果也不盡如人意，如果設計這樣的題目給學生，由於題目太大又籠統，又需要學生在全面理解世界貿易組織以及各國政治、外交政策的基礎上來分析這個問題，又過於困難，太難的題目會打擊學生的自信，進而挫傷他們的積極性。

3. 要考慮學生的心理特點、知識水平和接受能力

因為筆者之前會給大二的學生上專業課，在上雙語課之前，就對所教學生開設的前期課程，學生的學習能力和特點有了一定的瞭解，只是學生的英語水平還要在授課過程中慢慢瞭解，需根據學生的能力、心理接受度對討論的題目進行分解和調整。如外語普遍好的班級，討論的題目向闡述

個人觀點的方向引導，英語水平一般的班級討論的題目盡量把重點放在對搜集資料的總結和分析上，難度適宜能夠充分調動不同水平學生的思維積極性。

（二）討論問題的具體設計

1. 所學知識與學生的生活息息相關，能夠引起他們興趣思考和探討的題目

比如在課程開始，一些介紹性的知識通過講授顯得很枯燥，但當和生活實際結合，通過討論的方式進行，效果就好多了。如：平等待遇及互惠原則使我們身邊多了更多國外進口的瓜果蔬菜；關稅的降低使得原本昂貴的進口汽車進入尋常百姓的家庭；最惠國待遇制度的實行，使得在中國電影院裡可以觀看美國大片；金融市場的開放使本地有了外資銀行等。通過這些生活信息，使同學們明白世界貿易組織的影響切切實實就在我們身邊，並非遙不可及，激發學生對這門課程深入瞭解學習的興趣。因此可以設計入世對中國的影響的討論題目。

2. 可以通過對比歸納，得出結論性結果的問題

對比與歸納是知識多點連結的必要步驟，是知識由初步習得到熟練掌握再到靈活運用的不可或缺的重要環節。[2]如講到世界貿易組織作為國際組織的作用時，由於前期課程如國際法、國際經濟法都涉及國際組織的知識，那麼將所學的知識和新學的知識比較，從而找到新知識的特點。這樣的題目有一定難度，但是與已有的舊知識連接，不需要太多的個人新觀點，所以程度適中，適合放在課程進度中前期。可以將世界貿易組織法和關稅貿易總協定、聯合國進行對比，找到它們的相同點和不同點，從而總結出世界貿易組織法是個什麼樣的組織。在黑板上列出相同點和不同點各自的區域，小組同學發言的時候，另一個同學就將關鍵詞寫在黑板上，為了將自己準備好的材料第一個寫上黑板，不至於發言到后期無話可說，同學們都很踴躍，除了總結自己的，還評價他人寫的結論，在總結、質疑、辯駁過程中理清了世界貿易組織法的特點和其與其他國際組織的區別。

3. 與學生的所學知識相關聯，但是又需要聯繫實際進行運用的題目

這樣的題目設計有一定難度，除了要求學生掌握所學知識外，還能夠聯繫實際進行運用分析，涉及知識的轉化過程和應用能力，適合放在課程中后期，學生所學知識累積到一定程度之後。如講到世界貿易組織法服務貿易協議的時候，最重要的就是每個國家的入世承諾表。如何讀懂這個表，如何理解每個國家的政策，是一個知識走向運用的過程，需要學生綜合運用所學知識和經驗進行探討。討論的題目可以分解成幾個小題目，逐

步加深難度。如首先讓學生討論入世承諾表的結構，包括哪些主要內容，各個符號是什麼意思。然後每個小組選取中國入世承諾表的一個最感興趣的行業，談談中國在這個領域的承諾，如法律服務、銀行服務、旅遊服務、影視服務等。其次，評價這樣的承諾對這個行業的影響。最後，思考為什麼我們國家在這個行業如此承諾，背後的原因是什麼？將問題分解並逐步加強難度，同時又與第一次的討論題目聯繫在一起，就會發現學生在學習之初和學習之後看待問題的專業性在提高，能力在討論中也得到了提升。

4. 能夠綜合運用所學知識的討論題目

以上的題目設計都是單一的知識點的討論，到課程後期隨著知識的累積，需要將所學的知識綜合起來分析，這時最適合的討論就是案例討論。通過對典型案例的討論，無論是實體還是程序，都將知識點又過了一遍，加強了知識的連接和貫通及運用。如貨物貿易協定，無論是反傾銷、技術壁壘還是海關估價等案例，都會綜合涉及世界貿易組織法的基本原則、具體規則、程序等知識的綜合，一個案例的討論是綜合運用所學知識並運用到實踐的最好的方式。

5. 需要引申和拓展的問題

由教學內容引起的適合拓展的一些問題，往往具有開放性和創新性，需要學生具有批判式的思維，形成個人的見解，這屬於難度較大的題目，考驗學生的綜合素質，適於放在課程後期。開放式的問題適合討論，互相交流觀點能夠引發學生進一步的思考，提高他們分析解決問題的能力。如學完了整個世界貿易組織法，可以設計一個題目評價世界貿易組織法的法律體系，讓學生充分探討世界貿易組織法實體和程序法律規則的優缺點，鍛煉評價法律制度優劣的能力。

二、課堂討論——討論的方式

（一）分組式討論

這是最基本的組織討論的方式。第一種情況，根據學生的英文水平，大致將學生分為好、中、一般三個等級，將口語比較好的同學列為組長，自由組合，從好、中、一般各選1~2名學生組成5~6人一組的學習小組，這樣每組的能力均衡，適合小組分配任務，督促小組成員完成。上課的時候小組的成員坐在一起，課堂討論基本就按小組的順序進行。可以每個小組設一位主持人，負責組織討論的進度；一位記錄人，記錄小組成員的發言並總結意見，有時需要在黑板上寫下本小組觀點；一位發言人，負責發

表本小組的意見；其他每個組員都要參與小組討論，將課前收集的資料用英文表達出來。這些身分的設置是輪流的，每個小組發言人發言完畢之後，同學們再互相評價質疑，發表觀點。這種方式比較靈活，使得小組的每個成員都有發言的機會，在討論中又能各抒己見，互相啓發，氣氛也比較熱烈，能夠讓每一位同學都充分參與，比較適合討論中心議題多難度又較小的題目。如討論入世對中國的影響，就適合這種小組討論的方式。第二種情況，根據本課教學內容，圍繞中心議題將全班學生按不同觀點分成若干小組進行討論。每一位同學課前都要為完善本組的觀點提供盡可能多的論據，各自可以有一辯、二辯、三辯，輪番發言，形成課堂大討論。如討論西班牙咖啡案，究竟有沒有違反最惠國待遇原則和國民待遇原則，分成四個小組，按照辯論的形式進行討論。第三種情況，可讓持不同觀點與見解的學生單個發言，把多種不同觀點輸入課堂，針對這些觀點充分展開，將有代表性的觀點列出，讓支持某個觀點的同學為一組，集中討論[3]。這種討論課適用於在基本知識掌握后，對一些有爭議的、學生感興趣的、帶有階段性特徵的問題進行討論，如在課程後期進行如何評價世貿組織的法律體系的討論就適合採取這種分組討論的方式。

（二）課堂陳述（presentation）

課堂陳述也是以小組為單位，每學期教師分給每個小組做一次課堂陳述的任務，學生圍繞某個專題製作幻燈片，做 10~15 分鐘的英文課堂陳述，把問題說清楚，觀點講明白。並根據自己小組所講的內容設計幾個小問題提問，讓臺下的同學回答，同時臺下的同學也可以提問和評價，讓臺上的同學回答，通過同學之間互動的方式開展討論。如對入世承諾表的理解，可以指定 4 個小組根據自己的興趣選擇一個行業，採取 presentation 的方式分別給大家講解中國入世某個行業的承諾表的含義以及理解，引發課堂討論。這種方法既能訓練學生收集資料、製作幻燈片的能力，還提高了學生的英語口頭表達能力和聽力能力，互相設問、回答和探討既活躍了課堂氣氛，又加深了對知識的理解。

（三）角色扮演

在世界貿易組織法的課程講授中，討論案例時適合採用角色扮演的方式，在課堂上讓學生進行一次模擬法庭。在教材的改進中，筆者將所有的典型案例的主要內容刪去，只留下案例的題目和主要涉及的知識點。這樣的安排激發學生課前通過關鍵詞找到案例的事實、評述和判決。如在講世界貿易組織法的爭端解決機制的時候，就提前三星期把案例任務發下去，也是以小組為單位，分別代表原告、原告律師、被告、被告律師、專家組

成員，按照爭端解決機制的程序在課堂上用英文模擬原被告雙方在專家組面前的陳述和辯論的過程。然后讓臺下的學生總結訴訟程序，進而探討與國內訴訟體制的異同，進一步開展課堂自由討論。這種角色扮演的方法可以取得多種教學效果，加深對法律的理解，鍛煉了學生口頭辯論的能力，而且也提高了英語的口語表達能力[4]。

（四）案例討論

學法律，離不開對案件的分析。當學生的基礎知識累積到一定的時候，課堂討論就適合採用案例討論的方式。世界貿易組織的官方網站上有歷年來的爭端解決報告，教師可以採取先講解知識點，再討論案例或者邊討論案例邊介紹總結知識點的方式進行。這種方式能讓學生從爭端不同方的角度思考並尋找有利於各方的事實和法律理據，探討其中涉及的法律問題，鍛煉學生的法律分析能力和邏輯思維能力。討論的組織主要由教師引導，教師將案例分解成若干個推進式的小問題，由一個問題引發下一個問題遞進的方式將案例討論帶入深入探討的狀態，學生將自己課前收集的資料根據教師的提問分別作答，辯論和質疑，一步一步遞進式地邊討論邊分析，最后總結。例如在講解 Chilean Pisco 案（智利酒精飲料稅案）時，提前一週將要討論的案例告訴學生，讓同學們課后做準備（因為教材上已將案例內容刪除，學生必須自己課前搜集案例的相關資料）。案例討論時，筆者將問題逐個分解，層層遞進。首先，讓同學講講案件的起因和經過，並讓學生將爭議的內容寫在黑板上。然后讓學生總結出爭議焦點是什麼，寫在黑板上。每一個爭議焦點逐步分析。如涉及第一個焦點，國民待遇原則。緊接著提問什麼是國民待遇原則，WTO 原文是怎樣說的，與同學在國際法課上學到的國民待遇原則有什麼異同？其次，討論被告是否違反這一原則？又將問題分成幾個小問題，此原則要考慮哪幾個因素？每一個因素判斷標準是什麼？第一，什麼是相同產品、直接競爭產品和可替代產品？含義是什麼？如何判斷？專家組的意見是什麼？本案件如何運用？第二，本案被告是否對進口產品和本國產品實施了不同的稅收和費用待遇？事實是什麼？稅率如何，費用有哪些？第三，這種區別是否保護了國內生產？證據有哪些？專家組的意見？再次，逐步分析學生列出的爭議焦點。最后讓學生自己補充並總結，教師再講解和總結本案涉及的知識點。

當然，在組織課堂討論的時候，每種方式並不是孤立的，有時會互相穿插和結合運用。如案例討論和課堂陳述相結合，小組討論和角色扮演相結合等。這主要看教學的內容和討論的主題更適合採用哪種或哪幾種方式，目的是要充分調動學生的積極性和參與性，促進討論的有效完成。

三、課后的檢測

課后的檢測，主要是為了檢驗學生掌握基礎知識的效果。比如每次課后，可以給學生留半個小時以內的課后作業，通過回答問題或者選擇題，或者案例分析的方式檢測學生掌握基礎知識的情況。或者期中做一次課程小論文，綜合檢測學生分析問題、解決問題的能力。也可以不定期在開始上課的前 20 分鐘復習一下已學習的知識，可以是教師梳理知識點，更主要的是讓學生自我總結和檢測。有時筆者會採取一些小游戲的方式使得檢測工作不那麼枯燥。如有時我會採取 1 分鐘約會（one minute dating）的模式。假設班上男生女生各 20 名，教師先準備 20 張紙條，每張紙條上提一個問題，分發給班上的女生（男生下一次）。女生依次坐一排，每位女生手上一張紙條。然后男生坐到其中一位女生的對面，開始回答這位女生紙條上的問題，不管回答完了沒有，1 分鐘后移動到下一個女生前面，回答下一個女生面前的問題。這種方式，學生很感興趣，會在一種緊張、有趣的氛圍中結束檢測，通過檢測，每位男生依次回答了 20 個問題，每位女生聽了自己手上紙條的問題的回答 20 遍。然后每位女生根據自己對知識掌握的情況和聽到的所有男生的回答在全班同學面前講講答案。教師只對答案偏差大的問題進行總結。這種以游戲進行檢測的方式生動有趣，易於被同學接受，也非常有效果。根據教學經驗，每次檢測，常常同學聽完 20 遍不同的闡述后，基本上就能掌握問題的正確答案了。

參考文獻

［1］沈增宏. 談問題討論式教學討論題的有效設計［J］. 江蘇教師，2011（2）：66.

［2］劉陽. 討論式教學課堂的建構［J］. 學術論壇，2009（5）：56.

［3］陳文楷，張玉蘋，範秀娟. 討論式教學方法如何引入課堂［J］. 華北航天工業學院學報，2005，7（15）：36.

［4］杜碧玉. 世界貿易組織法雙語教學探討［J］. 江西金融職工大學學報，2010，4（23）：112-115.

大學生占座調查數據系統分析

李紅霞

【重慶工商大學 管理學院】

[摘要] 大學校園原本教室和食堂的座位就使用時序而言是充足的，但占座現象使得座位資源不能得到充分利用，結果是資源浪費帶來的座位資源不足。此次調查採用問卷面對面調查、問卷網路調查的調查形式，以單個題目分析和多題目之間的因素方差分析方法，對占座情況、占座看法、占座原因、占座習慣的養成等問題做了調查，分析大學生們的占座情況及其占座心態，從而得到占座現象發生的根源，為治理這一現象提供理論依據。

[關鍵詞] 占座現象；調查研究；數據分析

2009年10月湖南師範大學學生自習室因搶座起口角，一個男生被砍7刀；2012年12月安徽醫科大學一個男生在圖書館因占座被砍死……占座問題潛在的安全隱患日益突出，同時資源不能得到有效利用，破壞了正常的學習生活秩序。大學生占座問題在以往的很多年都有過研究，也曾引發社會廣泛關注，但是都沒找到有效的方法得以解決。其他學校帶血的占座案例不得不讓我們引起思考並讓我們試圖尋找減少這種現象的方法。別讓悲劇再發生在「大學生」這一社會承認的知識分子人群中。

大學校園原本教室和食堂的座位就使用時序而言是充足的，但占座現象使得座位資源不能得到充分利用，結果是資源浪費帶來的座位資源不足。此次調查的目的就在於瞭解大學生們的占座情況及占座心態。

一、問卷調查情況

本文通過調查問卷瞭解大學生產生占座行為的根本原因，幫助他們適應大學生活環境[1]，構建文明借閱心態，摒棄不良占座行為。另外，加強

學生的紀律教育，使學生自覺遵紀守法，遵守圖書館的各項規章制度[2]。

調查對象：在校大學生

調查方法：問卷面對面調查、問卷網路調查

調查基本情況：共發放調查問卷 250 份，回收 229 份，有效問卷 217 份。

二、問卷調查數據統計分析

對高校圖書館、教室、自習室、食堂等的大學生占座情況進行收集、統計、分析。

（一）占座情況瞭解

表 1 「你覺得在哪些地方占座比較嚴重」選項統計結果

你覺得在哪些地方占座比較嚴重（多選）	
A 食堂	28.4%
B 教室	28.4%
C 圖書館	27.9%
D 自習室	27.9%

此題主要分析了不同地方占座的情況和嚴重程度。從調查表數據分析可知，在食堂、教室、圖書館、自習室的占座嚴重情況都差不多，都達到 25% 以上，30% 以下。這表明，占座現象在大學學習生活中無處不在，在某種程度上已經造成了我們學習生活的不便。而且某些學生占座不使用的現象也大有存在，造成了資源浪費。但從另一方面也可以看出大學生對於學習的熱情和學業的繁重，學校資源的緊缺。

表 2 「你一般在什麼課上占座」選項統計結果

你一般在什麼課上占座（多選）	
A 專業課	57.8%
B 馬哲等基礎課	17.3%
C 一般選修課	11%
D 公共基礎課	13.9%

由表 2 可以看出，有 57.8% 的同學會選擇占專業課，而馬哲等基礎課、一般選修課、公共基礎課所占比例則比較小，由此可以看出同學們對專業課比較重視，對非專業課則顯得很隨意。

(二) 對於占座的看法

表3 對於占座態度的統計結果

你對占座的態度？	
A 非常討厭	17%
B 覺得很正常，不讚同也不反對	75%
C 非常讚成	8%

由表3可以看出，有很大一部分人對於占座位這樣的一種行為是持中立的態度，覺得正常，不讚成也不反對，人數達到75%，在他們看來大學生占座位的現象是已經司空見慣了，也不會覺得抵觸和反感，而且對於大多數同學來說，這樣的做法是可以理解的。對於大學生來說，有一個好的學習環境是很重要的，也是很難的，為了更好地學習，很多人只能無奈地選擇占座，而對於17%的學生來說很反感這樣的一種做法，覺得這樣會傷害到其他學生的利益，當然也有8%的學生非常讚成這樣的做法。

表4 對於學校是否應對占座行為進行有效治理的統計結果

你認為學校是否應對占座行為進行有效的治理？	
A 應該	44.7%
B 不應該	16.59%
C 無所謂	37.33%

調查顯示，只有8%的人認為占座很方便，與之形成對比的是有超過一半（75%）的同學認為占座而不學習會造成資源浪費，對於經常在七、九教自習的同學來說下面的情景應該不陌生，一間教室明明沒有多少人，偏偏每個座位上都有一本書或是其他的什麼東西，這樣自習室的利用率就奇低無比，令人欣慰的是大家都意識到了這一點。兩相對比之下有44.7%的同學呼籲學校應該採取措施制止這一行為，而半數多的同學認為無所謂或者應該治理，這不得不引起我們的思考，為什麼大家都已經意識到了占座這一行為的弊端還只有少數人要求杜絕它。難道是很難嗎？可能是，因為占座的定義都沒有明確又何來禁止呢？又或者是雖然他們對這種行為有一定的厭惡，但歸根究柢制止它又會造成自身的利益受到損害，所以乾脆睜一只眼閉一只眼。

(三) 占座原因的不同

從表5可以看出，有超過一半的同學是為了能夠更好地聽課而占座，

在他們看來如果不占座的話就不能夠很好地聽到老師講課，這也從側面說明現在大學實行大課教育是不能滿足學生學習要求的，可以改成以小班教育為主的教育方式。還有一部分同學是覺得教室小，怕沒有位子和看書比較方便而占座，這說明現在高校教室資源不能滿足學生的需求。另外還有小部分同學是因為和同學之間互相約定後輪流占座。

表5　占座原因統計結果

你一般因什麼而占座？（多選）	
A 同學之間互相約定，輪流占位	27.65%
B 教室小，怕沒有位子	34.56%
C 更好地聽課	53.00%
D 老師課講得好	13.36%
E 睡覺/自習/看其他書等方便	30.41%

（四）占座習慣的來源

表6顯示，上大學以來，大部分的同學的占座習慣或多或少都發生了一點變化，占了總數的41.5%，其次是沒有變化的占21.0%，最後是有很多變化的占了9.2%（有28.3%的同學未選擇答案）。由上分析，來到大學以後，大學數同學的占座習慣發生了變化，主要的原因還是學生的學習行為發生改變，教學資源無法滿足全部學生的需求，所以占座現象就發生了巨大變化。由此可見，大學裡還是有很大一部分同學熱愛學習，所以對於這些占座的同學一方面鼓勵他們學習的熱情，另一方面要曉之以理，讓他們知道不能因為自己的占座行為導致一些人無法學習。

表6　大學期間占座習慣是否發生改變的統計結果

在你上大學到現在，你的占座習慣是否發生了變化	
A 沒有	21.0%
B 有一點	41.5%
C 有很多變化（若選B、C則回答15）	9.2%

由表7可見，迫於學業壓力以及模仿同學占座的比例分別占了25.8%、26.6%，而相對的，對老師的課不是很滿意的只占了少部分（有33.3%的同學未選擇答案），因此，占座問題主要是兩方面：一方面是因為學生學業壓力大，為了得到良好的學習環境，有時候不得不占座；另一方面，由於占座現象引起的模仿占座，這些學生也不甘人後，而對於老師的

課程不滿意而不再占了只有少部分。所以同學的占座行為是可以理解的，如果可以更好地調解學習與占座之間的矛盾就更好了。

表 7　大學期間占座習慣改變情況的統計結果

發生了怎樣的變化？	
A 原來不喜歡占座，但現在迫於學習壓力也開始占座	25.8%
B 原來不喜歡占座，但現在同學們都開始占座了，於是自己開始占座	26.6%
C 原來經常占座，但對於某些老師的課不是很滿意，所以不再占了	15.3%

三、調查數據因素關聯分析

(一) 圖書館占座與性別、年級、專業的關聯分析

表 8　圖書館占座性別人數統計表

		性別	
		A 男	B 女
是否長時間在圖書館占座離開	A 有，偶爾	38	48
	B 經常	13	8
	C 從未有過	60	42

表 9　圖書館占座與性別的單因素方差分析

方差分析：單因素方差分析

SUMMARY

組	觀測數	求和	平均	方差
列 1	3	111	37	553
列 2	3	98	32.666,67	465.333,3

方差分析

差異源	SS	df	MS	F	P-value	F crit
組間	28.166,67	1	28.166,67	0.055,319	0.825,604	7.708,647
組內	2,036.667	4	509.166,7			
總計	2,064.833	5				

統計分析，$P=0.825>0.05$，在佔有一個座位有無長時間離開這一問題上，性別並無差異。

表 10　圖書館占座與年級統計表

		您所在年級			
		A 大一	B 大二	C 大三	D 大四
是否長時間在圖書館占座離開	A	7	59	19	1
	B	1	13	4	3
	C	29	55	17	1

表 11　圖書館占座與年級的單因素方差分析

方差分析：單因素方差分析
SUMMARY

組	觀測數	求和	平均	方差
列 1	3	37	12.333,33	217.333,3
列 2	3	127	42.333,33	649.333,3
列 3	3	40	13.333,33	66.333,33
列 4	3	5	1.666,667	1.333,333

方差分析

差異源	SS	df	MS	F	P-value	F crit
組間	2,734.25	3	911.416,7	3.901,891	0.054,868	4.066,181
組內	1,868.667	8	233.583,3			
總計	4,602.917	11				

　　統計分析，$P = 0.05$，說明在圖書館長期佔有一個座位，有事離開這種情況在不同年級之間存在差異。

表 12　圖書館占座與專業類別統計表

		你的專業屬於			
		A 經管類	B 理工類	C 藝術類	D 文史類
是否長時間在圖書館占座離開	A 有，偶爾	34	42	5	5
	B 經常	11	7	3	0
	C 從未有過	48	42	2	10

表 13　圖書館占座與專業類別的單因素方差分析

方差分析：單因素方差分析

SUMMARY

組	觀測數	求和	平均	方差
列 1	3	93	31	349
列 2	3	91	30.333,33	408.333,3
列 3	3	10	3.333,333	2.333,333
列 4	3	15	5	25

方差分析

差異源	SS	df	MS	F	P-value	F crit
組間	2,111.583	3	703.861,1	3.588,077	0.065,914	4.066,181
組內	1,569.333	8	196.166,7			
總計	3,680.917	11				

統計分析，P=0.066>0.05，對於在圖書館占一個座位長時間離開這種情況，在不同的專業所屬類別中同學們的情況是不同的，沒有很大的關聯。

綜合上述三個原因與圖書館佔有座位而長時間離開這種情況，性別和專業與此情況發生的關係不大，而年級與此却有關。這對於治理占座行為是一個很好的啟示，可以具體分析各個年級學生占座的原因，針對不同的年級採取不同的治理措施。例如將考研的同學組織在一起，指定位置讓他們上自習。

（二）占座態度與性別、年級、專業的關聯關係

表 14　占座態度性別統計表

		性別	
		A 男	B 女
對占座的態度	A 非常討厭	21	16
	B 覺得正常	87	72
	C 非常讚成	10	5

表15 占座態度與性別的單因素方差分析

方差分析：單因素方差分析

SUMMARY

組	觀測數	求和	平均	方差
列1	3	118	39.333,333,33	1,734.333,333
列2	3	93	31	1,291

方差分析

差異源	SS	df	MS	F	P-value	F crit
組間	104.166,666,7	1	104.166,666,7	0.068,862,935	0.805,960,341	7.708,647,421
組內	6,050.666,667	4	1,512.666,667			
總計	6,154.833,333	5				

由數據可知，P=0.8，遠遠大於正相關的0.05，所以可知1題和6題的相關性不大，即性別與占座態度沒有什麼關係。而絕大多數人還是覺得占座是很正常的事情，不讚成也不反對。

表16 占座態度與年級統計表

		您所在年級			
		A 大一	B 大二	C 大三	D 大四
對占座的態度	A 非常討厭	5	22	10	0
	B 覺得正常	27	100	28	4
	C 非常讚成	4	6	4	1

表17 占座態度與年級的單因素方差分析

方差分析：單因素方差分析

SUMMARY

組	觀測數	求和	平均	方差
列1	3	36	12	169
列2	3	128	42.666,67	2,529.333
列3	3	42	14	156
列4	3	5	1.666,667	4.333,333

方差分析

差異源	SS	df	MS	F	P-value	F crit
差異源	SS	df	MS	F	P-value	F crit
組間	2,779.583	3	926.527,8	1.296,447	0.340,534	4.066,181
組內	5,717.333	8	714.666,7			
總計	8,496.917	11				

由數據可知，P=0.34，遠遠大於正相關的0.05，所以可知2題和6題的相關性不大，即年級不同與占座態度的聯繫不大。可見，每個年級的學生對於占座的態度都差不多。

表18　占座態度與專業類別統計表

		你的專業屬於			
		A 經管類	B 理工類	C 藝術類	D 文史類
你對占座的態度	A 非常討厭	16	16	0	5
	B 覺得正常	71	67	9	10
	C 非常讚成	4	9	1	1

表19　占座態度與專業類別的單因素方差分析

方差分析：單因素方差分析

SUMMARY

組	觀測數	求和	平均	方差
列1	3	91	30.333,33	1,276.333
列2	3	92	30.666,67	1,002.333
列3	3	10	3.333,333	24.333,33
列4	3	16	5.333,333	20.333,33

方差分析

差異源	SS	df	MS	F	P-value	F crit
組間	2,060.25	3	686.75	1.182,353	0.375,738	4.066,181
組內	4,646.667	8	580.833,3			
總計	6,706.917	11				

由數據可知，P=1.18，遠遠大於正相關的0.05，所以可知專業不同與占座態度完全沒有關係。對於占座的態度，在各個年級中不存在差異。

綜合上述三個因素與占座態度的單因素方差分析可知，對於占座的態度，不同性別、年級、專業的學生都有不同的選擇，存在差異。

四、結論、討論及建議

以上就是對本次調查的主要分析。通過這次調查我們瞭解到了，其實有很多同學都已經認識到了占座現象的不妥，只是找不到一個好的解決方法，而且現在也沒有一個特定的組織進行這方面的工作，所以很多同學的

力量不能集中到一塊去，要解決這個問題當然困難重重。當然經過這次調查，我們也發現了同學們「嚴於律人，寬以待己」的性格，確實當一件事情沒有涉及自己的利益時，人人都是大義凜然、公道在心的，然而一旦涉及自身的利益，他們就不得不深思熟慮，這不僅體現在占座這一件事上，很多社會公德問題也是因為這樣才得不到解決。這就要求學校對學生進行教育、疏導，這才能從根本上解決該問題，這是一方面。

同時，學校的硬件設施，不管是人力還是物力，都應該跟上時代的潮流，不能總是那種管理方式，而應該隨著時代的變化而變化。當然，學生自身也要加強對自身的約束，形成一種自律性強的學習方式，構建健康向上的學習風氣。做到「人在書在，人走書離」，共同營造文明的學習環境。

當然以上只是一點建議，要徹底鏟除占座這種行為，還要靠學校有關方面的政策以及同學的配合才能做到。當然我相信，隨著時代的發展，這種現象也只是暫時的，在大家的共同努力下，這種根深蒂固的校園文化一定會招到人們的摒棄。

參考文獻

[1] 張苓. 高校圖書館的新生思想道德教育職能 [J]. 四川理工學院學報（社會科學版），2010，25（6）：124-126.

[2] 姜秋菊. 對學生占座現象的思考 [J]. 管理科學，2012（5）：146.

通識教育背景下學生教育管理模式的探索與實踐

——以重慶工商大學為例①

謝瑞軍

【重慶工商大學通識學院】

[摘要] 通識教育又叫「通才教育」「一般教育」或「普通教育」，是有關人的最基本、最深刻問題的教育。為深化人才培養模式改革，重慶工商大學積極推行了通識教育。本文就如何創新通識教育背景下學生教育管理新模式，在對通識教育歷史和特徵進行初步分析的基礎上，重點從建章立制、輔導員管理、學生證件管理、學生編班管理、入學教育管理、學生幹部管理等方面進行了探索。

[關鍵詞] 通識教育；學生教育管理；模式；探索；實踐

通識教育從單詞「general education」翻譯而來，還有的翻譯成「通才教育」「一般教育」或「普通教育」。為深化人才培養模式改革，提高辦學質量，落實知識、能力、素質「三位一體」人才培養模式，2011年5月，重慶工商大學設立了通識學院，以進一步加強通識教育。在通識教育背景下，如何建立與之適應的學生教育管理新模式，是一個有待深入探索的嶄新課題。

一、追溯通識教育歷史是搞好學生教育管理的基礎

19世紀初葉，國外首次探討大學教育與通識教育關係的是美國教授帕

---

① 基金項目：該教改論文是2011年重慶市高等教育教學改革一般研究項目「地方性高校實施通識教育，推進1+3教學模式的改革與實踐——以重慶工商大學為例」（編號：113046）的研究成果

卡德。1917—1919 年，美國哥倫比亞大學在通識教育教學實踐方面進行了初步探索。20 世紀三四十年代，美國大學真正開始了現代意義上的通識教育，其標誌是在芝加哥大學進行的全面而系統的通識教育實踐。芝加哥大學的通識教育經歷了由最初的本科四年都搞通識教育，到后來的本科前兩年搞通識教育而后兩年搞專業教育的演變過程。隨著時間的推移，美國大學的通識教育取得了積極進展，主要表現在：1945 年和 1978 年，哈佛大學分別提出了「自由社會的通識教育報告」和「通識教育方案」；1987 年，斯坦福大學推行了通識教育改革。縱觀 20 世紀美國大學的通識教育，其核心是通過開設系統的「西方文明」課程，以鞏固大學生對「西方文明」的認同。進入 21 世紀以來，世界各國大學的通識教育呈現出跌宕不息的動態過程，相關研究、討論與實踐都在不斷地深入。

在中國，古代孔子教育思想中的「君子不器」、修六經、傳六藝，其目的是培養各方面皆通的人，實際上實施的就是通識教育。20 世紀初葉，北大校長蔡元培在國外現代教育思想的影響下，主張「兼習」文理科、「打通文science理科之界限」，率先倡導實施通識教育。20 世紀 30 年代，不少受西方教育思想影響的學者相繼推進通識教育。清華大學的先輩潘光旦和梅貽琦積極主張實施通識教育，分別提出了「教育的理想是在發展整個的人格」「大學應『先通后專』來設置課程」的觀點。1949 年後的新中國成立初期，由於歷史原因，高校辦學模式出現了高度行業化和專業化傾向，通識教育受到了嚴重約束。1978 年以來，伴隨社會的發展和人才的需求，高度行業化和專業化的人才培養方式的不足進一步凸顯出來，社會急需基礎紮實、素質全面的通用人才。20 世紀 90 年代中期，北京大學、清華大學、復旦大學、華中科技大學、北京師範大學、華東師範大學、上海交通大學、浙江大學、南京大學、西南財經大學等，面對高校過分重視學生專業教育的現狀，在促進學生全面發展、推進西方通識教育理念本土化方面，進行了有益探索。1999 年以後，中國全面推進素質教育，高校通識教育的意義也進一步得到認可。2010 年年初，中國頒布了《國家中長期教育改革和發展規劃綱要（2010—2020 年）》，強調要大力「促進文理交融」，這標誌著中國通識教育翻開了新的歷史篇章。

二、認識通識教育特徵是搞好學生教育管理的前提

通識教育是有關人的最基本、最深刻問題的教育，以此促進學科之間的交叉、滲透和融合，並促進人的全面發展。其特徵表現在以下幾個方面：

(一) 通識教育是人本教育

大學教育的根本使命是培養人，而大學通識教育的本質是培養健全的人。人本教育的核心是「育人為本」和「以人為本」，通識教育關注的是人最基本、最深刻問題，與人本教育的內涵一脈相承。伴隨大學的發展演變，現代大學除了人才培養的功能外，還具有科學研究、社會服務和文化傳承等多種功能，但人才培養仍是所有功能的核心和根本，這就是「育人為本」。在人才培養過程中，高校應堅持「以人為本」，尊重學生的個性和特徵，積極踐行「一切為了學生，為了一切學生，為了學生一切」的教育管理理念，促進學生全面協調可持續的發展，讓每個學生能夠真正實現自我。

(二) 通識教育是自由教育

自由教育主要是一種促使學生實現精神解放和心靈自由、並對他們批判性思維進行鍛煉的教育理念。最早提出自由教育和博雅教育思想的教育家是古希臘人亞里士多德，他的理論思想也是現代大學通識教育的重要淵源。亞里士多德認為，自由教育的立足點和出發點不是實用和需求，其目的是促進精神解放；自由教育的方法和途徑是借助發展理性，提高思想、能力和智慧水平，實現心靈自由和協調發展。通識教育作為促使人全面、和諧、自由發展的教育，要充分重視學生的主體地位，要在學生的學習興趣培養和學習動力激發方面下功夫，這同時也是「自由教育」基本要求。

(三) 通識教育是「無用之用」的教育

通識教育是一種不以職業準備為目的的教育，其本身不具有明顯的職業性、專業性和實用性特徵。「用」從哲學上講，可分為「有效之用」和「無用之用」。不少人認為，有用就是能直接產生物質的、實在的功用和好處的「用」。由於經世致用思維和實用主義思潮的影響，大學教育過分強調與社會接軌和現實需求導向，過分追求學以致用而忽略學以致省，導致過分注重工具理性而忽視價值理性。從這個角度來看，通識教育好像對學生發展「無用」。然而，如果說專業教育是「有用有所難用」的教育的話，那麼通識教育就是「無用無所不用」的教育。通識教育的「無用之用」主要體現在四個方面：一是通識教育強調「學以致省」，回答了「人之為人」的根本問題；二是通識教育有助於學生完善人格，提高公民的基本素養；三是通識教育有助於學生形成知識的整體觀和通透感，實現多學科的交叉、滲透和融合；四是通識教育有助於學生的智能素質發展，提高學生綜合能力。

三、建立良好的運行模式是搞好學生教育管理的關鍵

（一）建章立制是建立學生教育管理運行模式的重要保障

重慶工商大學設立通識學院，時間不長，各種規章制度和運行模式還有一個不斷探索和逐漸完善的過程。特別是建院之初，作為學校的新生事物，涉及行政、教學、學生等方面的運行管理措施都不完善，在借鑑兄弟院校通識教育成功經驗的基礎上，結合學校實際採取的各項舉措，都應該進行規範的建章立制，以保障各項管理健康有序地運轉。在學生教育管理方面，建章立制範圍涉及學院運行管理實施細則、輔導員管理、導師管理、學長管理、學風建設管理、公寓管理、評優評獎管理、學生資助管理、分團委學生會社團管理、學生幹部管理、學生活動管理等各個層面。

（二）大膽創新是建立學生教育管理運行模式的重要手段

重慶工商大學通識學院的學生管理運行模式的創新，主要涉及輔導員管理、學生證件管理、學生編班管理、入學教育管理、學生幹部管理、「三大工程」管理等。

1. 改革抽調輔導員的管理，促進學生管理的無縫銜接

為避免輔導員的多重管理，保證工作的有序性和規範性，根據學校相關文件精神，通識學院每學年根據專業學院當年的招生人數規模，抽調相應數量的專職輔導員到通識學院充實學生工作管理隊伍並工作1年，1年後隨所帶學生一起回到專業學院，以便更好地加強通識學院和專業學院學生管理的無縫銜接。這一年中，要求被抽調的輔導員必須在通識學院坐班，所有工作由通識學院負責全面安排，原則上原專業學院不再安排該輔導員擔任其他工作。為與學校績效工資改革相一致，輔導員的人事關係、工會關係和黨組織關係等不轉入通識學院，與這三類組織關係相匹配的活動組織、福利發放和年度考核由專業學院負責，通識學院只負責有關學生處層面對輔導員的各類考核工作。為有效統籌學團辦、黨支部、分團委、學風建設管理、公寓管理、評優評獎管理、檔案管理、心理健康管理、資困助學管理、學長管理、導師管理、學生交接管理、軍訓管理等各項管理工作，學院實行輔導員項目化管理，以保證學生日常教育管理順利運轉。為更好地進行工作交流，學院打破專業學院界限，安排具有不同專業及學科背景的輔導員在混合辦公室集體辦公，以促進不同學科之間的交叉、滲透和融合。

2. 打破新生專業界限，樹立學生通識教育理念

通識學院為克服單純的科學教育或單純的人文教育所帶來的弊端，採

取各種有效方式打破新生專業界限，幫助新生樹立通識教育理念和全面發展理念。

（1）從新生各種證件入手。為增強新生對通識學院的認同感，通識學院與學校招生就業處、教務處、信息化辦公室、圖書館、學生處等職能部門及相關專業學院協調，對新生錄取通知書、學生證、校園卡、借閱證、報到程序單等各種相關證件或表格作相應改革和調整，所有這些證件或表格都不打印新生的專業學院名稱，只打印相關專業名稱。

（2）從新生編班入手。為增強新生對通識學院的歸屬感，通識學院每學年在教務處的領導下，對各班級按「TSL（或 TSJ）+年級+序號+專業」的格式進行統一編排班級名稱，然后由教務處通過信息化辦公室將編班數據統一導入數字化校園的教務管理系統，學校教務處、財務處、學生處、團委、圖書館、后勤處、各專業學院等相關部門都可以通過數字化校園系統調取學生班級數據進行標準化使用。如 2015 級國際經濟與貿易一班編為「TSJ15001 國貿一」，2015 級保險一班編為「TSL15047 保險一」，學校各部門和班級對外宣傳、評優評獎及日常生活中統一稱呼「通識學院 15001 班」「通識學院 15047 班」，其他班級稱謂以此類推。

（3）從入學教育入手。為改變過去一味強調新生專業教育的觀念，強化大一學生通識教育的理念，通識學院改革新生入學教育的內容和模式。由通識學院統一協調專業學院到通識學院進行入學教育的時間和地點，並建議專業學院增加通識教育的內容，把專業教育和通識教育有機地結合起來；以前歸屬教務方面的學籍管理及考試管理內容由通識學院安排輔導員到對應的班級進行主講。同時，通識學院還安排輔導員完成新生的適應性教育、安全教育、學生管理制度、黨團建設制度等相關教育和講解工作。

（4）從新生幹部管理入手。為保證通識學院學生教育管理的統一性和協調性，學院設二級關工委、黨支部、分團委、學生會、樓管會、黨員服務站、義工志願者協會等相應學生組織；各專業學院不再在通識學院延伸設立對應年級新生的學生黨團組織。通識學院新生可以到各專業學院分團委學生會及社團應聘干事，並承認其幹部身分。通識學院鼓勵專業學院組織新生參與各種專業活動，但調動新生前須徵得通識學院分管領導或分管老師的同意，以避免學生多重管理而產生混亂。同時，為傳承通識學院文化，保證學院分團委學生會工作順利開展，通識學院聘任在通識學院學習過的大二學生擔任主席團成員。

（5）從新生公寓住宿入手。為避免專業交流的狹隘性，通識學院實行不同學科專業的新生交叉混住同一公寓，共同生活和學習，使不同的思維

方式和學習方式相互碰撞，促進新生相互交流和不斷進步。學院把黨建工作引進公寓，各樓棟建學生黨支部下屬的黨小組，由黨員服務站站長兼黨小組組長，副站長兼黨小組副組長；把共青團工作引進公寓，各公寓樓棟設團總支，由樓長兼團總支書記，副樓長兼團總支副書記。學院通過黨建工作、團建工作、學風建設工作、心理健康工作等進入公寓活動，進一步促進公寓文化的繁榮和發展，從而推進通識教育在公寓學生中的貫徹落實。

3. 以「三大工程」為抓手，拓展學生教育管理新平臺

通識學院自2011年9月以來，大力實施「通識博雅工程」「學長導航工程」和「導師領航工程」等「三大工程」，不斷開拓學生教育管理新路徑。

（1）實施「通識博雅工程」。該工程是通識學院的系列學生品牌活動，是在第一課堂的通識教學活動外，舉辦內容豐富的第二課堂活動，其目的是幫助學生打破不同學科之間界限壁壘，幫助他們樹立通識教育理念與全面發展意識，以培養具有「高情遠致，和諧自由；博雅信達，經邦濟世」等綜合素質的複合型人才。該工程包括博雅修身計劃、博雅論壇、博雅沙龍、博雅讀書會、博雅公寓文化節、博雅團日活動匯演、博雅語言才藝賽、博雅體育節、博雅知識大賽、博雅藝術節、博雅書畫攝影賽、博雅儒商節、博雅社會服務計劃等13個板塊35項子活動，內容既涵蓋思想政治教育、學生養成教育和實踐技能訓練等素質層面，又涵蓋人文社科教育、自然科學教育和藝術美學教育等學科領域。該工程各系列活動貫穿全學年，分別由學院學生黨支部、分團委學生會、藝術團、樓管會、義協等部門根據當學年的情況選擇性地承辦，通過大力推進該工程，將進一步提高學生的綜合素質，提升學院的文化品位，增強學院的凝聚力和向心力。

（2）實施「學長導航工程」。該工程是通識學院為促進新生盡快從高中的被動學習方式轉向大學的自主學習方式，幫助他們更好地適應大學的學習環境，同時幫助新生樹立通識教育理念，培養他們正確的世界觀、人生觀和價值觀，通過整合高年級優秀學長資源，充分發揮高年級學生的「傳、幫、帶」作用來實現大學生「自我教育，自我管理，自我服務」而精心打造的。該工程主要是在高年級學生中選拔一批品學兼優的學生擔任新生學長，學長的職責主要是六導，即思想引導、學習輔導、工作指導、生活向導、心理疏導、生涯指導。該工程以班級導航為主要工作形式，原則上2~4個班或者1個專業配備1名學長；以公寓社區導航和分團委學生會社團導航為輔助工作形式，通過值班和走訪的形式完成導航工作。同時，學長兼任對應班級的輔導員助理，協助學生教育管理的具體事務性工作。通識學院通過大力推進該工程，進一步增強了學院學生教育管理的力

量，提高了學院學生教育管理的水平。

（3）實施「導師領航工程」。該工程是通識學院為幫助新生盡快熟悉大學環境，加強對新生學習目標、學習態度、學習方法的指導，進一步培養他們的通識教育理念，促進學生全面發展，通過整合優秀專業教師資源，進而充分發揮專業教師在學生成長成才中的主導作用而精心打造的。學院成立導師領導機構和工作機構，建立專門的導師組；導師組由思想素質好、業務能力強的專業教師組成，原則上1個專業或者2~3個班配1名專業導師。領航導師採取專業學院推薦和教師自薦相結合的方式，在通識學院考查的基礎上擇優聘任。導師的工作職責包括思想政治教育、學習方法指導、專業發展分析、學業職業指導、科研能力培養、學生教育管理等六個方面。通識學院通過積極實施該工程，形成了輔導員、學長和導師三位一體的學生教育管理的合力，有利於進一步提高學生教育管理的質量。

參考文獻

[1] 譚霞. 基於通識教育理念的大學生培養模式 [J]. 新余學院學報, 2015（3）：146-148.

[2] 張翠榮, 張比. 通識教育的理念、困難和模式探討 [J]. 華北科技學院學報, 2012（4）：75-78.

[3] 廉永生. 關於實施通識教育的探析 [J]. 成人教育, 2011(3)：29-30.

[4] 吳承鈞. 通識教育·文化素質教育·大學英語選修課 [J]. 成功（教育版）, 2013（3）：19-22.

[5] 王莉敏. 通識教育漫談 [J]. 江西教育, 2012（3）：19-20.

[6] 崔陸軍. 關於大學中通識教育教學與跨學科科研有機結合的探索 [J]. 科協論壇（下半月）, 2011（7）：158-159.

[7] 莫瑤. 通識教育「園區管理模式」下大學生思想政治教育的實踐創新研究 [D]. 重慶：重慶工商大學, 2013（5）.

[8] 梁婧. 北京電影學院需要什麼樣的通識教育 [J]. 北京電影學院學報, 2014（4）：49-54.

[9] 鄭旭輝. 通識教育與專業教育的融合 [J]. 高校教育管理, 2012（3）：12-16.

[10] 劉天娥. 大學通識教育的內涵、意義與出路 [J]. 東莞理工學院學報, 2008（6）：99-102.

[11] 韓健敏. 人文教育：21世紀高等教育的基礎工程 [J]. 重慶師院學報（哲學社會科版）, 2002（1）：66-69.

【第四篇】實踐教學改革

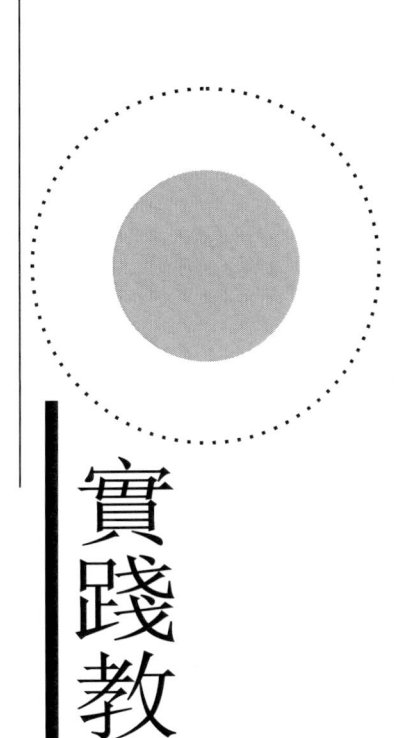

大學生「創新思維能力」培養與提升實驗教學改革及「1+N」應用模式創新構建與實踐研究

李 虹

【重慶工商大學經濟管理實驗教學中心】

[摘要] 中國高等教育教學改革的重要主題是培養具有創新型思維能力的人才。本文通過問卷調查，對創新思維能力培養與訓練進行改革，從確定課程實驗方案及步驟、課程開發、教學內容設計、組織形式與教學模式設定、成績評價等環節統籌設計，並將「1+N」應用價值推廣，以期有效提升大學生創新思維能力。

[關鍵詞] 創新思維能力；「1+N」應用模式；創新構建

目前很多高校認為創新思維是可以通過專門化訓練模式而實現的，導致思維訓練教程、思維訓練模式、思維教學方式層出不窮。但是只要我們對創新思維形成和創新思維發展規律深入剖析就會發現，大學生系統性創新思維訓練並非參照傳統的規律來衡量，這樣的思維訓練抽去了具有活力的表徵的內涵，背離了創新思維的本質，失去了創新思維訓練的價值與意義。目前很多高校將創新思維訓練設置為選修課，這樣就導致學生的創新思維與專業學科背景知識相剝離，創新思維能力的培養沒有與專業知識內容緊密地結合，最終導致學生所學的每門專業課程未能很好地成為創新思維訓練的載體，死板的思維模式不能將創新的細胞運用在自己的專業領域知識中。因此將大學生創新思維能力培養與訓練的實驗教學模式進行創新改革是非常有必要的。

一、大學生創新思維能力培養與提升問卷調查——以重慶工商大學為例

（一）問卷調查的目標導向

以重慶工商大學為例，對參與高校創新思維能力訓練的學生進行問卷調查統計，從2014年9月開始至2015年6月止，總計發放問卷調查310份，回收310份，回收率100%。針對調查結果，探求如何把學生創新能力培養與提升融入教學研究與改革實踐中，以拓展創新思維能力教學研究新視野、推動創新思維能力訓練的課程教學改革，為完善高校人才培養理論提供創新思路。

（二）創新思維能力培養與提升現狀調查結果統計分析

有33%的大學生認可「創新思維能力」是重點；有21%的認可「創新實踐能力」是重點；有9%的認可「創新學習能力」是重點（見圖1）。

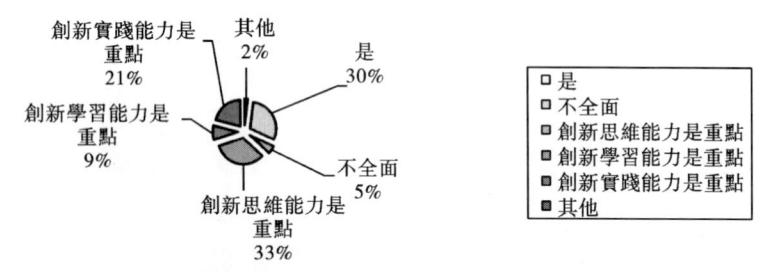

圖1 大學生創新思維能力培養把握內容的認同度分佈情況

學校環境、師生參與積極性這兩項分別占據了23%、19%，說明在創新思維能力培養中學校的重視程度以及師生參與度起著關鍵作用；其次是占16%的文化環境也對創新思維能力培養起重要作用，這其中制度環境占14%、家庭環境占10%、文化環境占16%、政治經濟環境占10%（見圖2）。

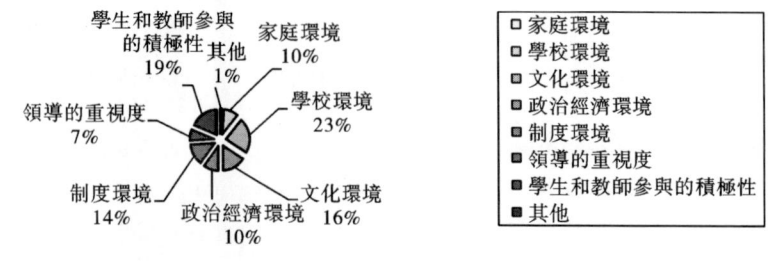

圖2 除學生的個人因素外，影響大學生創新思維能力提升的環境類比分佈

有10%的學生認可把「創新思維能力的培養與提升融入科研與教學」對創新能力培養起決定性作用；非常重要的支持度比重為93.28%，給予了高度的評價，說明教師教育在創新思維能力培養過程中的地位和重視程度相當高（見圖3）。可見，創新型人才的培養還有賴於教師梯隊創新意識的提升與培養。

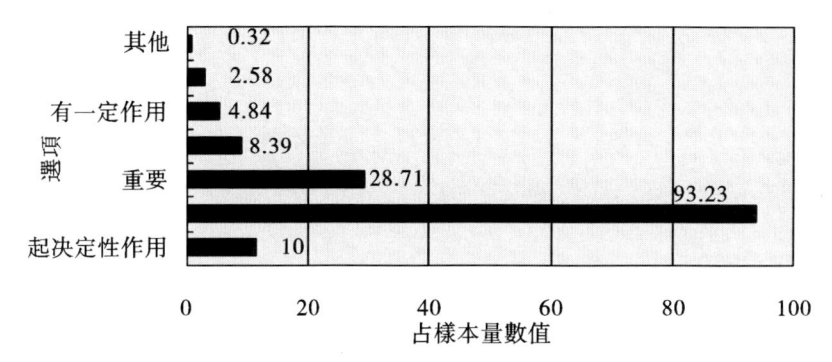

```
選項        占樣本量數值
其他           0.32
               2.58
有一定作用      4.84
               8.39
重要          28.71
              93.23
起決定性作用   10
```

圖3 大學生創新思維能力培養與提升重要性認識的分佈情況

重慶工商大學在創新思維能力培養的實驗教學改革過程中，引導大學生參與創新思維提升的活動、創新實踐活動的政策導向等實施情況總體情況是比較好的，占38.71%。但是在「還可以—不清楚」佔據的比例說明我校還需進一步瞭解和改進（見圖4）。

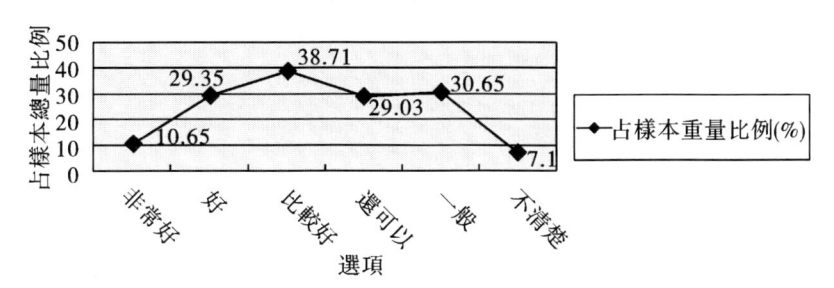

```
占樣本總量比例
非常好 10.65
好 29.35
比較好 38.71
還可以 29.03
一般 30.65
不清楚 7.1
——占樣本重量比例(%)
```

圖4 政策導向和措施及實施情況的分佈

大學生創新思維能力培養與提升對高校教育教學模式改革（79.35%）、創新教育觀念（73.55%）、大學生參與科研與實踐（72.58%）等三項的改革要求處於前列（見圖5），由此說明了大學生創新思維能力培養與提升，對現代教育動態的創新要求較高。

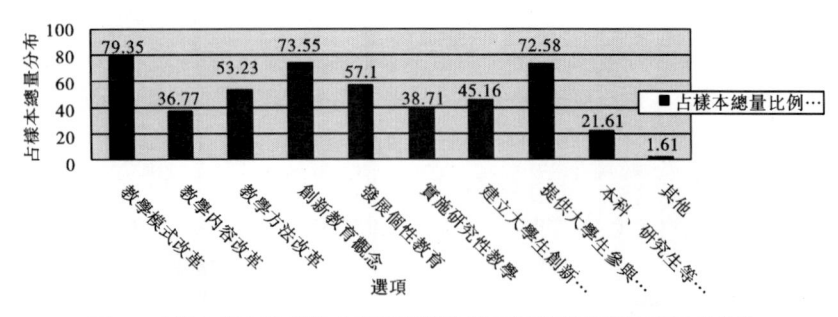

图5 大學生創新思維能力培養與提升對高等教育教學改革要求分佈

社會調查與實踐（89.68%）、參與教師的科研課題（84.52%）、參與各種創業大賽（70.65%）這三項處於前列（見圖6），由此可見這幾項是公認的大學生創新思維能力培養與提升的較理想的路徑選擇。

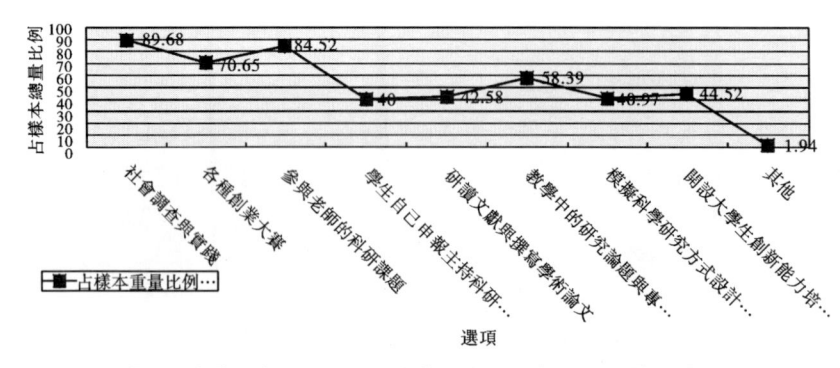

圖6 大學生創新思維能力培養與提升具體路徑選擇調查結果

（三）問卷調查結論

調查結果的統計分析：「大學生創新思維能力培養與提升」能拓展高校創新通識教育和人才培養理論研究的創新視野，促進高校通識教學改革，發揮創新教育的主導作用，有利於激發高校教師的責任感和使命感。學校氛圍、環境、學生和教師主體性參與積極程度以及學校文化環境是除學生個體因素之外，影響大學生創新思維能力培養與提升的最應關注的因素。

二、大學生創新思維能力培養與實驗教學改革

（一）確定課程實驗方案

首先，設計開發「創新思維訓練」課程——出版實驗教材、設計課堂實驗操作模式和思維評價方案；其次，實施「創新思維訓練」課堂實驗教

學，對實驗數據、教學材料進行收集、整理和分析；最後，培養一支具有較為豐富的創新教育理論和實踐經驗的校內外實驗教師隊伍。

(二) 確定實驗步驟

第一階段：實驗教師的理論和業務培訓、文獻調研，在實驗內容和目標上達成共識。

第二階段：「創新思維訓練」課程設計與開發。對「創新思維訓練」課程的教學內容選擇和教學方法、課堂模式的研究；教材和教案的編寫；教學效果和成績評定等評價方案的建立。

第三階段：「創新思維訓練」課程的實驗教學和效果評估，實驗數據收集、分析整理。

第四階段：實驗總結，撰寫論文和實踐經驗總結。

(三)「創新思維訓練」課程設計與開發

1. 課程開發的組織形式

課程以全校通識課形式由課題組確定實驗教學目標、內容和評價方法並實施，作為全校素質拓展課程而開發設計。

以課程組統一組織課程開發與設計，通過選擇、編寫、整合等方式，組織教學內容，編寫教材與案例庫內容等。

2. 課程教學內容

根據學生的認知水平和心理發展水平，按照本課程的教學目的和后續部分對教材內容選擇的有關分析，編寫了本課程的教材，其教學內容分為十四個章節，分別是：

第一章 認識創新思維

第二章 創新思維的障礙

第三章 創新意識訓練

第四章 發散思維訓練

第五章 逆向思維訓練

第六章 邏輯思維訓練

第七章 聚合思維訓練

第八章 隨機應變思維訓練

第九章 學習創新思維訓練

第十章 管理創新思維訓練

第十一章 分析創新思維訓練

第十二章 溝通創新思維訓練

第十三章 服務創新思維訓練

第十四章 自我超越能力訓練

3. 實驗課時安排

以全校通識課形式開設「創新思維訓練」課程，1學年共30學時，每個單元按三節課講授，課程講授採用「自測自檢—寓言啓發—案例示範—游戲體驗」四者結合的創新教學模式，使學生從思維到行動能夠切實得到提高。

4. 教學效果和成績評定方案

（1）學生創新意識評價

採用《高校大學生創新思維能力培養與提升的問卷調查》，在授課前後進行測試，並在對照班級學生內進行同類檢測，對檢測結果進行統計分析。

（2）學生創新思維能力評價

通過大學生創新思維能力檢測試卷，採用一些靈活性題目或沒有固定答案的開放性題目作為調查題目，對學生進行檢測，對他們思維的流暢性、靈活性、獨創性和廣闊性進行評價，以反應學生創新思維能力水平。

（3）學業成績評定結果計入學生總實驗成績，採用自行研製的「創新思維訓練」課程學業成績評價量表進行課程終結性評價，見表1：

表1 「創新思維訓練」課程學業成績評價量表

一級指標	二級指標	三級指標	評價分值 1	2	3	4	5	得分等級	評價手段
創新心理素質50分	創新意識10分	后測試試卷得分（10分）							測驗
	創新精神20分	面對矛盾問題敢於提出自己見解和解決方案（5分）							根據課堂表現記載和觀察
		敢於打破思維定式或傳統來思考問題，敢於提出新問題（5分）							
		能夠從不同方面思考問題，敢於提出與眾不同的看法和意見（5分）							
		能夠用反思方法思考問題（5分）							
	創新人格20分	勇於探索，敢於冒險（5分）							問卷調查
		不盲從，獨立自信，富有挑戰性（5分）							
		勤奮進取，具有強烈的好奇心（5分）							
		富有生活激情和豐富的想像力（5分）							

表1(續)

一級指標	二級指標	三級指標	評價分值 1	2	3	4	5	得分等級	評價手段
創新智能素質 50分	創新思維能力品質 30分	思維的流暢性（7分）							考查
		思維的靈活性（8分）							
		思維的獨創性（8分）							
		思維的廣闊性（7分）							
	創新實踐能力 20分	參與課堂活動的熱情（5分）							教學過程跟蹤記載
		創造性研究活動中的表現力（5分）							
		創新思維活動作品或成果（5分）							
		其他（5分）							

（4）教學過程中，採用建立創新思維信息本的方式交流感想和其他信息，教師從中選取優良的思想方法和學習體會引發學生討論，或作為創造性研究活動課的選題。

5. 課程教學模式

「創新思維訓練」實驗課程教學模式，本身就是一種創造性教學模式，要求實驗老師創造性地教與學生創造性地學相結合，教師創造性的教來促進學生創造性的學，這是培養學生創新素質和創新思維能力的起點與關鍵。該課程打破傳統教學模式，採取創造性實驗教學方法即採用「自檢自測—寓言啓發—案例示範—思維游戲訓練—融入學科專業應用—創新實戰體驗」的教學實戰方法。同時，將開放實驗項目、專業實驗課程、綜合實訓課程、學科競賽及課外科技活動融入創新思維訓練，鼓勵和展示學生創新思維「成果」。

三、創新思維訓練的「1+N」應用價值推廣

創新思維訓練的「1+N」應用模式是指：將前文所述十二個能力訓練進行整合，通過將單個思維細胞聚合形成創新綜合思維並能熟練融入學科專業應用中，最終構建「1+N」創新應用模式（見圖1），即將「創新思維」移植融入學科專業中，將其應用價值推廣到開放實驗項目、專業實驗課程、綜合實訓課程、學科競賽、科技發明活動等，將其效果和價值進行評估。

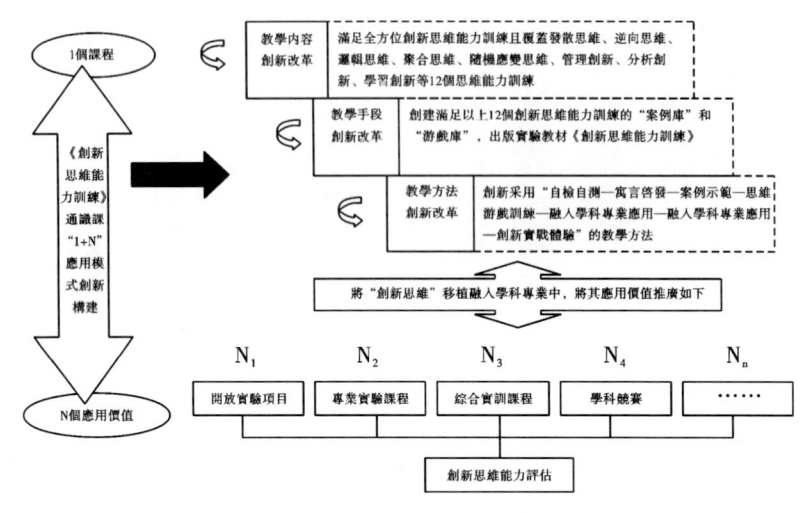

图1 「創新思維能力訓練」及「1+N」應用模式創新構建體系

「1+N」應用模式指將創新思維精髓與各專業學科相結合，學生在自己的專業知識領域中，選擇創新思維與專業知識的結合點，以創新思維方法為切入點，將創新思維原理運用到課程或各類競賽獎項中，如開放實驗項目、專業實驗課程、綜合實訓課程、學科競賽等。

四、結束語

高校大學生創新思維能力培養與提升對創新教育教學改革中實驗教學模式、創新教育觀念、大學生創新平臺搭建等內容提出了挑戰。高校對創新個性教育、創新教學方法和大學生創新能力測評與激勵機制應當高度重視。社會實證考察與調研、教師科研課題參與、各種創新創業大賽參與等方面是公認的大學生創新思維能力培養與提升較佳的路徑選擇；開設系統性、科學性的大學生創新思維能力培養選修課是高校創新人才培養的「必修課」。

參考文獻

[1] 李繼紅，等. 專業課程創新思維訓練探析 [J]. 新課程研究，2011（8）.

[2] 陳新. 創新思維訓練有形化探索 [J]. 中國冶金教育，2006（4）.

[3] 王雪琴. 高校課堂學生創新思維訓練原則與方法研究 [J]. 中國

電力教育,2014(2).

[4] 杜志強,等.創新思維訓練的問題與對策[J].江西廣播電視大學學報,2011(12).

[5] 張慶敏.創新思維訓練與創新能力培養[J].民族教育研究,2002(2).

MOOC背景下對高校思想政治理論課實踐教學改革的思考[①]

鄔 勇

【重慶工商大學馬克思主義學院】

[摘要] 在MOOC為代表的網路在線課程日益擴大的影響下，高校思想政治理論課實踐教學應該分析與MOOC的契合和衝突，通過在線學習平臺，充實內容，拓展空間，改進方法。教師需警惕單純依賴MOOC可能引發的對學生價值觀和情感培養、對師生學術共同體形成的不利影響，教師應當遵循思想性、實踐性、最優化和主體性原則，融合MOOC等課程理念，構建具有自身理論基礎、教學目標、操作程序和操作策略的思政課網路實踐教學新模式。

[關鍵詞] 高校思想政治理論課；實踐教學；MOOC；SPOC；教學模式

高校思想政治理論課實踐教學（下文簡稱「思政課實踐教學」）在大學生思想政治教育中有特殊的地位。對此，中共中央16號文件和中宣部、教育部「05方案」都有明確規定。2011年2月，教育部印發的《高等學校思想政治理論課建設標準（暫行）》（教社科[2011]1號）中將「實踐教學」作為基本建設指標，要求「實踐教學納入教學計劃，落實學分（本科2學分，專科1學分）、教學內容、指導教師和專項經費。建設相對穩定的校外實踐教學基地。實踐教學覆蓋大多數學生。」思政課實踐教學既是理論教學的延伸，又有自己的個性，它成為目前高校思政課教師探討

---

① 本文為重慶市教育科學「十二五」規劃2015年度高等教育質量提升專項課題「『互聯網+』視野下高校思想政治理論課實踐教學質量提升的研究與實踐」（項目號：2015-GX-063）的階段性成果

的熱點。

一、高校思想政治理論課實踐教學與 MOOC 的契合與衝突

MOOC 是「大規模開放在線課程」（Massive Open On-line Course）的簡稱，它是 21 世紀出現的新型網路學習形式，發展迅速。目前，隨著全球著名高校和名師的加入，一些明星課程如哈佛大學倫理學教授邁克爾·桑德爾的《公正》、耶魯大學哲學教授謝利·卡根的《死亡》等課程的註冊學習人數驚人，催生了大量的 MOOC 專題平臺和學習社區，如著名的「可汗學院」、Udacity、Coursera、edX 等。一時間，慕課風靡全球，風頭強勁。2012 年甚至被《紐約時報》稱為 MOOC 元年。

MOOC 是網路學習的代表，它挾「E 時代」移動通信工具的威力，普及率高、受眾廣、衝擊力強，成為教育教學中不可忽視的力量。因此，思政課實踐教學不能繞過網路和移動通信工具，不能繞過 MOOC，我們必須對 MOOC 時代的網路課程模式加以深入研究。

（一）契合

1. MOOC 充實了思政課實踐教學內容

思政課實踐教學要求教師必須用一定的教學形式對學生進行教授和指導，這和 MOOC 的製作過程是相同的，MOOC 絕不是簡單地將紙質書本上的內容變成視頻，也不僅僅是一種信息呈現方式的轉變。與所有的課堂教學過程一樣，在教學內容的呈現時，教師要事先掌握學生情況，尤其把握學生的信息素養，在把握理論教學重難點的基礎上，重新設計整個 MOOC（或者課堂教學）的內容和進程。這一過程是教師的研究經驗和領悟進入教學領域的過程，是「個人意見」「私人知識」進入「公共領域」「大眾空間」的過程。如果說，在思政課理論教育教學領域中，這種內容多少還有一些限制的話，那麼實踐教學課程由於其具有活動課程的內在特點，即可變性、靈活性與地方性，更加需要充實和完善教學內容。實踐證明，一堂好的實踐教學課程的內容往往是理論聯繫實際的，是教師研究成果和學生實際發展的高度統一。

此外，開展思政課實踐教學，還需要補充必要的輔助教學內容。實踐教學不同於理論教學，它需要學生有必要的知識和技能。這些知識和技能既是實踐教學必備，也是學生進入大學之後的基礎。在實踐教學中，如果學生不具備學術誠信知識，不具備使用圖書館資源檢索文獻的技能，不具備必要的觀察、訪談、調查和論文寫作、成果交流的技能，思政課實踐教學只會低水平重複，且會和團委、學生處的社會實踐活動雷同，難以體現

思政課實踐教學的課程性和學科性。

實踐證明，學生渴望在新的學習階段，掌握全新的學習理念和學習技能。在我們對 2012 級部分學生進行問卷調查時候，學生對思政課實踐教學中補充相關學習內容，加強必要的技能培訓等進行了充分肯定。

2. MOOC 拓寬了思政課實踐教學空間

思政課實踐教學需要走出課堂，走出校園，讓學生在現實中感受社會的脈搏，增強對理論學習的實際感受，並努力將所學的理論運用在實踐中，報效國家和社會。但是，在實際運作中，思政課實踐教學卻受到許多問題的制約。其中，理論教學的教學任務沉重，占用了大量的課堂教學實踐，實踐教學往往需要面對時間短、任務重的難題。比如，在指導學生檢索學校圖書館網站的數字資源，對實踐教學項目進行資料查閱時，教師課堂上眼花繚亂的 PPT 展示，往往讓學生頭暈目眩，跟不上教學進度。這時候，在課堂教學的同時，輔之以 MOOC，就能起到有效作用。

作為網路課程的一種，MOOC 具有異時性等特點。在教師適當點撥的基礎上，MOOC 能夠彌補實踐教學上的空缺，使其成為一種提高教師指導效率的教學通道。

3. MOOC 改進了思政課實踐教學方法

思政課實踐教學走出課堂還有其他限制。思政課屬於政治公共課，學生多、教師少的矛盾一直比較突出。實踐教學要求走出課堂，低師生比使學生走出校門受到嚴重限制，這就使學生自主學習小組成為思政課實踐教學的主流。

在學生小組成為實踐教學主流的背景下，研究學習小組，指導學習小組的運行成為教師的任務。在這一方面，MOOC 具有的開放性和實踐教學本身的開放性是一致的。首先，MOOC 不是視頻觀摩，它需要師生的互動討論，它尊崇創用共享（CC）協議，或者說，只有當課程是開放的，它才可以稱之為 MOOC。其次，實踐教學本身也是開放的，它要求實踐組內成員之間、小組之間相互合作，相互學習，共同達到實踐教學的目標。

（二）衝突

作為一種全新的課程模式，經過一段時間的嘗試之後，MOOC 也遇到了許多問題。表面上看，當前 MOOC 被人詬病的主要是低完課率。據統計，註冊人數超過 10 萬的課程，完課率一般都不到 10%。其中，美國 Coursera 平臺上杜克大學的邏輯課「*Think Again: How to Reason & Argue*」註冊學生達到 22.6 萬人，但完課僅 5,322 人，完課率僅 2.3%。資料分析表明，低完課率不僅因為大家慕名學習，有始無終，更深層次的原因可能

還是MOOC模式（尤其是行為主義的xMOOC）存在與高等教育規律和學生認知—學習規律抵牾之處。正因如此，美國聖荷西州立大學（San Jose State University）哲學系的老師們聯名抵制edX，麻省安默斯特學院（Amherst College）也拒絕了edX的邀請。[1]類似的反MOOC事件還有很多，這些都促使我們思考以MOOC為代表的新型在線網路教學形式與思政課實踐教學中的衝突和衝突背後的深層次原因。

1. 單純依賴MOOC不利於培養價值觀

價值觀的培養是思政課的核心，它需要理論知識，需要情感參與，也需要學生通過實踐之後的直接經驗。價值觀的培養需要時間，需要實際的磨礪。因此，僅僅依賴於網路世界和虛擬空間，學生是不能形成正確的價值觀的。

從思政課的角度看，社會主義核心價值觀的培養離不開馬克思主義基本原理教育，離不開社會主義共同理想教育，離不開以愛國主義為核心的民族精神和以改革創新為核心的時代精神教育，離不開社會主義榮辱觀教育。而要真正將上述內容落實到學生頭腦中，需要我們走出課堂，從中國歷史和現實中汲取能量，從改革開放前后經驗教訓中汲取養分，只有這樣，社會主義核心價值觀的培養才是牢固的。

2. 單純依賴MOOC不利於培養情感

情感教育是思想政治教育目標的重要組成部分。愛國主義的情操、胸懷天下的情懷、健全的人格等，從來都是思政課的內容。情感教育有自己的規律，與認知教育有很大的不同。構建學生高尚的情感世界，需要興趣、成功、審美和創造等教育要素的參與，需要集體參與的喜怒哀樂的共同場域和氛圍。

網路虛擬世界的人機交流模式雖多，但是基礎是「人—機—人」。儘管MOOC強調在線學習，集體討論，教師和MOOC製作團隊也在多媒體（文字、聲音、圖像、動畫、視頻等）方面進行了大量的工作，但是網路在線教育永遠不能擺脫物化仲介（電腦和手機）的影響，在情感教育的條件方面不如傳統教育。

3. 單純依賴MOOC不利於形成學術共同體

大學是師生共同營造的學術共同體（Academic Community）。這一學術共同體有自己的價值觀和情懷，有共同的運作規則，也有自己代代相傳的權利、義務和責任。維繫整個學術共同體的核心倫理是信任。信任的建立需要實際的運作，因此，在校園中教師、員工和學生之間的互動和交流應該不止停留在課堂上，也應該通過學術活動建立更深層次的聯繫。從這個

角度看，MOOC 只能是學術共同體運作的工具或者渠道，不能對其抱有更高的期望。

(三) 思政課虛擬實踐教學模式的思考

在思政課實踐教學運作中，新出現了一種虛擬實踐教學模式。[2] 這種虛擬實踐教學就是將網路作為實踐教學的空間，以學生的信息素養為基礎，通過在網上查閱資料，整理分析，形成思政類視頻、網頁、專題網站、微信公眾號等實踐成果。思政課虛擬實踐教學能夠彌補實踐場所不足、師學比不足、經費有限、安全難保障等諸多弊端，為思政課實踐教學開闢了新的途徑。實踐證明，該模式對計算機、媒體、平面藝術設計（廣告）等專業的學生尤其適合。

但是，對於思政課虛擬實踐教學模式不宜過高評價。思政課實踐教學需要直接經驗，需要創造，需要發現新的知識質料，需要新的知識建構方式，這些都不是一味依賴在網路中通過「搜索—複製—粘貼」能夠完成的。如果考慮到網路表達也是一種創造的話，除媒體類專業，其他學生很少有專業技能基礎去達到相應的效果。

二、網路時代高校思想政治理論課實踐教學改革策略的梳理

MOOC 獨領風采的網路時代，思政課實踐教學必須思考實踐教學與網路學習的結合問題。考慮到網路教學涉及的教育教學理論已經有相當長的歷史（甚至 MOOC 教學模式的設想也可以追溯到 20 世紀 60 年代），因此在相關理論和實踐經驗的基礎上，在開展思政課實踐教學過程中，應該重點強調下列策略。

(一) 思想性原則

思政課實踐教學是高校思想政治理論課的組成部分，它的總目標為培養大學生運用所學的理論觀察和認識社會生活，養成獨立分析問題、解決問題的能力，使所學所得內化為世界觀、方法論，轉化為對國家現行路線、方針、政策的理解和認同；通過一系列學生可以參與的方式，使學生融入到教學過程中來，促進教學的雙向互動，提高學生自主學習的積極性，從而增強思想政治理論課教學的針對性和實效性；通過瞭解社會、關注現實，養成學生關心社會、適應社會的品質，學會把自己的前途和國家的發展聯繫起來，盡早找到自己的發展目標和發展方向。從這點看，思政課實踐教學應該和其他學科的實踐教學有根本不同。

在利用網路教學開展實踐教學時，思想性容易遭到干擾。因為實踐教學需要傳授一定的技能，如檢索圖書資料、訪談、調查等，這些從某種意

義上來講是研究社會科學的普通技能。在實踐教學中，教師應挖掘教學內容中的思政教育資源，不要偏離思想政治教育方向。

（二）實踐性原則

大學思想政治教育包括課堂教育和思想政治理論課社會實踐，其最終的目的是幫助大學生樹立正確的人生觀、價值觀和世界觀。顯然，在信仰、信念、價值、誠信、責任、精神的培育上，僅僅依靠課堂教育是不夠的。要促進「知」和「行」統一，還需要有計劃、有組織地參與社會政治、經濟、文化生活的實踐活動。社會實踐能有效地彌補思想政治理論課課堂教育、校內思想政治教育的不足。

網路時代的實踐教學的目標是為了學生的發展，應該防止「為了網路而網路」，讓MOOC為學生走出課堂、走出校園服務。

（三）最優化原則

思政課實踐教學處於學科課程與活動課程的中間地帶，它涉及的學生眾多，學校差異明顯，目前，僅從傳統教學的角度看，實踐教學的方式方法就形成了多種進路。因此，MOOC背景下思政課實踐教學尤其需要把握系統科學原理，用最優化理論指導整個教學進程。

從整體上考慮，教學活動不僅僅是教學效果的「投入—產出」過程，它也是教師和學生的成長過程。因此，它涉及許多因素，如教師精力的投入、應用便捷性、模式與實際教學環境的適應性等，這些都會影響一個實踐教學模式的應用和推廣。

從目前實踐教學的實際出發，貫徹最優化原則要求思政課實踐教學在目標方面進行統籌，應該將大一、大二學生開展的實踐教學與大學高年級的畢業實習、畢業論文區別開來，合理規劃好學生發展的具體目標。

（四）主體性原則

在思政課實踐教學中，學生作為學習的主體應該得到高度重視。現代大學教育是開放的，人才規格的變化鼓勵大學生差異化發展和個性化發展。從這個角度看，學生自主學習小組作為當前學生實踐教學的主流，應該得到高度重視。教師應該通過指導學生在學習小組中進行合理分工，從而達到合作學習的目的。

在思政課實踐教學中，教師也是重要的主體。思政課教師在實踐教學中是最重要的因素，學生的專題研究往往離不開教師科研的引領。科研是促進教師發展的重要助推，大學教師也承受了巨大的科研壓力。大學教師可以通過實踐教學，選擇性地將優秀學生小組和尖子納入到自己的科研團隊中，請他們幫助自己發放問卷和統計數據，製作多媒體視頻等，為自己

的科研提供幫助。

三、構建高校思想政治理論課實踐教學的網路在線學習新模式

（一）理論基礎

目前，MOOC課程模式中主要有聯結主義的cMOOC和行為主義的xMOOC兩種模式。這兩種模式各有特點，但是，它們都是立足於網路在線學習開展的，主要對象是網上註冊學習的學生，對高校學生，尤其是思政課實踐教學照顧不夠。具體地說，就是較少考慮到理論教學和網路平臺之間的銜接，對網路學習之外「學生—教師」的互動考慮不夠。

思政課實踐教學有其獨特的教學目標和規律。因為是在學校網路教學平臺中使用，因此，與其說是MOOC背景下的一種教學構思，倒不如說是在SPOC（Small Private On-line Course）更加貼近實際。從某種意義上講，這種「小規模訂制型在線課程」更能夠發揮教師和學生的主體性，加強師生之間的互動，達到理想的教學效果。

高校思政課實踐教學的理論基礎應該是構建主義的。不同於cMOOC立足於聯通主義，注重網路節點之間的創新與生成，亦不同於xMOOC立足於行為主義強調知識重複，構建主義的基礎是認知心理學，它要求在對教學目標分類的基礎上，運用系統科學原理，對不同的教學目標採用最優化的「教學—學習」方法。因此，思政課實踐教學與學科課程、活動課程秉承的教育教學原理相同，具有兼容性和適應性。

（二）教學目標

1. 知識目標

通過網路學習，學生完成實踐教學的必要知識準備。通過與教師、同學之間的互動，學生實現實踐活動學生項目選擇、項目實施、項目成果表達和項目成果交流。學生瞭解實踐教學的其他相關知識，如學術規範、安全知識、研究倫理等。

2. 技能目標

通過觀摩實踐教學的視頻，學生學會檢索圖書資料、觀察、訪談、問卷調查和分析技能；學生學會論文寫作和成果交流的基礎技能等。

3. 價值觀目標

通過學生實踐教學小組的建立和網路學習的實際運作，學生學習合作學習和競爭雙贏等重要理念。

（三）操作程序

思政課實踐教學網路學習新模式的操作程序為：課堂指導—成立學生

自主型實踐活動小組—小組開展各種實踐活動—形成實踐活動成果—全體交流。

（四）操作策略

（1）教師在課堂教學中應該立足於理論教學，統籌實踐教學。集體講解實踐教學的意義和考評方式。教師應該對帶傾向性的問題進行集體指導。

（2）教師通過網路傳遞學習資料，並通過在線學習平臺，介紹學生觀看「學術規範與學術誠信」「檢索圖書資料」「觀察」「訪談」「問卷調查」等。

（3）教師設計表格，通過指導學生填寫《實踐教學活動表》，對項目題目、內容和方法等進行指導。

（4）教師通過成果交流，開展互評互學，並對優秀學生成果進行評獎鼓勵。從2010年以來，我們每年堅持開展「大學生實踐教學優秀成果評選」活動，對優秀學生成果和團隊進行了表彰鼓勵，集結出版學生的優秀成果。通過這些活動，我們加強了對實踐教學的研究，鍛煉了隊伍，提高了我校思政課的水平。

四、幾點思考

（一）教師是靈魂

不管是實踐教學，還是網路在線學習，作風過硬、業務精良的教師個體和教師團隊是完成教學任務的主導力量。

（二）保障是關鍵

MOOC時代，信息門檻成了限制許多教學活動的關鍵。在這樣的條件下，教學管理團隊的支持保障作用就變得非常重要。在開展網路在線輔助教學的過程，我們深深感到學校在線學習平臺的進步和及時的培訓帶來的便利。

（三）技術是工具

1842年教室出現了黑板，1940年課堂出現了電影……每一次教學工具的變化都需要教師消化和適應。從這種意義上講，MOOC的出現和以往的電影輔助教學、電視輔助教學本質上相同，只不過這次媒體工具從電影、電視變成了電腦、移動通信設備（手機、平板電腦等）而已。

（四）SPOC是基礎，MOOC是願景

如果SPOC都不能很好地服務教學，MOOC肯定是靠不住的。但是，SPOC應該吸納MOOC的理念，適應移動傳媒時代學生的學習特點。

參考文獻

[1] 劉怡甫. 從 Anti-MOOC 風潮談 MOOC 的轉型和 SPOC 的擅場[J]. 評鑒（臺灣），2014，48（3）：36-42.

[2] 劉會強. 虛擬實踐教學：高校思想政治理論課與網路的深度融合[J]. 思想教育研究，2010（5）：36-39.

[3] 劉克蘭. 現代教學論[M]. 重慶：西南師範大學出版社，1993.

合作學習模式的探索與實踐
——基於綜合實訓課程教學的實證研究

張梁平

【重慶工商大學經管實驗教學中心】

[摘要] 合作學習模式是國際上流行的教學策略之一，它將心理學、社會學的眾多理論與教學實際相結合，大大提高了教學效果。基於綜合實訓的合作學習實踐探索，提出了切塊拼接法、小組—游戲—競賽法等主要模型，並從分組、任務、交流、評價、教師等關鍵點進行了分析。

[關鍵詞] 合作學習模式；綜合實訓；實施策略

近年來，為切實提升大學生專業知識融合能力與實踐能力，培養高素質創新型人才，很多高校紛紛調整課程體系，增設了綜合實訓課程。綜合訓練內容既是學校所講授的各課程知識、各單項技能的綜合運用，又是依據企業要求進行的崗位能力培訓；綜合實訓的環境，既有學校教學環境，又有企業生產的模擬環境；綜合實訓的考核評價，既有學生實訓過程的評價，又有學生完成實訓項目的結果評價。但在選課制的背景下，教學班學生往往是跨學院、跨專業組成，知識背景也存在較大的差異，對教師的理論與實踐要求都較高。顯然，對於綜合實訓課程的開展，常規的教學模式是難以實現教學目標。重慶工商大學經管實驗教學中心作為國家級實驗教學平臺，多年來，對於綜合實訓課程的教學進行了諸多有益的探索，在教學實踐中，引入合作學習（Cooperative-Learning）教學模式，取得了較好的教學效果。

合作學習模式是20世紀70年代興起於美國的一種教學理論與策略體系；它以教學中的人際合作和互動為基本特徵，學生在小組或團隊中為了完成共同的任務，是有明確的責任分工的互助性學習，它是一種富有創意

和實效的教學策略。

一、合作學習模式簡介

美國著名教育評論家埃利斯指出:「如果讓我舉出一項真正符合『改革』這一術語的教育改革的話,那就是合作學習。」「合作學習如果不是當代最偉大的教育改革的話,那麼它至少也是其中最大的之一」。合作教學理論認為:「整個教學系統中的動態因素都是教學活動不可或缺的人力資源,強調所有動態因素之間的互動合作,即師生互動合作、師師互動合作和生生互動合作,由此在課堂信息交流網路上體現出縱橫交錯的三維立體特徵。」合作學習致力於開發學習者的潛能,培養學生的自主性,這樣既能提高學生的主動性和參與性,又有利於培養學生的團隊協作精神。

國外著名的合作學習研究專家認為,任何一種形式的合作學習模式,有五個要素是不可缺少的:①積極互賴:要求學生知道他們不僅要為自己的學習負責,而且要為其他同伴的學習負責。②面對面的相互性促進作用:要求學生進行面對面的交流,相互學習促進彼此的學習成績。③個人責任:要求學生必須承擔一定的學習任務,並要掌握所分配的任務,分工明確,責任到人。④社交技能:要求教師必須教會學生一定的社會交流技能,進行高質量的合作。⑤自評:要求合作學習者定期評價合作學習的情況,檢討合作學習的方法與效果。

二、合作學習主要模式推薦

根據綜合實訓的特點,一般靈活採用以下幾種合作學習模式:

(一) 切塊拼接法 (Jigsaw)

這一模式具體為:學生小組由四至六名成員組成,各小組成員在信息、資源及任務上互相依賴,學習任務事先進行了劃分,每位小組成員承擔全部學習任務中的一部分。各小組中學習同一部分內容的學生組成「專家組」共同學習、討論,直至掌握,然後「專家」們返回各自的小組教會本組其他同學,最後測試各小組每位同學對全部內容掌握的程度。比如在創業綜合模擬實訓與企業經營決策與管理綜合模擬實訓的課程中,均有將學生按企業高級管理角色進行分組的實踐,於是同一教學班就會有若干首席執行官 (CEO)、首席財務官 (CFO)、首席行銷官 (CMO)、首席技術官 (CTO)、首席信息官 (CIO) 等職位,將具有同一身分的學生進行相對集中的學習訓練,由此各個職位的學生就能在各小組更好地發揮相應的作用。

（二）小組—游戲—競賽法（Teams-Games-Tournament，簡稱 TGT）

在這一模式中，教學分四個環節進行，即教師全班授課、小組學習、教學競賽、成績評定。合作學習小組的主要作用在於同學之間互教互學，保證所有成員都學會教師講授的內容，為教學競賽做準備。比賽時按原有的學習水平抽取各小組能力同質的學生，代表各自的學習小組參加游戲競賽（比如在創業綜合模擬實訓課程中的破冰游戲、執行力游戲等，對於激發團隊凝聚力與學生的主動參與都收到了良好的效果），每位成員都給小組積分，比賽後按各小組成員積分所得總成績進行表彰。目前的綜合實訓，多有應用軟件的支持，比如企模 BIZSIM、商道、創業之星等，這些軟件本質上就是競賽軟件，學校也有關於「教—賽—學一體化」的教學改革的立項，將課堂教學、課後訓練、學科競賽融合為一體，進行全面的探索實踐，在國內大賽中多次取得好成績，學生的綜合素質也得到了較大的提升。

（三）共同學習法（Learning Together，簡稱 LT）

這一模式具體為：由四五個能力不同的學生組成一個小組，共同學習、完成某一任務，每一小組共同交一份作業，依小組成績進行獎勵。這一方法強調小組進行共同活動、討論，以促進小組得高分。綜合實訓主要是基於項目的訓練，因此，這一方法也是合作學習的主要模式。

（四）小組調查法（簡稱 GI）

這一模式強調學生學習過程中的探究性。具體過程為：學生按三至六人組成小組，從全班總的學習任務中選出一個課題進行學習，在小組內子課題又被分割成不同部分由小組成員各自承擔，各小組學生制訂計劃並展開調查研究和討論，通過分析綜合，得出問題結論並將此研究報告呈現給全班同學，以使全體學生形成對比此課題的深入認識，最後由師生共同對探究的結果做出評價。目前這種方案在綜合實訓中主要在課程匯報環節中使用，同時部分課程也在一些相對大的課題、項目中採用小組調查法，收效明顯。

三、合作學習模式實施策略

在教學策略上，「合作學習」要求創設一個主動參與、全員參與、差異參與的氛圍，實行集中學習、小組學習和個體學習的交替融合。同時又要突出教師的主導作用和學生的主體地位。使人感受最深的是所有成功的教師都把課堂活動看作是最重要的教學部分，強調把教學貫穿於活動中，通過學生們的互相合作，來發現問題、解決問題，提高學生自身的實踐能

力，並取得了較好的效果。

（一）科學合理的教學分組

合作學習是以學習小組為基本形式的一種教學活動，各個成員首先應明確分工，各盡其職，其根本特色在於小組活動的科學組織與展開，小組成員構成以異質搭配為宜，即每個小組均由不同能力的學生組成。這樣的分組能使學生從其他小組成員獨特的見識中受益，有利於優勢互補、公平競爭、相互促進，也便於教師輔導。小組劃分要根據課程內容和性質來進行，劃分的標準應依據學生的性別、語言能力和溝通能力等，最好採取異質劃分（即將特質差異者劃為一組），以利於發揮小組成員的互相影響和帶動作用。教師應該通過對學生個人能力和興趣的瞭解，將全班學生按照3~5人一組的形式劃分為若干個小組，這樣便於學生在合作學習中相互交流，相互學習，使教師在指導過程中具有較強的針對性。從合作學習的功能來看，這是一種比較理想的劃分方式。分組的方法比較多，可以由教師根據學生的專業、性別等進行預分組，也可以在學習中，由學生自由組隊，也可以採取其他方式。但一般而言，老師都應在組隊的規則上進行要求約束，盡量避免基於熟人圈的組隊形式。

（二）學習任務要求應明確

課堂的教學時間非常有限，因此合作學習前要讓學生明確教學任務和要求，最好選擇那些具有一定挑戰性、探索性的問題開展合作學習，既不能太難又不能太簡單。這就要求教師在布置小組學習內容時，要具有明確的任務和要求。教師在上課的時候，將學生要掌握的技能知識充分地、詳細地講解給學生；在學生掌握理論的同時還要加強技能、實踐的鍛煉，具體要求就是熟練掌握。例如，創業綜合模擬實訓課程培養學生的創新意識，提升的是學生的創業能力，明確創業項目是合作學習的重要前提，有了明確的任務。由於是採用小組合作學習的方式，因此任務的設計應充分考慮小組各成員的分工需要，要讓任務的完成必須依賴於小組內全部成員的努力，並能把總任務分解成小組內不同能力類型的學生都能獨立完成的分任務。任務設計要具有整合性，要充分關注其他學科的學習進度和學習情況，加強與其他學科的橫向聯繫，實現課程整合。

（三）強化相互溝通和交流

合作學習最後一環是全班交流、分享成果，這一步為學生提供一個小組之間對學習結果進行比較交流的機會，交流的內容：一是認知與技能；二是過程與方法；三是情感與價值觀。由於各小組成員的認識問題、分析能力、解決問題的能力不同，小組完成學習任務的情況也不同，通過小組

成員間和小組與小組間的交流，可以使學生們得到更大的收穫。鑒於此，要在綜合實訓課程中提高學生的學習積極性，應讓學生通過小組交流、全班匯報、師生交流等形式實現學習全面互動。例如在創業綜合模擬實訓課程的「創業項目選擇」環節中，可以讓小組成員先通過一二十分鐘的討論，綜合小組成員意見，提出數個創業項目；然后再分組向全班同學進行匯報，介紹創業項目；其他小組成員（包括教師）對該項目進行評析，提出看法；最后各小組再進行討論，確定一個最優的創業項目。整個實訓過程中，在小組與小組的互動交流時，各小組的特色會展現在其他小組面前，各小組也會在吸取別人精華的基礎上修改自己的內容，從而圓滿完成學習任務。

（四）注重過程化成績評介

在綜合實訓課中，要求同學們展開充分的合作學習，通過各個小組的成果展示，以及其他小組的提問，進一步完善本小組的學習任務。最后，教師還應該對合作學習進行科學的合理的評價。評價不僅僅是關注學生個體，還要關注整個學生團體；不僅要學生關注自己怎麼樣，更要學生關注「我們小組怎麼樣、哪個小組分工合理、哪個小組善於合作、哪個小組有效率有成果」。

合作學習的評價可採用多種形式：形成性評價與終結性評價相結合；自評與他評、小組評相結合等。這幾種評價形式可以單獨運用，也可交互運用。評價內容包括判斷學習結果的正誤，判斷學習方法是否選擇得當。小組成員討論得出的結果屬於集體的成果，每個學生擁有分享權。受到肯定的是整個小組學習的成功，而非某一名成員。旨在強化學生的合作意識、自己努力學習並幫助他人學習的雙重責任感，同時也鍛煉了學生對於落后評價的心理承受能力。

小組學習講求合作，但成績卻不能搞平均主義，因為小組成員的分工是不同的，對問題的理解程度和探究程度也是不同的，這就要求在小組成績的前提下給個人的成績和評價也應是不同的。合作學習的成績評價應注意點面結合、結果與過程相結合，對合作小組的評價應著眼於過程，而對個人的評價則應偏重於結果。同樣地，教師在具體操作時也要靈活把握，在兼顧公平和效益的原則下，最大程度地調動每一個學習小組和個體成員的學習積極性，這也是做好小組成績評價的關鍵。

（五）發揮好教師引導作用

在學生合作學習的過程中，當然是以學生為主體，但教師作為組織者、引導者、參與者，旨在組織交流，促進整個教學過程的發展，應該真

211

正發揮自己在合作學習中的角色。教師的指導包括合作技巧的指導和學習困難的指導。當學生討論偏題時，教師要及時地給予點撥；當學生討論受阻時，要及時地給予引導；當學生對合作學習的內容還不是很清楚時，要立即說明。對那些表現較好的小組，要及時地給予表揚和評價。

好的教學效果必定來源於好的教學設計，教師應首先是個不折不扣的教學策劃者或設計者。在策劃課程時，首先應注重整體教學，其次也要重視單元整體備課，以此保證教學的流暢性、完整性和發展性，並突出知識的循序漸進性和環環相扣的特點。同時根據教學內容和學生實際，根據不同的內容要求，充分備課，在準備教案時，分組活動的目的、形式、內容、時間、活動的工具材料、活動的要求等都被精心考慮、設計和策劃，只有這樣，課堂教學中學生的分組活動才能在教師的精心指導下完成，達到教學目的，取得較好的效果。

這裡，教師的工作主要有：確定教學目標任務，設計或者幫助小組設計教學情境，進行學習指導，參與小組討論，指導小組開展活動，要求小組長反饋情況，指導鼓勵後進生學習；對課堂所有活動進行控制。教師的主要作用是使學生對小組合作學習活動產生內心需要，促使他們形成對學習目標的認識及個人見解。

四、結論

21世紀是信息全球化和國際經濟一體化的時代。「學會與他人合作」已經成為全球教育改革的四大支柱之一。在實訓課中運用合作學習模式能夠培養學生的合作意識。合作意識是現代人必須具備的基本素質，合作將是未來社會的主流，而合作學習是培養學生合作意識的重要方式。德國教育家斯多惠說過：教育的藝術不在於傳授本領，而在於激勵、喚醒與鼓舞。合作學習模式改變了以往課堂教學的組織形式及其作用，根據需要把教學班分成多個學習小組，淡化教師信息發布人的作用，而學生則逐漸成為學習小組的參加者和決策人。由於合作學習模式在改善教學氣氛、大面積提高學生的學業成績、促進學生形成良好非認知品質以及改善師生關係等方面效果顯著，很快引起了世界各國的關注，合作學習必將成為課堂教學和學習的主流模式。

參考文獻

［1］王坦.合作學習理論解析［J］.課程・教材・教法，2005（1）：30-35.

［2］王坦. 合作學習導論［M］. 北京：教育科學出版社，1994：4-11.

［3］龐國斌，王冬凌. 合作學習的理論與實踐［M］. 北京：開明出版社，2003.

［4］Sharan S. ed. Handbook of Cooperative Learning Methods［M］. Westport, CT: Praeger, 1999.

［5］石曉煦，何文軍. 小組合作學習的組織策略［J］. 人民教育，2003（5）：38-39.

［6］汪航. 合作學習認知研究綜述［J］. 心理科學，2000（2）：438-440.

［7］姚國，劉永山. 合作學習在教學中的運用［J］. 山東教育科研，1997（4）：25-26.

［8］許曉川，盧紅. 從傳統學習到合作學習［J］. 教育理論與實踐，2002（11）：16-19.

管理實驗教學與經管專業大學生的職業軟實力培養[①]

陳麗新　崔子龍

【重慶工商大學管理學院】

[摘要] 管理實驗教學與經管專業大學生的職業軟實力培養之間存在著天然的聯繫。在面向經管專業大學生的管理實驗教學的實施過程中，不論採用提問、角色扮演和情境模擬方法，還是討論與辯論方法，指導老師都不再是單純的施教者，學生也不再是單純的受教者，學生借此不斷地自主學習、獨立創新，在實現管理理論知識內化的同時，實現了對於學生職業軟實力的培育，這為他們的初次就業、持續就業和成功就業提供了有效保障。

[關鍵詞] 管理實驗；教學方法；職業軟實力培育

經管專業大學生的就業難問題一直是困擾社會的一個重要問題，對此問題的檢討很多情況下總是歸因於相關高校、相關專業的招生規模的擴大，供應的增加，但事實上，這種簡單歸因並沒有看到問題的實質，反而掩蓋了問題的真相。作為高等學校的教研工作者，稍事挖掘，我們就會發現，問題的關鍵其實在於相關高校、相關專業沒有培養出能夠充分、有效適應經濟社會現實的高質量經濟管理人才，其中，經管專業大學生的職業軟實力更是影響其持續就業和職業生涯成功展開的一個重要短板。

管理實驗教學採用模擬、討論、角色扮演、對抗性參與等方式，能夠較好激發學生的學習熱情、培育學生的創新意識，進而培養學生的職業軟實力，為學生的初次就業和持續就業提供實力保障。管理實驗教學的直接

[①] 本文系 2015 年重慶工商大學教育教學改革研究重點項目（編號：2015013）和 2014 年重慶市教學科學十二五規劃重點項目（編號：2014-GX-037）研究成果

目標是內化學生的管理知識、培育學生的管理技能，在此基礎上，當然地包括了指向學生職業生涯展開的意識、興趣、習慣、能力等。如何通過有效地管理實驗教學，培養和提升經管專業大學生的職業軟實力，是現今經管專業人才培養者直接面對和必須回答的問題。

一、經管專業大學生的職業軟實力培養及時代背景

（一）經管專業大學生的職業軟實力及現實價值

1. 什麼是職業軟實力

20 世紀 90 年代初，哈佛大學教授約瑟夫·奈首創「軟實力」（Soft Power）概念，試圖以此解釋資源與實力之間的非對等關係，開啟了軟實力研究與應用的潮流。按照他的觀點，軟實力是一種能力，它能通過吸引力而非威逼利誘達到目的，是一國綜合實力中除了傳統的、基於軍事和經濟實力的硬實力之外的另一組成部分。軟實力和硬實力同等重要，但在信息時代，軟實力正變得比以往更為突出。約瑟夫·奈的軟實力研究主要限定在國際政治和國際關係領域，其基本思路沿著「資源—潛在軟實力—現實軟實力」線路展開。軟實力概念傳入中國後，學者們把它延伸到了更微觀的層面和更具體的領域，使中國的軟實力研究呈現出多樣化、普遍化傾向，職業軟實力概念的提出和使用就是其中一例。

經管專業大學生的職業軟實力是相對於他們的專業硬實力而言的，包括人際溝通的意願與能力、承受挫敗的意願與能力、團隊合作的意願與能力、愛崗敬業的意願與能力等，總體上由指向這些領域的職業能力和職業態度兩部分構成，這與他們的專業知識、專業技能甚至專業視野等職業硬實力雖有緊密聯繫，但完全不同。經管專業人才的職業流動性更強，職業軟實力更具專業特殊性，面向職業軟實力的職業能力、職業態度培養需要有系統化的教學安排與實踐支持。

2. 職業軟實力的價值

一方面，良好的職業能力、正確的職業態度是經管專業人才獲得職業成功的必要條件和關鍵條件。職業既是一個人的社會角色，也是一個人的謀生手段。任何人都有其職業，任何一個職業都有其相應的職業能力、職業態度要求，任何人也都需要擁有與其職業相應的職業能力和職業態度。在新的無邊界職業生涯背景下，經管專業人才的職業能力不等於專業能力、職業態度，也不僅僅等同於敬業，職業軟實力既是經管專業人才的一種基本生存能力，也是影響其職業生涯成功的關鍵因素。

另一方面，系統性的職業軟實力教學安排和針對性的職業實踐是獲得

良好職業能力與正確職業態度的基本途徑。職業能力和職業態度都不是與生俱來的，職業能力和職業態度只有在相關的教育培訓和社會實踐中才能獲得。在終身學習背景下，經管專業大學生的本、專科教育階段，是其職業能力和職業態度的形成、發展的關鍵階段，本、專科教育都肩負著培養經管專業人才職業能力、職業態度的職責，不能也不應該片面地或傾向性地局限在專業知識傳授和專業能力培養上。

總之，對於經管專業大學生而言，職業軟實力的價值既體現在專業特點對於初次就業和職業生涯展開的影響上，也體現在經管專業人才就業領域廣泛性和就業領域與社會經濟生活關聯緊密性對於此類人才的時代要求上。

（二）時代背景及經管專業大學生的職業觀念改變

1. 無邊界職業生涯時代背景

1994年，亞瑟（Arthur）在《組織行為學報》上發表《無邊界職業生涯：組織研究的新視角》一文，首次提出「無邊界職業生涯」概念──即使組織內職業路徑日漸消解，也並不意味著個體工作機會的減少，職業路徑應該包含跨越單一組織邊界的一系列工作機會，這種路徑被稱為無邊界職業生涯；之後，亞瑟（Arthur, 1994）、昆茨（Gunz, 2000）、柏魯克（Baruch, 2006）、弗爾德曼（Feldman, 2007）等學者完善了無邊界職業生涯理論，將傳統的職業生涯理論與當前的無邊界職業生涯理論看作是一個「連續譜的兩端」。國內學者龍立榮、王忠軍（2008）認為有必要採取一種平衡的視角來看待無邊界職業生涯理論發展和職業生涯管理實踐的變化。還有學者認為，新的職業生涯是跨邊界的和邊界融合的，新的職業生涯依然受到個體人力資本、勞動力市場、知識與組織的關係等諸多方面的限制。這些研究確立了無邊界職業生涯理論，標誌著無邊界職業生涯時代的到來，直接觸及這一時代背景對就業者職業軟實力培養帶來的影響。

從實踐層面看，伴隨著中國社會主義市場經濟的逐步建立和完善，經管專業大學生培養正在以高於其他專業的速度高速發展，招生規模持續擴大。這種高速增長和規模擴張在客觀上既反應了經管專業人才教育、培養與社會經濟、管理等領域結合的緊密性，也反應了經管專業人才職業領域的廣泛性。另外，經管專業人才培養的這種高速、甚至是超高速發展也帶來了「增長的煩惱」，那就是就業形勢每況愈下，經管專業人才的持續、有效就業越來越難。對於高等學校和在校經管專業大學生來說，面對畢業即失業和更多隱性失業的現實，除了要有效挖掘社會需求之外，更應關注的自然是無邊界職業生涯背景下的經管專業大學生職業軟實力培養問題。

2. 經管專業大學生的職業觀念變革

首先，大量研究表明，經管專業大學生傳統的從一而終雇傭觀念正經歷著前所未有的衝擊，已經有了重大改變。扎布斯基、巴利（Zabusky, Barley, 1996）通過觀察、訪談發現，就業者在對有成就的職業生涯和有提升的職業生涯進行對比、選擇時，更看重有成就的職業生涯。範布倫（Van Buren, 2003）的研究表明，現代社會中的雇主和雇員都越來越不希望建立終生關係，而僅僅作為一種階段性的合作關係。張穎（2005）認為，組織正在逐漸改變傳統的雇傭觀念、吸引和留住優秀人才的同時，也希望能夠解雇一些適應能力差、績效低的員工，以降低組織成本、提高組織競爭力。

其次，經管專業人才對自我職業生涯成功標準的認識也已經發生了改變，表現出明確的無邊界職業生涯特徵。即由以薪酬增長、職位晉升，以及外在的社會評價因素（如社會讚許）等為代表的結果標準，轉向職業生涯的整個參與過程和個人的內在感受標準（如工作與興趣的一致性、工作與家庭的協調性）等。此外，從時代背景和就業主體上看，當代組織結構扁平化、分散化、虛擬化趨勢，也體現出了無邊界職業生涯的發展方向，這在受過高等教育的經管專業人才身上表現突出。

二、管理實驗教學實施過程中的師生定位與價值

（一）管理實驗教學在大學生職業軟實力培養中的作用

1. 指向實驗教學的經管專業人才培養現實要求與管理學學科特點的適配

一方面，隨著中國社會主義市場經濟體制的建立，經濟社會發展對經管專業人才的需求質量提出了更高的要求，更加注重具有實操能力和創新能力的應用型人才，管理學教學所面臨的挑戰日益突出，傳統的管理學教學方法越來越不能滿足現實的需要。這就要求廣大高等院校在管理學教學和經管專業人才的培養過程中，不僅要注重對學生對專業知識的理解和掌握，也要注重學生實際工作能力的培養，而要實現這一目標，教學方式的改變勢在必行。

另一方面，從管理學的學科特點看，由於管理的藝術性，管理學知識大多屬於內隱知識（Tacit Knowledge），即難以形式化、高度個體化的知識，這與其他理工學科的知識大多屬於外明知識（Explicit Knowledge），即可以以一種系統方法來傳達的知識有很大的區別。這種內隱知識在一定程度上具有獨占性和排他性，所以，如何使內隱知識顯性化便成了管理學教

學過程中必須得到解決的一個問題。現代知識理論告訴我們,實驗的方法是解決這一問題的有效途徑。

2. 管理實驗教學在經管專業大學生職業軟實力培養過程中的獨特作用

管理實驗旨在解決經管專業學生實踐能力訓練不足的問題。在加深學生對管理學理論知識的理解和體驗管理學基本原理的動態演化過程的同時,訓練學生的專業管理技能,提高學生應用所學知識解決實際管理問題的能力,以盡量少的時間、精力和金錢投入換取盡量大的教學成效,以適應經濟社會發展對高素質、強能力的創新應用型經管人才的需求。目前,管理學實驗教學環節越來越受到相關高等學校的重視。

管理實驗可以創造交互式學習環境,實現學生的自主學習,使知識內化、轉化為技能和軟實力。根據羅伯特・卡茲(Robert L. Katz)的研究,管理者一般都具備三種不同的基本管理技能,即概念技能、人際技能和技術技能,這三種不同的管理技能雖然對於不同層次的管理者而言,其要求權重是不同的,但正是這三項基本的管理技能形成了各類管理者的基本管理能力。這三種技能僅僅通過管理學理論學習是難以形成的,只有在實訓中主動體味、不斷累積,才能逐漸掌握擁有並運用於管理實踐。管理學實驗教學就是要通過模擬的方法,培育學生的這三種管理技能,尤其是概念技能和人際技能的培育。管理技能是經管專業大學生職業能力的基礎,也是其職業軟實力的有機組成部分。

(二) 管理實驗教學實施過程中指導老師的定位與作用

在管理實驗教學過程中,指導老師的教學角色有了很大變化,發揮的作用也與傳統教學大為不同。簡單講,管理實驗教學實施中的指導老師應該是學生領悟管理知識、提升管理技能的幫助者、評估者和引導者,而不再是以往的知識傳播者,在實驗過程中應該而且只應該起著幫助、組織和引導的作用。

1. 幫助

管理實驗不是一種單一的、刻板的教學灌輸,它的核心內容是「從參與中體會」和「從感受中領悟」,它既是一個管理知識的內化過程,也是一個管理技能的培育過程,其最終目的是讓學生能夠自如地應用管理學知識和相關管理技能,養成、提升其職業軟實力。在管理實驗的實施過程中,指導老師的課堂傳授作用減少了,不再是傳統意義上的「知識傳播者」,而是學生自主學習的幫助者。

2. 組織

在管理實驗實施過程中,指導老師雖然重要,但學生才是理所當然的

核心。指導老師要在知識上、心理上幫助和支持學生，觀察和分析學生的活動，瞭解和分析學生的長處和短處，發現實驗中的不足並加以彌補。管理實驗課程的教學活動對指導老師的要求更高，指導老師必須具備很強的觀察能力、分析能力，對實驗內容的臨時整合能力和對實驗過程的組織能力，特別是在人數較多的時候，這種組織能力就更為重要。有人把指導老師的角色定位為控制者、評估者、組織者、提示者、參與者和資源，這是比較恰當的。

3. 引導

在管理實驗教學過程中，指導老師要想真正調動學生的積極性，使學生對實驗內容感興趣，並積極投入其中，取得良好的教學效果，就必須根據不同的實驗內容來選擇恰當的互動方法，抓住學生的興趣點和實驗中可能出現一些「戲劇化」情境，激發學生的參與熱情，引導實驗的深入進行。在有些案例研究、討論辯論實驗中，指導老師對學生興趣熱點的引導，常常會成為實驗過程中的重心，進而保證實驗教學的成功進行。

三、指向職業軟實力培養的幾種常見管理實驗教學方法討論

管理實驗在實施過程中如何設定情境、配置角色、渲染氣氛，實現培養學生職業軟實力的目的，指導老師與實驗參與者之間的互動是十分重要的，它直接影響著管理實驗實施的效果。一般來講，以下幾種方法有助於管理實驗收到更好的教學效果：

（一）提問

在管理實驗實施過程中，最基本也是最常用的方法就是提問，提問是指導老師必須掌握的一門基本功。指導老師利用恰當的提問來引導學生開動腦筋，激發他們的思維和興趣，達到與學生的溝通和共鳴。同時，提問也是引導學生迅速走到知識核心，提高實驗效率的有效手段。指導老師在設計具體的實驗項目時，要對提問的時機、內容、答案、過程控制等做好精心準備，以充分用好提問這一手段，使實驗過程生動活潑。

指導老師在利用提問這一方法時要注意做到設問精當、發問巧妙、啟發誘導、歸納總結。設問精當，就是所問的問題要有啟發性、針對性和趣味性。發問巧妙，就是要做到對象明確、表述清楚、過度自然。啟發誘導，就是要注意掌握「提問」誘導的時機、方式和態度。最後，要通過歸納總結來重述重點、系統整理，給學生一個完整的知識體系。

從實驗實施的全過程看，實驗開始，在指導老師宣布實驗規則後，要對實驗規則的理解度向學生進行提問，對疑問處逐一解釋清楚。在實驗進

行過程中，要仔細觀察，如發現偏離實驗規則之處，應通過提問給予及時輔導和糾偏。在實驗結束時，要通過提問揭示實驗的目的，有經驗的指導老師是從來不會把答案直接告訴學生的，而是通過設計精闢的問題，讓學生自己領悟尋找答案。

（二）角色扮演

角色扮演即學生在未經預先演練且無預定對話劇本的情境下表演實際遭遇的情況，並討論在類似情況下的各種反應與行為。角色扮演的目的是為了給學生提供不同的待人處事的觀點和練習處理各種人際關係的技巧，尋求在情緒不穩定狀態下解決問題的可能方法。多數管理實驗都有角色扮演的安排。通常情況下，指導老師應事先準備好角色說明書，且角色的產生一般用主動報名方式或抓鬮方式，不宜採用指導老師點名的方式。角色產生後，指導老師應酌情給予必要的輔導。在角色表演過程中，指導老師可以安排若干觀察員，並要求觀察員記錄觀察結果。在表演結束後，先由表演者自己談感想，然後由觀察員給予讚賞性和建設性的反饋意見，最後由指導老師進行總結性輔導。在有條件的場所，還可以把角色扮演的過程用攝像機拍攝下來，讓扮演者自己觀看總結。

角色扮演的好處很多，比如能激發學生解決問題的熱情、可增加學習的多樣性和趣味性、能夠激發熱烈的討論使學生各抒己見、能夠提供在他人立場上設身處地思考問題的機會、可以避免可能的危險與嘗試錯誤的痛苦等。角色扮演也有局限性，包括演出效果可能受限於學生過度羞怯或過深的自我意識、演出前需要準備明確的議題和對遭遇情況的具體應對方案、需要謹慎挑選演出學生與角色分配等。這些都需要指導老師心中有數、應對有方。

（三）情境模擬

情境模擬有些類似角色扮演並加入了更多決策點的程式化個案研讀，通常由多個學生組成團隊，以對應真實狀況，共同謀求解決問題的方法。情境模擬主要是為了給學生提供處理動態人際關係的機會，訓練其團隊合作和決策判定的知識與技能，鼓勵學生相互學習。

情境模擬的優點是使學習活動多元化並能增進學生的學習興趣、以團隊方式處理問題從而更接近真實情況、可為學生提供冒險犯難的機會。情境模擬的局限性表現在模擬與真實之間仍有一定的差距、一些學生可能過度強調競爭而破壞學習經驗、需投入相當的時間和精力去深入發展。

成功的情境模擬類實驗需要注意以下幾點：一要準備簡單、明瞭但詳盡的書面資料；二要準備各小組討論的場地與其他設備；三要依學生的數

量、特質與實力,平均分組;四要召集各小組解釋模擬訓練的意義與目標;五要安排充分的時間,避免匆忙進行;六要給予各小組自我討論和分析的機會,使學生能感受到模擬學習的樂趣;七要模擬結束後,召集各小組進行分析和評估。

(四) 案例討論與辯論

案例討論就是借由口頭、書面或影片等輔助資料,經討論程序,以求得對特殊議題的確認與瞭解。案例研究是管理實驗的一種重要方法,適用時機常常是學習解決問題的技巧或教授解決問題的程序時。案例討論有諸多優點,可以幫助學生學習分析問題和解決問題的技巧,可以幫助學生確認和瞭解解決問題的多種可行方法。當然,案例研究也有其局限性,比如需要較長的時間來進行,在實施過程中可能同時激勵或激怒不同的人,與案例問題相關的資料有時可能不甚明瞭進而影響討論分析的結果等。成功的案例討論,要求研討前提供充裕的時間讓學生閱讀和思考相關的資料材料,也要求指導老師能夠詳細介紹議題並能夠對案例進行準確、專業的解讀。除了個案案例的討論之外,在幾乎所有其他類型管理實驗結束後(甚至在實驗過程中),討論都是不可缺少的一個環節。

辯論是相對於討論而言的,更多的是不同立場的參與者面對爭議性的議題提出自身看法並反駁對方論點的公開競賽。辯論的目的是為了訓練參與者的表達能力、思辨能力和創新能力。辯論能夠激發學生的參與熱情,為學生提供動態學習機會,使學生在生動、活潑、熱烈且有一定壓力的學習氣氛中,獨立思考問題。當然也要注意到辯論的局限性,比如議題研究與準備需要耗費較多時間、學生的個性差異可能會影響辯論的程序與效果等。所以,指導老師課前的充分準備與實驗過程的即時引導十分重要。

四、結論

綜上,在對經管專業大學生的管理實驗教學實施中,不論是提問、角色扮演、情境模擬,還是討論辯論,都以學生為課堂主體,強調學生的自主性,指導老師不再是單純的施教者,學生也不再是單純的受教者,而是雙向互動且以學生為主,指導老師的作用在於幫助、組織和引導學生有效地實現自主學習,學會問題導向和創新思維。這一過程所指向和期許的不僅僅是對已有管理理論知識的內化,更實現著對於經管專業學生職業軟實力的培養,進而為他們的初次就業、持續就業和成功就業提供保障,使經管專業大學生的職業生涯展開建立在對無邊界職業生涯時代背景充分適應基礎之上。

參考文獻

[1] Arthur M B. The boundary-less career: A new perspective for organizational inquiry [J]. Journal of Organizational Behavior, 1994, 15 (4).

[2] Zeitza G, Blaua G, Fertiga J. Boundaryless careers and institutional resources [J]. The International Journal of Human Resource Management, 2009, 20 (2): 372-398.

[3] 王剛, 黃一鳴. 關於提升大學生就業軟實力的若干思考 [J]. 遼寧工業大學學報 (社會科學版), 2009 (1).

[4] 郄豔麗, 白海琦. 以創業教育提升大學生就業軟實力 [J]. 合作經濟與科技, 2011 (9).

[5] 楊積芳. 職業生涯規劃課與大學生就業軟實力關係的實證研究 [J]. 高校輔導員學刊, 2012 (2).

[6] 王毅. 構建和諧社會背景下的大學生就業軟實力研究 [J]. 赤峰學院學報 (自然科學版), 2013 (1).

[7] 王浪, 高涵. 職業態度與職業能力的關係之辨——基於文化價值觀視域下的審思 [J]. 職教論壇, 2011 (19).

[8] 於永華. 培養大學生職業能力的理論與實踐探索 [J]. 高校教育管理, 2012 (1).

[9] 鄧澤民, 陳慶合, 劉文卿. 職業能力的概念、特徵及其形成規律的研究 [J]. 煤炭高等教育, 2012 (3).

關於「財務管理模擬」實驗項目的思考

裴宏波

【重慶工商大學會計學院】

[摘要]「財務管理模擬」實驗項目是財務管理模擬實驗課程的重要組成部分；實驗項目用時較長，需要12學時，持續六周才能完成，是較為困難的實驗；實驗涉及財務管理原理、中級財務管理、高級財務管理課程的內容體系，是對專業主幹課程理論學習的深化，還涉及企業管理、市場行銷、人力資源管理、信息管理、物流管理等相關學科知識；旨在深化學生對所學專業和相關學科知識的認識，將抽象的理論知識和方法運用於實踐之中，培養學生理論聯繫實際、收集處理信息、團隊溝通合作、開拓創新能力。本文針對實驗過程中存在的問題，為進一步改善實驗效果，提出相應的改進對策。

[關鍵詞] 財務管理模擬；問題分析；改進對策

一、《財務管理模擬》實驗項目介紹

《財務管理模擬》是《財務管理模擬實驗》實驗課程中最為重要的項目，通過沙盤工具模擬企業財務管理。模擬沙盤按照製造企業的職能部門劃分若干職能中心，諸如銷售中心、生產中心、物流中心和財務中心，各職能中心涵蓋了企業營運的所有關鍵環節，包括戰略規劃、資金籌集、市場行銷、產品研發、生產組織、物資採購、設備投資與改造、財務核算與管理等部分。該實驗把複雜的企業經營模式以最直觀的方式展現在學生面前，讓學生「身臨其境」，通過模擬操作企業財務管理的整個流程，並涉及企業戰略、物流管理、生產經營、市場行銷、人力資源管理等多方面的

內容，綜合運用市場行銷、戰略管理、財務管理、生產管理、物流管理、信息管理等相關學科知識，發現問題、分析問題、制定決策並組織實施，從而提升學生理論聯繫實際，融會貫通學以致用的能力。該實驗通過巧妙的結構設置、角色劃分、規則制定，完成從理論到實踐的轉型。團隊的建立、角色的模擬讓學生能對自己的工作傾盡心血，強烈的求勝慾望、不甘落後的心態促使學生全身心投入，查閱資料、相互交流、制定策略、分析市場，解決問題，有助於充分調動學生實驗的積極性和主動性。實驗使學生親自體驗企業財務管理的酸甜苦辣，更使學生學會了如何進行溝通、協同作戰，如何面對失敗和挫折，如何在逆境中成長，學生懂得了什麼是團隊精神，瞭解了團隊中成員之間緊密協作的重要性，在企業營運過程中，信息總監（CEO）是舵手、財務總監（CFO）保駕護航、行銷總監（CMO）衝鋒陷陣⋯⋯在這裡，每一個角色都要以企業總體最優為出發點，各司其職、相互協作，才能贏得競爭，實現目標，否則企業將難以發展壯大甚至可能破產倒閉。

　　實驗要求學生熟悉掌握財務管理模擬操作規則，高度重視年度經營計劃制訂工作，按照季節時間順序完成每一個步驟，不遺漏，不跳步，認真做好生產經營紀錄，便於本年度的財務報表編製和下一年度經營活動展開。通常由學生組成6個相互競爭的模擬公司，每組6人，各小組成員根據自身條件擔任虛擬公司管理部門負責人。具體分工為：總經理（CEO）1人，行銷總監（CMO）1人，生產總監（COO）1人，財務總監（CFO）1人，財務助理1人，採購總監（CPO）1人，有的班級人數可能多於36人，多出學生則擔任經理助理一職，模擬企業6年的經營。每個經營年度，各小組要做的工作是：召開年度經營會議，確定本年存貨採購、產品生產、新產品開發、市場開拓、質量認證、固定資產投資與折舊、設備購買與處置、資金籌集與歸還等。根據年度經營計劃編製現金預算表，確定本年度產品行銷種類和規模，按照操作規則進行財務管理模擬，準確記錄生產經營過程，模擬企業生產經營，參與市場競爭，爭取市場訂單，設計研發產品，開拓不同區域市場，總結經營成果，編製財務報表，進行財務分析，總結經驗教訓，各公司調整經營方針，轉入下期經營，進入新一年度的競爭。如此循環往復，最終以各小組提交的年度經營記錄表評定成績。

二、《財務管理模擬》實驗結果分析

　　從實驗結果來看，存在以下問題：

（一）操作規則不熟悉

許多小組事先沒有認真預習，沒有熟練掌握操作規則，市場開發不考慮所需時間與金錢，如國內市場開拓需要兩年均衡投資，有的小組在第2年一次性完成，或是沒有完成市場開發就接受該市場訂單；產品生產不知道原材料的結構，原料採購不考慮提前期，支付的材料款不知去處，一條生產線安排多件產品生產，跳步生產；產品研發不是均衡投資，要麼一次性全部投資，或是各期金額不等，沒有開發成功產品就接手該產品訂單；對於固定資產和生產線的購買、轉產、折舊、處置需要的金額和時間模糊；短期貸款和長期貸款的借款時間、利率不清楚，該借時不借，不能借時又借，借款沒有額度。許多小組是邊看規則邊進行操作，各年的生產經營記錄不完整不準確，錯誤漏洞頻出，影響財務報表的編製，進一步又影響下一年度經營，導致實驗時間延長，正常情況下，2個學時可完成一個經營年度的財務管理模擬，由於操作規則生疏，某個小組的拖延，也影響到其他小組的實驗進行，使能夠進行6年經營的實驗，變成了只能進行4年經營實驗甚至更短時間的操作，實驗效率大大降低。

（二）普遍輕視戰略規劃

各個小組對戰略規劃缺乏深刻認識，沒有對公司所處的外部經營環境和內部營運條件進行分析，尋找財務管理過程中蘊藏著的有利機會和主要威脅，缺乏對公司的採購、研發、生產、銷售等的全盤規劃，沒有認真編製銷售預算和現金預算。參加訂貨會之前，沒有計算企業的可接單量（主要取決於現有庫存和生產能力，產能計算的準確性直接影響到銷售交付）。廣告費用開支不合理，有的小組為爭奪產品的市場老大，出價極高，未考慮其他理財活動的資金需求，大大超出了企業承受能力，入不敷出，導致資金嚴重短缺，影響企業生產經營的順利進行，有的小組缺乏開拓進取精神，出價極低，只能選擇小單，失去市場競爭地位，進一步加劇虧損，影響經營業績。有的小組整個經營年度沒有新產品研發，只是圍繞著P1產品經營，導致訂單數量減少，虧損日趨嚴重；有的小組雖然認識到產品開發的意義，但只是一味開發產品，沒有相應擴大產能，拓寬市場經營範圍，拿到訂單卻無法按時交貨，導致受罰減少營業收入，有的小組盲目擴大產能規模，不開發產品，不開拓市場，不提高產品質量；有的小組把寶貴的資金用於手工線和半自動生產線投資，不敢不願投資造價高但效益高的自動化與柔性化生產線，投資效率十分低下，制約經營規模的擴大。有的小組喜好長期借款，沒有很好地利用短期借款和其他籌資方式，由於規則限制，導致資金嚴重短缺，理財活動無法持續，只能破產倒閉。

（三）缺乏誠信

有的小組參加廣告競單時，不清楚標明產品種類、市場範圍、質量標準、出價金額，為的是當某一市場產品訂單被其他小組選完時，可以選擇另一市場產品訂單，或是充當該產品老大；有的小組廣告競單提交的廣告費用，與年度經營記錄表上披露的各種產品廣告費用不相同，一般都低於廣告競單的廣告費用，詢問原則是寫錯了；有的小組年初要的訂單比較多，大大超出現有的產能限制，若正常生產，年末之前很難按時交貨，為了能夠交貨而不被罰款，便不按步驟生產產品，產品提前下線入庫並出售；有的小組由於沒有認識到戰略規劃的重要意義，事先不編製財務預算和現金流量表，而是等經營年度結束后再編製，使得提交的現金預算與年度經營記錄表一模一樣，真是料事如神，但存在的錯誤也隨之保留下來；有的小組不按規則操作，隨心所欲，原材料訂購不考慮提前期，想訂就訂，不想訂就不訂，生產線上產品不按步驟推移，不考慮完工方向，一會是上為完工方向，一會是下為完工方向，最后都不清楚本期的完工數量，一條生產線上同時安排兩個產品生產，當發現產成品積壓時，就修改經營記錄表，把已經生產出來的產品退回到原材料庫中；有的小組不按帳期推移應收帳款，應付帳款，長短期借款，當資金缺乏時，直接把應收帳款放入現金池中；有的小組不按規則均衡投資和時間研發產品、開拓市場、質量認證、投資生產線、申請長短期貸款，生產線未完工便開始生產，產品轉產不標示轉產時間和費用，沒有相應資格便參加廣告競單。有的小組追求盈利，不惜篡改訂單登記表、綜合費用明細表、現金預算表、利潤表、資產負債表的數據，出現許多不應該出現的錯誤，諸如折舊提足之后仍然計提折舊，企業當年虧損仍然交納所得稅，期末留存收益不等於期初留存收益與本年度淨利潤之和，上年發生的期間費用本年度仍然計算等，不一而足。

三、改善「財務管理模擬」實驗對策措施

針對本實驗存在的問題，本文有如下的改進思路：

（一）做好課前預習

本實驗項目如果僅依靠計劃學時，是遠遠不能完成實驗的，要保證實驗目標的順利實現，許多工作需要放在課下來做。課前預習尤其重要。學生要事先預習企業資源計劃的相關內容，理解影響企業理財的內外部環境，諸如政治環境、法律環境、經濟環境、市場環境、自然環境、社會人文環境、企業組織形式、經營狀況、企業管理體制、人員素質等因素，理

解物質流、現金流、信息流對企業持續經營的重要意義。在此基礎上，重點要求學生熟練掌握財務模擬操作規則。如果在本實驗開始時才講解操作規則，那麼實驗效果將大受影響，難以避免上述問題的出現。因此必須提前將財務管理模擬操作規則下發給各實驗小組。考慮在第一個實驗完成後，也就第四周將財務管理模擬操作規則下發給各組預習，然后每週實驗開始，抽一點時間給學生灌輸操作規則，依照順序分別講解廣告競單，產品採購、生產、銷售，廠房設備的取得、轉產、折舊、處置，產品研發、市場開拓、質量認證、資金籌集的操作規則。

（二）提高學生對戰略規劃重要性的認識

戰略規劃是依據企業內外部環境分析形成的，是對企業全局的長遠謀劃，對企業發展具有決定性影響，旨在創造和維護企業競爭優勢。財務管理模擬涉及資金籌集、市場行銷、產品研發、生產組織、物資採購、設備投資與改造、財務核算等諸多環節，要把每個環節操作好，保證財務、採購、生產、行銷的順利運行，實現物資流、資金流、信息流的協調統一，要求學生具有全局意識，學會用戰略眼光審視企業的業務和經營，根據市場需求預測競爭對手的動向，決定本企業的產品、市場、銷售、融資、生產等方面的長、中、短期策略，能夠選擇正確的籌資方式，安排適度的廣告費用支出，確定合理的原材料採購和生產數量，知道何時進行產品研發、市場開拓、質量認證，把握設備更新與生產線改良的有利時機。

（三）強化對實驗的控制

一是強調實驗的重要性，實驗考查的重點不是企業的盈利，而在於是否編製年度經營計劃，各項記錄是否準確，編製的報表是否正確，一定要誠實，不能以游戲的心理來進行實驗，弄虛作假，過於放縱將導致課程不及格，只能跟隨下一年級重新來過，反而得不償失。要求學生嚴格按照規則進行財務模擬，認真做好每期記錄，不得隨心所欲。二是強調制定公司經營戰略規劃的重要性，每次實驗要求學生認真編製材料採購計劃、產品研發計劃、市場開拓計劃、產品質量計劃、設備投資計劃、籌資方式選擇計劃、現金預算，能根據經營時間的推移，選擇正確的籌資方式，相機研發產品、開拓市場、投資生產線、擴大產能，使戰略規劃真正落到實處。告之學生這是本項實驗的考核重點，絕不是盈利了分數就高，虧損了分數就低。三是給予學生一定的指導性意見，在每個經營年度，告之學生該年度應把握的一些關鍵和應注意的地方。如第一年經營，必須重點關注如何進行廣告投資，拿到大的市場份額，為下一年度經營創造有利條件，但也要考慮企業的承受能力，如何開發產品（至少是P2產品），開拓市場（至

少區域市場），擴大生產能力（至少是全自動生產線，而不是手工、半自動產生線，總在低水平上重複），為第二年經營規模擴大奠定基礎。

參考文獻

[1] 湯谷良. 高級財務管理［M］. 北京：中信出版社，2006.

[2] 孫志國. 財務管理實驗教程［M］. 北京：科學出版社，2012.

[3] 王媚莎. 財務管理實驗［M］. 北京：經濟科學出版社，2012.

[4] 周玉清. ERP 原理與應用［M］. 北京：清華大學出版社，2014.

[5] 王棣華. 財務管理案例精析［M］. 北京：中國市場出版社，2014.

[6] 韋勤，韋鵬飛. 財務管理學模擬實驗教材［M］. 北京：機械工業出版社，2015.

人力資源管理專業實踐性教學問題與對策研究

陳 禹

【重慶工商大學管理學院】

[摘要] 本文從實踐性教學及其特點入手，分析其對高校人力資源管理專業教學的重要作用，結合當前人力資源管理專業實踐性教學存在的問題，提出了相應的對策建議，以期為人力資源管理專業教學改革提供參考借鑑。

[關鍵詞] 實踐性教學；人力資源管理專業；高等教育

傳統的課堂的教學方法，是學生在課堂上聽講，教師進行知識點的講授，這種灌輸式的教學適合於理論的講解，但對於有操作特徵的技能提升、培訓却不太適用。理論源於實踐而后又指導實踐，其出發點和落腳點都在實踐環節，實踐性教學作為人力資源管理專業教育的重要形式，能夠有效地培養學生的專業技術能力，以及在實際工作活動中分析問題、解決問題的能力，是實現人力資源管理專業人才培養目標的重要手段。

一、實踐性教學及其特點和功能

單一課程的實踐教學是指對需要的教學內容，借助實踐的形式，來掌握特定的、操作的技能。更廣意義上的實踐性教學，不僅局限於某一個內容，或者某一環節，而是貫穿整個教學過程的始終，來不斷地培養學生的特定職業能力和素養。人力資源管理專業實踐性教學應屬於更廣意義上的實踐性教學，它不僅包含每一次具體的實踐性教學活動，比如課程實驗、實訓、崗位實習、畢業設計等，而且更多地關注課程與培養目標之間、實踐性環節與培養目標之間的聯繫，圍繞學生的職業能力和素質構成一個完整的體系。

實踐性教學具有實踐性、主體性、參與性、直觀性的特點。實踐性的特點就是組織學生親自動手，參與實際操作的活動，在實踐中學習知識、應用知識。主體性的具體含義是圍繞學生為主體這一中心，突出學生的地位，發揮學生的作用，調動學生學習的熱情和努力，激發學生的潛力，培養學生的專業技能，促進學生人格的全面發展。參與性特點則強調學生在教學活動中主動地參與進來，倡導學生之間的團隊合作、探索式的學習，鼓勵學生積極地參加到課堂教學中。實踐教學的直觀性用以解決書本和實際操作之間脫節的問題，通過實際的場景、器材、工具、語言來激發學生的學習興趣，促進學生積極的思考，以彌補課堂教學僅有理論傳授的不足，收到學以致用的效果。

實踐性教學最大的功能，是通過實際操作以及在實際工作中的可用性，來培養學生實際動手的能力，將抽象的理論轉變為實際解決問題的能力。實踐性教學可以將專業的工作領域和相關的真實的事例，提前展現到學生的面前，提供給學生一個運用所學知識去分析和解決工作中實際問題的機會，將學習與運用相結合，不僅能激發學生學習的熱情，同時又能促進學生對知識真正有效地掌握，實現培養素質高、能力強的專業技術人才的專業培養目標。

實踐性教學還可以幫助學生更好更快地適應未來的職業環境。在一個真實或者模擬工作環境中，通過人、物、事等多種要素相互關聯構成有待完成任務與責任，在實際工作當中形成職業意識、磨煉職業意志和勇於實踐、不斷進取的精神，讓學生在未來能順利融入工作崗位，做一個合格的實踐型人才。

二、人力資源管理專業實踐性教學存在的問題

人力資源管理專業是一門實踐性很強的應用型專業，培養的是能在企事業單位進行人力資源管理的應用型高級專業人才，培養的人才必須具備較強的運用專業知識分析、解決問題的實際操作能力，所以，實踐性教學在人力資源管理專業的教學中的地位十分重要。但從實踐性教學方法本身來講，在比較成熟的理工科、農醫學科領域內使用往往比較普遍，在人力資源管理專業教學中應用的程度並不深，這可能與企業人力資源管理活動系統化、結構化的認知缺乏有關。如何將實踐性教學與人力資源管理專業的學習相結合，也是當前人力資源管理專業建設不斷探索的熱點問題。

近幾年來高校的人力資源管理專業大都意識到了實踐性教學在人才培養、學生就業中的重要作用，開始在實踐性教學方面進行了一系列嘗試，

但因為各種原因,實踐性教學水平參差不齊,整體水平不高,大多還處於淺層次的感性認識、操作模擬的層次上,實踐性教學體系薄弱,主要有以下問題:

(一) 實踐性教學內容薄弱

國內高校的人力資源管理專業,在課程設置方面通常可以劃分為五個類別,以筆者所在的重慶某高校為例,主要包括:

(1) 公共基礎課約占 35%,主要包括:思想道德修養與法律基礎,中國近現代史綱要,馬克思主義基本原理概述,毛澤東思想鄧小平理論,形勢與政策,大學英語,大學計算機基礎,程序設計基礎,微積分,線性代數,概率與數理統計,體育等。

(2) 學科基礎課約占 20%,主要包括西方經濟學,管理學,經濟法,會計學,財務管理學,管理信息系統,統計學,金融學,市場行銷學等。

(3) 專業主幹課約占 5%,主要包括:人力資源管理,人力資源管理測評與甄選,組織行為學,勞動經濟學,基礎心理學等。

(4) 專業選修課約占 20%,主要包括人力資源規劃,員工招聘與甄選,工作分析,員工培訓與開發,績效管理,薪酬管理,勞動關係與勞動法,社會保障理論與務實等。

(5) 實踐性教學環節約占 15%,主要包括社會實踐認知實習,專業實習,社會調查,畢業實習,畢業論文等。

上述的課程設置過分看重了基礎知識的內容而忽視了專業的學習,雖然這一點不具備普遍性,但不管是哪種類型的高校,突出何種專業主題,基本上都存在課程設置與培養目標不相吻合的問題,更別說培養專業技能方面的實踐性課程,相當多的高校根本就沒有開設。對專業的實踐環節不夠重視,缺乏實踐性教學內容與配套教材,最終形成畢業生的知識技能無法滿足社會和企業的需求。

(二) 教師隊伍重理論輕實踐

要完成實踐性教學,教師必須具備紮實的理論知識和豐富的實際技能經驗,能從企業的實際生產和實踐出發,選擇合適的教學內容,設計正確的教學方法,讓學生真正掌握能夠從事實際工作的方法和技能。然而,高校的教師通常是理論學習出身,學校畢業後又回到學校從事教學工作,沒有足夠的實際工作崗位經驗,實際操作能力和相關專業技能比較缺乏,實踐動手和現場的教學都處於劣勢,這些都直接導致了實踐性教學效果不理想,甚至有的教師本身還有認為學術理論重要,實踐技能並不重要的思想觀念。觀念上、技能上的問題,都導致部分教師成為實踐性教學活動的短

板，在現行的人事管理體制下，甚至會成為實踐性教學改革的阻力，這應該引起特別的重視。

(三) 實踐性教學條件不能滿足需要

校內的實踐性教學條件由於資金、場地的缺乏，其水平不能滿足實踐性教學的需要。場地小、設備少，學生不可能實現熟練的操作。課堂教學活動如此，課後的時間更不太可能進行實際操練，校內實踐教學基地沒有發揮其應有的作用。

校外的實習基地類似真實的工作環境，其重要性不言自明，但目前校外實習基地建設滯後：由於缺乏資金的投入，願意接受實習生的企業往往也是從自己的需求出發，接受學生的數量、合適的具體人選，根據企業的規模和工作的需要，有選擇性地接收畢業實習生，不太可能讓全部的學生都能夠得到實際崗位鍛煉的機會。高校與企業實習基地之間多為短期的、松散的聯繫，企業的管理水平、條件也參差不齊，這都可能導致學生實習的結果差別明顯。

(四) 資金投入不足

人力資源管理專業的實踐性教學的必然要求就是大量的資金投入，無論是師資的培養、場地的建設、設備的配置、教材的編寫都需要投入大量的資金。隨著高校的不斷擴招，人力資源管理專業學生規模在增加，但對實踐性教學的投入並沒有引起足夠的重視。學校往往更加青睞那些投入少、規模大的純理論教學課程，而這些課程往往與社會、企業的需求脫節，培養的畢業生難以勝任實際的工作，最終導致當前人力資源管理專業處於一種較低水平上的擴張，這種局面必須引起足夠重視。

三、人力資源管理專業實踐性教學問題的對策

(一) 提高對實踐性教學的認識，不斷加大資金投入

目前人力資源管理專業教學的管理者和實踐者，基本上都成長於學校的理論教育體系，有著深刻的傳統教育觀念重理論、輕實踐的烙印，這在客觀上形成了缺乏實踐能力強的教師和實踐性教學管理人才的局面。客觀現實告訴我們，單純依靠理論知識、課堂講授，忽視實踐性教學，必將導致教學內容與工作實踐脫節，學生無法有效掌握專業技能，難以培養學生紮實的工作作風，畢業后也難以勝任工作崗位的要求。因此，轉變觀念是人力資源管理專業實踐性教學順利開展的前提條件，教學管理者必須提高對實踐性教學的認識，建立正確的實踐教育觀念。

轉變觀念、提高認識的具體落實，應該體現為加大對實踐性教學的資

金的投入。實踐性教學短期內資金投入比較大，不僅需要自有資金撥付更大的比例投入到實踐性教學，還要對外開拓資金的來源，尋求企業和社會的合作，努力爭取各方力量的支持。同時，從更長的時間段來看，受益於實踐性教學的畢業學生，工作競爭力更強，收入更高，學校的長期發展和經濟收益會越來越好。所以，對實踐性教學的投入，必然能夠得到長期更高的回報。

（二）建設高水平的實踐性教學師資隊伍

教師是實踐性教學的關鍵，目前，解決師資短板的有效途徑是教師的繼續教育。首先，實踐性教學的教師應該從學術理論性教學的教師中選拔出來，他們會被賦予更多的實踐性教學任務，完成純理論性教師無法勝任的工作；其次，實踐性教學的教師應得到持續的重點培養和鍛煉，通過繼續教育，不斷提高教師在專業工作領域內的水平；最後，教師的繼續教育要改變以往重理論、輕實踐的學習觀念，把繼續教育的重點放在掌握具體操作和工作實踐技能上面來，不斷累積工作經驗，提高解決問題的能力，並累積在今後的實踐性教學活動中如何對學生進行「傳、幫、帶」的技巧，真正提高實際工作能力和教學能力。

教師走出校門進到企業實際工作鍛煉，是繼續教育的重要形式。探索在政府的主導下高校和企業的合作形式，保證教師到企業掛職鍛煉的有效實施。政府可以給予企業特定的專項補貼或優惠的稅收政策，以換取企業對教師專業實踐繼續教育的支持；企業要為教師的繼續教育提供便利，在合理的範圍內支持教師的實踐工作，真正讓教師在一線的生產和管理工作中得到鍛煉提高；高校要制定教師在企業掛職鍛煉的詳細內容，明確教師掛職期間的工資、職稱和福利，保障教師在企業能夠幹得好、幹得安心。

在教師走出去學習的同時，還應該引進一批有技術專長的高級工程師、有豐富管理經驗的主管經理，建設一支兼職教師隊伍，創造良好環境和有效的激勵政策吸引優秀人才。企業優秀人才的加盟能夠迅速解決實踐性課程教師短缺的問題，同時也要處理好專職教師、兼職教師的關係，形成相互支持、互通有無的良好氛圍，切實提高實踐性課程教師隊伍的整體素質和能力。

（三）優化實踐性教學內容

優化實踐性教學內容的出發點與落足點，在於滿足勝任實際工作崗位的需求。在課程設置上，要從工作崗位的實際工作內容出發，將工作能力的培養貫穿於整個專業教學計劃的制定，圍繞技能的提升合理取捨和安排課程內容、教學環節。在「基礎課程—專業課程—實踐課程」的課程體系

中，要保證實踐性課程的比重，突出實踐性課程對基礎課程的導向和引領作用。人力資源管理專業實踐性教學應由課堂實踐性教學、實驗教學、專業實習、社會實踐和專業技能訓練等部分組成。其中社會實踐應重視企業參觀訪問、主管經理座談和部門工作體驗等，專業技能訓練是人力資源管理工作的實操實訓，圍繞員工招聘、培訓、績效、薪酬、勞動關係全流程進行，也可以根據人力資源部門對新進畢業生工作的要求特點，重點做好招聘崗位信息發布、簡歷篩選、面試組織和辦理員工社會保險等基礎性、事務性工作的培養和鍛煉。

（四）努力完善實踐性教學條件

人力資源管理專業實訓基地要與企業人力資源部門實際工作相配套，為學生建立一個真實或者類似的工作環境。教學的內容和過程要以人力資源部門的實際工作為標準，同時體現培養學生實際工作能力的目標。高校受到自身條件因素的限制，要辦好實踐性教學，必須依靠企業等社會力量來改善教學條件，只有校企合作，才能夠高效地實現人才培養的目標。在學校內部，應按照企業的標準建設校內實訓基地，盡可能地與企業的生產、服務和管理相一致；在學校以外，應在企業中建立實訓基地，提供學生崗位實習的機會，讓學生真正去完成實際工作和任務，在工作中感悟和學習，培養綜合運用所學的知識解決實際問題的能力，並不斷累積工作經驗。

安排學生到人力資源部門實習會遇到很多困難，在實際運作中需要注意以下問題：首先，選擇合作的企業，一定是管理比較規範，在行業內部有一定影響力的企業。一方面，這些企業實力比較雄厚，願意承擔一部分社會責任；另一方面，這些企業的營運水平、技術水平比較高，學生通過實習能夠學到過硬的本領，再加上企業的行業聲望高，可以為今後學生的就業提供更好的支撐。其次，在校企合作中，不能僅僅考慮學生和學校的需求，還應站在企業的角度考慮企業的實際情況，最大限度地實現學生、學校和企業共贏的局面。學校能夠提供給企業的主要包括：批量勞動力的輸送、優秀后備人才的供給、良好的社會口碑和企業形象以及政府提供的就業見習補貼，企業能夠從中受益，就能給予教學更多的配合和支持。

參考文獻

[1] 陳禹. 基於崗位與績效的動態寬帶薪酬體系設計 [J]. 中國人力資源開發，2011（12）.

[2] 陳禹，崔子龍. 基於管理流程的人力資源管理信息化 [J]. 中國人力資源開發，2007（8）.

國家圖書館出版品預行編目(CIP)資料

信息時代教育理念和教學模式創新與實踐 / 方明建 主編. -- 第一版.
-- 臺北市：財經錢線文化出版：崧博發行，2018.11

　面；　公分

ISBN 978-957-680-265-2(平裝)

1.高等教育 2.教學法 3.文集

525.03　　　107018647

書　名：信息時代教育理念和教學模式創新與實踐
作　者：方明建 主編
發行人：黃振庭
出版者：財經錢線文化事業有限公司
發行者：崧博出版事業有限公司
E-mail：sonbookservice@gmail.com
粉絲頁　　　　　網　址：
地　址：台北市中正區延平南路六十一號五樓一室
8F.-815, No.61, Sec. 1, Chongqing S. Rd., Zhongzheng Dist., Taipei City 100, Taiwan (R.O.C.)
電　話：(02)2370-3310　傳　真：(02) 2370-3210
總經銷：紅螞蟻圖書有限公司
地　址：台北市內湖區舊宗路二段121巷19號
電　話：02-2795-3656　傳真：02-2795-4100　網址：
印　刷：京峯彩色印刷有限公司（京峰數位）

　　本書版權為西南財經大學出版社所有授權崧博出版事業有限公司獨家發行電子書及繁體書繁體版。若有其他相關權利及授權需求請與本公司聯繫。

定價：450元

發行日期：2018 年 11 月第一版

◎ 本書以POD印製發行